岳麓書社

读名著　选岳麓

论 语

黄朴民　导读 注译

岳麓書社 · 长沙

导 论

中华元典是中国优秀传统文化的核心组成部分，它决定着中国文化的基本性格，成为中华民族生生不息、自立于世界民族之林的源动力，而在众多的中华元典之中，又以《周易》、《道德经》（又称《老子》）、《论语》、《孙子兵法》这四部著作为最杰出的代表。

毫无疑问，《论语》应该列为儒家思想的第一经典，它主要记载了儒学创始人、"万世师表"孔子的言语行事，同时也记录了孔子若干弟子，如曾参、颜渊、子路、子贡、子夏、子张、樊迟、冉有等人的言语行事，这一点，早在班固《汉书·艺文志·六艺略》中已有揭示："《论语》者，孔子应答弟子、时人及弟子相与言而接闻于夫子之语也。当时弟子各有所记，夫子既卒，门人相与辑而论纂，故谓之《论语》。"传世的通行本共二十篇，始于《学而》篇，而终于《尧曰》篇，约一万五千余字，它辑录孔子之言最为集中，是我们在今天领略、研究孔子思想学说的最重要的第一手文献。

大体而言，《论语》包含有四大部分的基本内容：

第一，以"仁义"为主干的政治伦理学说，"游文于六经之中，留意于仁义之际"，反映在具体政治上就是提倡"德治"与"王道"，孔子强调治国必须本仁宗义，将道德修养和教化贯穿于治国安邦的整个过程，一句话，便是以仁为本，以德治国。孔子对"为政以德"的核心地位曾作过明确的揭示："为政以德，譬如北辰，居其所而众星共之。"所谓以德治国，它的根本含义是要突出道德在治国上的主导作用，讲求以道德礼义引导而不是以行政约束、刑罚惩治来安民定邦。孔子认为道德礼义方可治本，而政令刑罚仅仅可以治标，即所谓"道之以政，齐之以刑，民免而无耻；道之以德，齐之以礼，有耻且格"。所以明智的统治者，都应该坚持"德治"立场，在治国中坚决贯彻"任德不任刑"的原则。孔子主张统治者以暂时让利的途径减轻民众的负担，缓解民众的痛苦，同时宽刑省罚，使民众在比较宽松的氛围中勠力本业，勤奋工作。孔子认为，作为统治者，应该深刻懂得治国上一个最浅显的道理："百姓足，君孰与不足；百姓不足，君孰与足。"所以切不可只汲汲于满足自己的私欲，而对民众的生死不闻不问，因为这样做会导致民众的不满和反抗，颠覆现存的管理秩序，到头来给自己的根本统治利益造成无可挽回的损失。先富后教，导民以仁，摩民以义，使民众由一般生物人上升进化为知"礼义廉耻"，明"纲常伦理"的社会人。孔子认为，给民以温饱，只是"德政"的初级阶段，在达到这一步之后，还应该向更高的目标前进，即用正确的道德原则与规范去教化民众，使之真正懂得服从统治秩序的必要性，变自发接受统治者的管治为自觉顺从统治者的管治。因此孔子汲汲于提倡先富而后教："子适卫，冉有仆。子曰：'庶矣哉！'冉有曰：'既庶矣，又何加焉？'曰：'富之。'曰：'既富矣，又何加焉？'曰：'教之。'"由此可见，强调"仁者爱人""泛爱众""己欲立而立人，己欲达而达人""己所不欲，勿施于人"是孔子与后世儒家的一贯立场与根本原则。

第二，以"克己复礼"为特点的礼治原则，具体表现为提倡爱有等差、尊卑有序的纲常之道。孔子认为，"仁厚爱众"之心要在治国上真正体现其价值，发挥其功能，是需要通过一定的途径才能够达到的，这种途径实际上就是指"仁"可以依附、表现的载体——"礼治"。按儒家的理解，"礼"是沟通道德与政治的桥梁，是"仁政"得以融入并作用于治国实践的重要保证，"一日克己复礼，天下归仁焉"。所以，

"德治"在外在表现形式上就是"礼治","以德治国"在某种意义上便是"以礼治国"。孔子肯定人的社会不平等性,认为"唯上知与下愚不移";民众只配供统治者驱使,只能老老实实为满足统治者的利益提供服务,"民可使由之,不可使知之"。即使统治者重仁义、倡教化、兴礼乐,其目的也不过是为了更好地控制和驱使民众,"上好礼,则民易使也"。治国的目标是,君子小人各安其名分,各尽其本职,在贵贱有等、上下有分的管理秩序中,人人都得按照"礼"的规范活动,做到"非礼勿视,非礼勿听,非礼勿言,非礼勿动"。为此,他不遗余力地主张和强调"老吾老以及人之老,幼吾幼以及人之幼""君君,臣臣,父父,子子",即所谓"序君臣父子之礼,列夫妇长幼之别"。因此,孔子也承认在一定的条件下需要用法制与刑罚来弥补单纯德化的不足,只不过他所强调的是要做到"刑罚中",即用刑要恰当适度,不然用刑愈多而管理秩序愈乱,"刑罚不中则民无所措手足"。

第三,以"用中适时"、不偏不倚、无过无不及为基调的"中庸"思想,"执其两端而叩之",从中找到和掌握合适的度,辩证看待问题,凡事不走极端。如天人关系方面,既不否定鬼神、天意的存在,"祭如在,祭神如神在";又着重强调人事的作用,"未能事人,焉能事鬼""未知生,焉知死";政治秩序方面,既肯定君臣尊卑、父子上下关系的合理性,又主张这种合理性必须建立在共享义务与权利的基础之上,"君使臣以礼,臣事君以忠";文质关系方面,既注重内容,又注重形式,"质胜文则野,文胜质则史。文质彬彬,然后君子";理想追求方面,既追求大同,"祖述尧舜",又憧憬小康,"宪章文武"。所谓"允执其中",就是要避免"过犹不及"极端情况的发生,这反映在治国问题上,管理思维的选择与管理艺术的运用必须做到文武并用、刚柔相济。既不能一味用强硬的手段,也不能无原则地怀柔、行姑息之政,仁与礼应该有机统一,德与刑应该相辅相成,哪一方面有所欠缺,则当及时弥补；哪一方面过分，则当有意识地加以抑制，恩威并施，宽猛相济，不离中道，以此求得最佳的治理效果。正如孔子所说的那样，"政宽则民慢，慢则纠之以猛。猛则民残，残则施之以宽。宽以济猛，猛以济宽，政是以和"。(《左传·昭公二十年》) 总之，是要做到张弛有度，宽严有法。

第四，以追求"天下大同"为最高宗旨的社会理想。应该说，孔子真正关注的重点是恢复"周礼"，践行文、武、周公之道，所谓"齐一变，至于鲁；鲁一变，至于道"；"郁郁乎文哉！吾从周"，致力于"宪章文武"，实现"小康"。这说明他能保持清醒的头脑，做到脚踏实地。但是，我们必须承认，孔子从骨子里来讲，又是一个崇高乃至天真的理想主义者，他不免时不时地"仰望星空"，这种伟大的理想追求，就是所谓的"祖述尧舜"，以期许"大道之行也，天下为公"之"大同"为鹄的，"大哉，尧之为君也！巍巍乎！唯天为大，唯尧则之。荡荡乎！民无能名焉。巍巍乎！其有成功也。焕乎！其有文章"。他毫无保留地颂扬虞舜时代的《韶》乐，而对反映"汤武革命"精神风貌的"大《武》"有所保留，就是这方面最有力的证明："子谓《韶》：'尽美矣，又尽善也。'谓《武》：'尽美矣，未尽善也。'""行夏之时，乘殷之辂，服周之冕，乐则《韶》舞。"可见，孔子清醒地正视现实，同时又不舍弃光荣的梦想，他的二元社会文化政治观无疑是富有极其深刻的内涵与不朽的价值的。

这四大部分中间，"仁""礼"学说当是《论语》所反映的孔子政治思想的核心成分；"中庸"思想是《论语》所反映的孔子整个理论的思维方式与哲学方法论；至于"大同"学说，则是孔子远大而崇高的社会政治理想。《论语》千言万语，说到底都是紧紧围绕着这四个基本纲目而具体展开铺陈的。

显而易见，以孔子为代表的儒家思想以切合人事、具体实用的风貌主导中华民族独特文明体系的构建，反映出浓厚的实用理性与入世旨趣。其文化观念牢牢地植根于"日出而作，日落而息"之中原农耕文明的沃壤，水银泻地似地渗透于人们的日常生活之中，指导着人们上至治国安邦（"助人君，顺阴阳，明教化"），下迄修身养性（"修身、齐家""吾日三省吾身"）的全部活动。没有过于抽象的义理，没有不可捉摸的玄虚宏旨，总是那么平易亲切，那么贴近生活，所谓"贤者识其大者，不贤者识其小者"，从而最大限度地化深邃为浅显，化复杂为平淡，于是就有了无所不在的普及，就有了悠久深远的影响。由此可见，孔子与后世的儒家思想可谓是中华民族优秀传统文化中最温馨、最可亲的组成部分，在很大程度上体现了中华古典文明的本质特征与价值取向。

最后，我们简单地谈一下《论语》的版本问题。在西汉时期，流布于世的《论语》版本，有鲁人所传的《鲁论》，齐人所传的《齐论》，以及鲁恭王刘余从孔子故宅壁中发现的以先秦时期古文字书写的《古论》。三个版本篇数不一，《鲁论》二十篇，《齐论》二十二篇，《古论》二十一篇。西汉晚期，张禹依《鲁论》厘定《论语》为二十篇，参取鲁、齐两种版本，将其合而为一，遂成世人称之为《张侯论》的《论语》。东汉末年，大经学家郑玄以《张侯论》为底本，兼采《齐论》与《古论》注释《论语》，这使汉灵帝熹平年间依之刻石的《张侯论》最终得以被视为《论语》的定本而流传于后世。因此，我们今天所阅读的《论语》，其实就是以《鲁论》为主体的文本。

目 录

｜学而第一｜

导读

本篇为《论语》首篇，主要内容为阐述立身为人的一般道理。

《大学》有云："物格而后知至，知至而后意诚，意诚而后心正，心正而后身修，身修而后家齐，家齐而后国治，国治而后天下平。自天子以至于庶人，壹是皆以修身为本。"由此可知，儒家做人为事的基本逻辑就是"格物、致知、诚意、正心、修身、齐家、治国、平天下"八个循序渐进、互为依存的纲目。在这八大纲目中，又以"修身"为本。

从这个意义上说，《论语》开宗明义，从"修身"这个大本说起，就是理有固宜、势所必然了，即所谓"壹是皆以修身为本"。

人应该如何立身为人？当遵循什么样的途径？当把握什么样的要领？当运用什么样的方法？当达到什么样的效果？《学而》篇在很大程度上就是要回答这些问题，使"修己安人"的理想转化为现实，使"修身为本"的追求变得具有可操作性。应该说，《学而》篇给人们提供了"修身"的门径。这些具体方法概略而言，有以下几个方面。

首先是要不懈地致力于学习。在孔子看来，"生而知之"的"圣人"，"困而不学"的"斗筲之人"都是极少数。对大多数"学而知之""困而学之"的人而言，非学习无以掌握知识、明白是非、站对立场、升华境界，无以脱胎换骨，由"生物人"进而为"社会人"，能够尊道明德，知书达礼。

至于学习，既要有正确的态度，能折节向学，虚怀若谷，即所谓"人不知而不愠"；又要有正确的方法，做到"知行合一"，一方面是"学"，向书本学,向他人学;另一方面是"习",将学到的知识与实际生活结合起来,到实践中去印证,去升华,使之成为自己真正理解和掌握的知识,成为自己精神世界、思维方式、行为方式的有机组成部分,即所谓"学而时习之"。应该说,孔子所主张的"学习",是"知"与"行"的融会一体、完美统一,包含了"由实践到理论,再由理论到实践"的正确认知规律。"学"是基础,是前提,非"学"则"习"无所附丽,无所依托,就失去了根底与方向;"习"是转化,是升华,非"习"则"学"无意义,缺乏目标,就不能真正提升能力,运用知识。两者不可偏废,是克服"能言之不必能行之,能行之不必能言之",即理论与实践相脱节的不二法门。这其实深刻地揭示了认识世界、改造世界的一般规律,反映出孔子对待知识的通脱识见与高明境界。

其次,是主张"修身"要有主次轻重,把思想修养、人格培育放置在优先考虑与践行的位置。这其实也是强调"学习"的重点与中心是"德义",而不是一般的知识与学问,即所谓"行有余力,则以学文"。

在孔子和他的弟子们看来,所谓"修身为本",说到底是"孝悌"为本,"忠诚"为本,"诚信"为本,"君子务本,本立而道生。孝弟也者,其为仁之本与!""事父母,能竭其力;事君,能致其身;与朋友交,言而有信。"很显然,孔子及其门徒都积极地提倡在具体的修身过程中,要把握关键,突出重点,强调"主忠信"。这表明,修身的核心内涵是完善自己的道德,升华自己的人格。这是理想化的学习方向,也是纯粹化的修身原则,在这个原则的指导下,人们修身的终极归宿,就是"入则孝,出则弟,谨而信,泛爱众而亲仁"。为了达到这个崇高目标,外在的物质诱惑可加拒绝,外在的感官享受可以放弃,"君子食无求饱,居无求安",一切都以"就有道而正"为皈依,从而实现尊道明德之学习初衷。

再次,是强调"修身"必须超越世俗的功利得失,应该以达观的心态,克服患得患失的心理障碍,走出浅尝辄止、浮光掠影的行为误区,持之以恒,精益求精,总之,要践履"气有浩然,学无止境"的原则,把修身进德坚持到底,为做人做事奠定最坚实的基础。

修身是十分重要的,但同时也是非常不易的。就过程言,它是长时段的努力,非一朝一夕之功,只有持之以恒,精益求精,才能完善自己的道德修养,"如切如磋,如琢如磨"。就社会反应言,它存在着被他人轻忽甚至误解的可能性,有必要超越得失成败的羁縻,进入"不以物喜,不以己悲"的境界。为此,孔子强调"不患人之不己知,患不知人也"。同时他还给人们指点了实现超越的途径,"贫而乐,富而好礼"。应该说,孔子的这一认知是尊重实际、切中肯綮的。贫穷之人,衣不蔽体,食不果腹,心绪恶劣,满心不快乐,乃是十分自然的;富贵之人,锦衣玉食,权势炽热,趾高气扬,忘乎所以,最容易逾越制度,肆意妄为,君不见,就在今天,我们还不是动辄听到那些"官二代""富二代"在那里神气活现,大声吆喝"我爸是李刚""我爸就是国法"吗!可见,孔子言"贫而乐,富而好礼"是何等的深刻,实具有超越时空的启迪意义。而且更为高明的是,孔子这番话也区分了不同阶层之人修身进德的各自侧重点,贫穷之人重点应在追求乐观、达观之上;富贵之人的重点则应该落在谨守礼制、收敛低调之上,"不同质的矛盾,用不同质的方法"来加以面对和处理,孔子的思路可谓深谙辩证法的精髓。

能够懂得学习的重要性,能够区分学习的主次性,能够体认学习的长期性,那么所谓君子的"修身为本"就可以落到实处,就能够真正养成"温、良、恭、俭、让"的完美人格,真正养成"敏于事而慎于言"的优秀素质,从而最终实现"修身"的人生至高境界。

当然,所谓"礼之用,和为贵"。"修身"是否卓有成效,还必须立足于"和"的基点,即做到和谐有序,收放自如,把握分寸,恰到好处。这种"和谐",固然是社会政治秩序建构上的理想形态,但是,在个人道德修养践行与人格完善努力的过程中,它又何尝不是必有之义和重中之重?由此可见,《学而》篇以"修身"为首要之务,以学习为"修身"的根本途径,绝对不是偶然的,其中的"微言大义",孔子与儒门实有其深意存焉!

〔原文〕

子[1]曰:"学而时[2]习[3]之,不亦说[4]乎?有朋[5]自远方来,不亦乐乎?人不知[6]而不愠[7],不亦君子[8]乎?"

〔译文〕

孔子说:"学习知识,然后按时进行实习,不也是令人愉快的吗?有志同道合的朋友从远处来,不也是让人快乐的吗?人家不了解我,我却不生气,不也是君子〔应有的风度〕吗?"

〔注释〕 1 子:古代对有德行、学问或地位的男子的尊称。《论语》中的"子曰"之"子"均指孔子而言。 2 时:按时,适时,在一定的时候。朱熹《论语章句》以"时时"来解释此"时",亦可通。 3 习:练习,演习。《说文解字》:"习,(鸟)数飞也。"按:先秦时"学"与"习"两字既有联系,又有区别。学,指书本知识的学习;习,主要指对学习到的知识进行实习,以求真正掌握。前者为知的范畴,后者为行的范畴。知行合一,是上乘的学习境界。4 说:"悦"的古字,快乐,愉快。 5 朋:志同道合的友人。朱熹注:"同类也。"按:先秦时期,同门为"朋",同志为"友"。《礼记·学记》:"独学而无友,则孤陋而寡闻。" 6 知:了解,理解。 7 愠(yùn):怨恨,恼怒。 8 君子:有德行的人。朱熹注:"君子,成德之名。"杨树达《论语疏证》:"时习而说,学者自修之事也;朋来而乐,以文会友之事也;不知而不愠,则为德性坚定之人矣。孔子之言次第极分明也。"

〔原文〕

有子[1]曰:"其为人也孝弟[2],而好犯[3]上者,鲜[4]

〔译文〕

有子说:"作为一个人,能做到孝顺父母,敬从兄长,但喜欢冒犯上级矣。不好犯上，而好作乱者，未之有也。君子务本⁵，本立而道生。孝弟也者，其为仁之本与⁶！"

的，这类情况是少之又少的。不热衷于触犯上级，却喜欢造反作乱的，这种人从来不曾存在过。君子致力于打基础，根基树立了，那么做人的准则、道理也就自然形成了。而孝顺父母，敬从兄长，这也许正是仁爱的根本之所在吧！"

【注释】 1 子：即有若，孔子的弟子，小孔子十三岁，一说小三十三岁。2 孝弟(tì)：敬爱、顺从父母谓之孝，关怀、尊重兄长谓之悌。弟，同"悌"。《新书·道术》："子爱利亲谓之孝，反孝为孽。……弟敬爱兄谓之悌，反悌为敖。" 3 犯：违反、触犯、冒犯的意思。 4 鲜：少，稀罕。《诗经·大雅·荡》："靡不有初，鲜克有终。" 5 务本：务，专力，致力于。本，原义为草木的根或茎秆，此处指事物的根本、基础。《孝经》："夫孝，德之本也。" 6 其：大概，也许，想必，表示推测。与：同"欤"。语气词，表示强调。按：《论语》中的"欤"字均写作"与"字。

【原文】
子曰："巧言令色¹，鲜矣仁。"

【译文】
孔子说："花言巧语，貌似善良厚道，这类人身上几乎没有什么仁德。"

【注释】 1 巧言令色：巧，花巧，动听。令色，意谓满脸堆笑，阿谀奉承。令，漂亮，好看。《逸周书·武纪》："币帛之间有巧言令色，事不成；车甲之间有巧言令色，事不捷。"朱熹注云："巧，好。令，善也。好其言，善其色，致饰于外，务以悦人，则人欲肆而本心之德亡矣。"《大戴礼记·曾子立事》："巧言令色，能小行而笃，难于仁矣。"

原文

曾子¹曰:"吾日三省²吾身:为人谋而不忠³乎? 与朋友交而不信⁴乎,传⁵不习乎?"

译文

曾子说:"我每天多次进行自我反省:替别人出谋划策是否已尽心竭力了呢? 同朋友们交往是否已诚实恳挚了呢? 老师所传授的学业是否已温习掌握了呢?"

注释 1 曾子(前505—前436):名参(shēn),字子舆,南武城(今山东枣庄附近)人、孔子的弟子,小孔子四十六岁。 2 三省(xǐng):反复自省,多次内省。三,再三,多次。省,自我检查,自我思过。《荀子·劝学》:"君子博学而日参省乎己,则知明而行无过矣。" 3 忠:这里是真诚尽力的意思。朱熹注:"尽己之谓忠。" 4 信:诚实,实在。朱熹注:"以实之谓信。" 5 传(chuán):指老师所传授的做人道理和知识内容。动词作名词用。

原文

子曰:"道¹千乘之国²,敬事³而信,节用而爱人⁴,使民以时⁵。"

译文

孔子说:"治理具有一千辆兵车规模的诸侯国,在处理事务上应采取认真负责的态度,讲究信誉,节制费用开销,关怀有身份的人士,在役使民众时要注意做到不耽误农业生产。"

注释 1 道:通"导",治理、管理的意思。 2 千乘(shèng)之国:乘,量词。先秦车战时代的军队混合编组单位,每乘拥有四匹马拉辕的兵车一辆,其士卒编制因时代不同而有差异,西周至春秋前期每乘配置甲士10人、徒卒20人,春秋后期起每乘为甲士3人、徒卒72人,加上后勤人员25人,共为100人。当时车战盛行,故通常以兵车数量来计算国家的实力。千乘之国,在春秋晚期为中等强盛的诸侯国。 3 敬事:以认真负责的态度对待工作。敬,此处用作表示工作态度,即"严肃认真"之意。《荀子·议兵》："虑必先事，而申之以敬。慎终如始，终始如一，夫是之谓大吉。凡百事之成也，必在敬之；其败也，必在慢之。" **4 人**：古代"人"有广狭两义。广义的"人"泛指所有人，狭义的"人"只指士以上成员。此处指的是后者。 **5 使民以时**：民，指普通劳动者。时，按时，不耽误农时。《大戴礼记·曾子制言上》："使民不时，失国，吾信之矣。"

原文

子曰："弟子[1]入则孝，出则弟，谨[2]而信，泛爱众而亲仁[3]，行有余力，则以学文[4]。"

译文

孔子说："作为年轻人，在家要孝顺父母，离家要敬爱兄长，说话要谨慎，做事守信，热爱普通大众，亲近仁慈德劭的人。这一切都做到了之后，还有剩余精力的话，那就再去学习文化知识。"

注释 1 弟子：一般有两层意思，一指年纪幼小的人，一指学生。此处是第一层意思。 2 谨：态度恭敬，言语谨慎。《逸周书·官人》："扬言者寡信。"《老子》第六十三章："轻诺必寡信。" 3 亲仁：亲近有仁德之人。 4 文：指诗书等文化知识，也可理解为《诗》《书》等古代传世文献。

原文

子夏[1]曰："贤贤[2]易色[3]；事[4]父母，能竭其力；事君，能致[5]其身；与朋友交，言而有信。虽曰未学，吾必谓之学矣。"

译文

子夏说："注重内在贤德，不讲求外在容貌。侍奉父母，能做到尽心竭力；侍奉君主，能做到忘身奉献；同朋友交往，能做到说话诚实守信用。这种人，即使没有受过系统的教育，我也一定把他看成是学有所成的人。"

注释 1 子夏(前507—？)：指卜商，孔子的弟子，擅长文学。小孔子四十四岁。 2 贤贤：前一个"贤"字为动词，尊重、看重的意思。后一个"贤"字为名词，指贤德之人。 3 易色：不重视容貌，亦可引申为不在乎外在表现。易，轻视，简慢。 4 事：侍奉，奉事。 5 致：全力以赴，甘于奉献。朱熹注："致，犹委也。委致其身，谓不有其身也。"

原文

子曰："君子不重[1]则不威[2]，学则不固[3]。主忠信[4]。无友不如己者，过[5]则勿惮[6]改。"

译文

孔子说："君子不庄重严肃就不会有威严，即使学习了，所学的也不会巩固。做人要以忠和信两种道德为主。不要同不如自己的人交朋友。一旦犯有过错，也不要害怕去改正。"

注释 1 重：庄重，特指态度严肃认真。 2 威：威严，有威信。《左传·襄公三十一年》："有威而可畏谓之威，有仪而可象谓之仪。"又《法言·修身》篇："重言，重行，重貌，重好。言重则有法，行重则有德，貌重则有威，好重则有观。" 3 固：坚固，巩固。 4 主忠信：以忠和信两种道德为主。主，以……为主，指重视。 5 过：犯有过错、过失。 6 惮(dàn)：畏难，害怕。

原文

曾子曰："慎终[1]追远[2]，民德归厚矣。"

译文

曾子说："认真郑重地办理父母的丧事，祭奠追念远代祖先，那么老百姓的德性就会归化于忠厚朴实了。"

注释 1 慎终：慎，慎重，认真。终，人死为终，此指父母去世。 2 追远：追，追念。远，祖先。《礼记·坊记》："修宗庙，敬祀事，教民追孝也。"朱熹注：

"慎终者,丧尽其礼。追远者,祭尽其诚。"慎终追远,这是儒家孝道的核心内容,统治者若能做到这一点,普通民众的品德自然能归于善良淳厚。

【原文】

子禽[1]问于子贡[2]曰:"夫子[3]至于是邦也,必闻其政,求之与[4]?抑[5]与[6]之与?"子贡曰:"夫子温、良、恭、俭、让[7]以得之。夫子之求之也,其诸[8]异乎人之求之与?"

【译文】

子禽向子贡询问说:"先生他老人家一旦到了某一个国家,就必然听得到该国的政事以及得失,这是求人家告诉他的呢?还是人家主动告诉他的呢?"子贡回答说:"他老人家是靠自己温和、善良、庄重、节俭、谦逊的人格魅力而得来的,他老人家获得的方式,恐怕是不同于其他人获得的方式吧?"

【注释】 1子禽:姓陈,名亢,字子禽。 2子贡(前520—?):姓端木,名赐,字子贡,孔子的弟子,卫国人,小孔子三十一岁。 3夫子:古代对男子比单称"子"更尊敬的尊称。此处指孔子。 4与:同"欤",疑问语气词。5抑:或是,还是。 6与:给予。 7温、良、恭、俭、让:五种做人的美德。温,厚道温和;良,善良正直;恭,庄重严肃;俭,节制俭朴;让,谦逊宽容。《论衡·知实》篇:"温、良、恭、俭、让,尊行也。有尊行于人,人亲附之。人亲附之,则人告语之矣。" 8其诸:表示推测的语气助词,大概、或者、恐怕的意思。

【原文】

子曰:"父在,观其[1]志;父没[2],观其行。三年无改于父

【译文】

孔子说:"当他父亲活着时,就观察他的志向;当他父亲去世后,就观察他的行为。如果他多年不改变自己父亲为人处世的准则,

之道³，可谓孝矣。" ┃ 那么此人也就算得上是孝子了。"

[注释] 1 其：指身为儿子的人。 2 没：去世。 3 道：此指德行情操、行为方式。《大戴礼记·曾子本孝》："父死，三年不敢改父之道。"

[原文]

有子曰："礼之用，和¹为贵。先王²之道，斯为美；小大由之。有所不行，知和而和，不以礼节³之，亦不可行也。"

[译文]

有子说："礼的功用，以和谐有序、处事恰当为可贵。古代圣明君主的治国之道中，以和谐这一点为最好，因此无论小事大事他们都能做到恰到好处。但应该有所避免的是，即仅仅知道和谐的好处而求和，而不能以一定的规矩制度来加以节制，若是这样，也就行不通了。"

[注释] 1 和：和谐有序，适合适当，恰到好处。《礼记·中庸》："喜怒哀乐之未发谓之中，发而皆中节谓之和。"杨树达《论语疏证》："和，今言适合，言恰当，言恰到好处。"贾谊《新书·道术》："刚柔得适谓之和，反和为乖。" 2 先王：儒家心目中历史上仁义昭著、功勋卓伟的统治者，如尧、舜、禹、汤、文、武等。 3 节：节度，控制。

[原文]

有子曰："信近于义，言可复¹也。恭²近于礼，远³耻辱也。因⁴不失其亲，亦可宗⁵也。"

[译文]

有子说："守信合乎道义，这样，诺言就可以兑现。态度庄重合乎礼仪，这样，就可避免遭受耻辱。所依赖的是那些讲究亲情孝悌的人，这样，就能够安全可靠了。"

[注释] 1复:实行、履行、践行诺言。《左传·宣公十五年》云:"信载义而行之为利。" 2恭:态度恭敬,举止端庄。 3远:远离,避开。 4因:凭借,依靠。 5宗:可靠,支柱。朱熹注:"宗,犹主也。"

[原文]

子曰:"君子食无求饱,居无求安,敏于事而慎于言,就¹有道而正²焉,可谓好学也已。"

[译文]

孔子说:"君子,吃东西不追求饱足,居住不追求安逸,做事情勤勉敏捷,说话却谨慎稳妥,亲近有道德学问的人,匡正自己身上的缺点,这样就可以称得上是好学上进了。"

[注释] 1就:靠近、看齐的意思。 2正:匡正,端正,含有"正其是非"之义。朱熹注:"必就有道之人,以正其是非。"

[原文]

子贡曰:"贫而无谄¹,富而无骄²,何如?"子曰:"可也,未若贫而乐³,富而好礼者也。"子贡曰:"《诗》⁴云:'如切如磋,如琢如磨。'⁵其斯之谓与?"子曰:"赐⁶也,始可与言《诗》已矣,告诸往而知来者⁷。"

[译文]

子贡问:"贫穷困顿却不去巴结逢迎,富有康达却不骄傲自大,这样的人怎么样?"孔子回答说:"做得可以了,但是还不如贫穷而依然自得其乐,富有而能够谦虚好礼的人。"子贡又问:"《诗经》上说:'要像切磋兽骨象牙一样认真,要像琢磨美玉宝石一样细致。'道德修养要精益求精,大概也是这个意思吧?"孔子说:"端木赐呀,现在可以和你讨论《诗经》了,告诉你已知之事,你就能联想并悟知未知之事。"

[注释] 1 谄(chǎn)：谄媚，奉承，巴结。　2 骄：洋洋自得，趾高气扬。3 未若：比不上，不如。《庄子·让王》："古之得道者，穷亦乐，通亦乐，所乐非穷通也。道德于此，则穷通为寒暑风雨之序矣。"　4《诗》：指《诗经》，我国最早的诗歌总集，后被列为儒家经典之一，相传系由孔子编纂而成，全书分《风》《雅》《颂》三部分，共三百零五篇。　5 如切如磋，如琢如磨：切，用刀切断；磋，用刀锉锉平；琢，用刀雕刻；磨，用物打制磨光。《尔雅·释器》："骨谓之切，象谓之磋，玉谓之琢，石谓之磨。"郭璞注："皆治器之名。"此为《诗经·卫风·淇奥》中的诗句。　6 赐：即子贡。孔子对自己学生都直接称名。　7 告诸往而知来者：诸，之，它。往，已知之事，亦可理解为"其所已言者"。来，未知之事，亦可理解为"其所未言者"。

[原文]

子曰："不患[1]人之不己知[2]，患不知人也。"

[译文]

孔子说："不担心人家不了解我，我所担心的只是自己不了解人家。"

[注释] 1 患：担心、忧虑、怨恚的意思。　2 不己知：即"不知己"。此为否定句宾语前置语法。

为政第二

导读

　　《为政》篇共有二十四章,其主旨就是"为政"。这中间直接阐说"为政"的有八章,间接涉及"为政"的计有十六章。在孔子看来,"为政"不仅仅是纯粹的政治运作问题,更是道德指导下的一个系统大工程。"齐家"同样是"为政"的重要组成部分,故倡导"孝道"之类,毫无疑义也是"为政"的必有之义,所谓:"或谓孔子曰:'子奚不为政?'子曰:'《书》云:"孝乎惟孝! 友于兄弟,施于有政,是亦为政。"奚其为为政?'"由此可见,直接讨论"为政"与间接涉及"为政"的综合互补,这才是孔子"为政之道"的全面体现。

　　如何"为政"? 先秦诸子的认识与主张是不相同的。道家基于"道法自然"的哲学理念,主张的是"自然政治";法家基于"治民无常,以法为本"的政治观念,提倡的是"法治政治";而儒家基于"建国君民,教学为先"的道德意识,推崇的是"德化政治",即所谓"以德治国"。《为政》篇正是孔子及其门徒阐说"德化""德治"基本理念的核心篇章,集中体现了孔子与整个儒家有关"以德治国"的重要理念及其实现途径的系统理性认识。

　　因此,《为政》篇开宗明义就提出了"德治"的基本命题:"为政以德,譬如北辰,居其所而众星共之。"在孔子看来,"德化""德治"是政治之本,是为政之纲。唯有纲举,方可目张,以一驭万,从而为政治运作的基本方向与中心命题定下了基调:治国的根本选择当是道德感化,而不能是其他手段(诸如用法制规范约束等)。

那么，为何治国理政当以"德"而非以"刑"呢？孔子的理解是："德治"乃是"治本"，而"法治"仅仅只能"治标"；"德治"可以从根本上解决问题，而"法治"只能头痛医头、脚痛医脚，无法从本质上解决问题；"德治"是"形而上"的，而"法治"则是"形而下"的："道之以政，齐之以刑，民免而无耻；道之以德，齐之以礼，有耻且格。"

很显然，在孔子看来，具体的政治、细密的刑法，只能在表面上暂时约束人们不去做坏事，无法真正让人们对去恶为善形成普遍的共识，恰恰相反，"上有政策，下有对策"，人们如果没有道德感、正义感，那么他们就会想方设法去钻法律、制度的漏洞，不但不会有任何耻辱感，反而会为自己的投机取巧行为得逞一时而沾沾自喜、自鸣得意，这就是所谓的"民免而无耻"！这当然不是真正成功的政治。

相反，如果以道德治国，并在具体的政治实践形式上弘扬礼乐文化精神，人们才会在潜移默化下，真正激发起去恶为善的自觉意识，真正懂得廉耻荣辱，由被动进入主动，由"不得已然"转化为"本所当然"。有善良的品质，有健全的人格，有高尚的志趣，有理想的追求，这样的人，就是"新民"，就是政治进入理想境界的具体标志。

毫无疑义，孔子"德治为本""德化为先"的政治观念对今天仍有重大的启示意义。只有让民众发自内心认同与拥护现有的政治秩序，只有使民众在道德修养上升华为自觉向善的境界，人格磨砺上完成了完善高尚的飞跃，那么我们的社会政治才可能是真正理想的，我们的现实秩序才可能是真正和谐的。与之相反，如果一味依赖于"齐之以刑"，单纯依靠强大的行政力量去面对错综复杂的社会问题，以为专政资源可以控制一切，则必然陷入越"维稳"而越不稳的困境。堤坝可以越筑越高，但水位也势必越涨越高，一旦决堤，后果就不堪设想，所谓"川壅而溃，伤人必多"。所以，在"以法治国"的同时，当务之急是要积极推动"以德治国"，从根本上化解各种社会矛盾，防患于未然，和谐于天下，既要"治标"，更要"治本"，营造政通人和的良好局面，引导广大民众摒弃功利之心、暴戾之心、自为之心，培育广大民众拥有感恩之心、是非之心、敬畏之心，真正做到孔子所推崇的"有耻且格"。

至于"德治"的具体纲目，《为政》篇也有多角度、多层次的阐说。首先是提倡"孝道"。"百顺孝为先"，"孝"是伦理范畴，同时也是政治命题。一个人能否忠于国家、服务他人、造福社会，起点是能否孝顺父母。换言之，"孝"是"德化"的基础，未尝有不孝之人能够践行忠义的。故孔子强调行孝"无违"，"生，事之以礼；死，葬之以礼，祭之以礼"，认为"孝慈，则忠"。

其次，是强调诚信为本："人而无信，不知其可也。"在用人上则是要举贤而用能，让贤良之人成为社会的中坚，成为人们的楷模，树立起正确的道德导向，弘扬正气，使社会呈现出崭新而又健康的气象："举直错诸枉，则民服；举枉错诸直，则民不服。""举善而教不能，则劝。"同时，倡导和谐，强调团结："君子周而不比。"

再次，提倡学习，鼓励思考，为营造和谐、进步的"德化""德治"氛围创造必要的条件："温故而知新。""多闻阙疑。"同时做到"知"与"行"的有机辩证统一："学而不思则罔，思而不学则殆。"虚怀若谷，不断追求，不断超越，"知之为知之，不知为不知，是知也"。

最后，"为政"不能完全跟着感觉走，不应该什么都是"摸着石头过河"，而是要善于总结和借鉴历史经验，从历史中汲取智慧，为现实政治提供有益的启迪，从而事半功倍，少走弯路，造就"德治""德化"的理想局面："殷因于夏礼，所损益可知也；周因于殷礼，所损益可知也；其或继周者，虽百世，可知也。"

综上所述，孔子在《为政》篇中对"为政之道"予以了系统、深刻的概括与总结，它有宗旨、有纲领、有细目，是孔子及其儒家学派有关政治性质、理想、实践环节理性认识的集中反映，也是儒家道德政治的鲜明体现，言简意赅，胜义迭呈，对今天的为政者而言，不啻为精妙至微的政治箴言。

【原文】

子曰:"为政以德[1],譬如北辰[2],居其所而众星共之[3]。"

【译文】

孔子说:"要用道德来治理国家,就像北极星一样,停留在自己固定的位置上,其他的星辰围绕着它运转。"

【注释】 1 为政以德:德治是孔子政治上的最高追求,所谓"道之以德,齐之以礼,有耻且格",而一味依赖法令规章,则是治标不治本,不免捉襟见肘,顾此失彼,疲于奔命:"道之以政,齐之以刑,民免而无耻。"故孔子提倡"为政以德"。《大学》:"是故君子先慎乎德。有德此有人,有人此有土,有土此有财,有财此有用。德者,本也;财者,末也。" 2 北辰:北斗,北极星。《尔雅·释天》:"北极谓之北辰。" 3 众星共之:共,通"拱",环绕,围绕。按,在黄河中下游地区观察,北极星似乎是静止不动的,而它周围的其他星辰都环绕它运动,故孔子在这里以北极星喻国君,以众星喻民众。

【原文】

子曰:"《诗》三百[1],一言以蔽[2]之,曰:'思无邪'[3]。"

【译文】

孔子说:"《诗经》三百篇,用一句话来概括它,就是'思想纯正而无邪愿'。"

【注释】 1《诗》三百:《诗经》实有三百零五篇,这里是举其整数。 2 蔽:概括,综合。 3 思无邪:为《诗经·鲁颂·駉》中的诗句。《史记·屈原贾生列传》:"国风好色而不淫,小雅怨诽而不乱。"

【原文】

子曰:"道[1]之以政,齐[2]之以刑,民免[3]

【译文】

孔子说:"用政令来治理民众,用刑罚来约束民众,那么他们只会设法避免犯罪而无耻;道之以德，齐之以礼，有耻且格⁴。"

但不会真正知道廉耻;用道德来治理民众,用礼乐来约束民众,那么他们就会懂得廉耻,而且能主动匡正自己的过错。"

【注释】 1 道:通"导",引导,主导,引申为治理。 2 齐:约束,制约,整顿,使一致。 3 免:摆脱,逃避。 4 格:匡正,纠正。《礼记·缁衣》:"夫民,教之以德,齐之以礼,则民有格心。教之以政,齐之以刑,则民有遁心。故君民者,子以爱之,则民亲之;信以结之,则民不倍;恭以莅之,则民有孙心。"

【原文】

子曰:"吾十有¹五而志于学,三十而立²,四十而不惑³,五十而知天命,六十而耳顺⁴,七十而从心所欲,不逾矩。"

【译文】

孔子说:"我从十五岁起,有志于学习上进;三十岁时掌握礼仪,学有所成;四十岁时对各种事情有独立见解而不会受外界迷惑;五十岁时知道上天给我安排的命运;六十岁时,心胸豁达,耳朵里听得进各种意见;到了七十岁,能够按心里想定的去做,自然放达,不越规矩。"

【注释】 1 有:同"又"。 2 三十而立:指三十岁时掌握礼乐纲要,学有所成。立,成功,成就。《孙子兵法·军争》:"兵以诈立。"谓军队作战凭借诡诈奇谲而取得成功。两处"立",义同。杨树达《论语疏证》:"三十而立,立谓立于礼也。盖二十始学礼,至三十而学礼之业大成,故能立也。"
3 不惑:观点看法不受外界影响而变化。 4 耳顺:意谓心胸豁达,听得进各种意见。《论衡·知实》:"从知天命至耳顺,学就知明,成圣之验也。"

【原文】

孟懿子[1]问孝。子曰:"无违。"樊迟[2]御[3],子告之曰:"孟孙[4]问孝于我,我对曰:'无违。'"樊迟曰:"何谓也?"子曰:"生,事之以礼[5];死,葬之以礼,祭之以礼。"

【译文】

孟懿子向孔子询问孝道。孔子回答说:"不要违背礼节。"樊迟替孔子驾御车子,孔子告诉他说:"孟孙向我问孝道,我答复说:'不要违背礼节。'"樊迟问道:"这是什么意思呢?"孔子说:"当父母在世的时候,就依规定的礼节侍奉他们;当他们去世后,就依规定的礼节埋葬他们,按规定的礼节祭奠他们。"

【注释】 1 孟懿子:为鲁国"三桓"之一的孟孙氏贵族,姓仲孙,名何忌。鲁国大夫。懿是其谥号。 2 樊迟(前515—?):名须,字子迟,孔子的弟子。小孔子三十六岁。 3 御:驾车。 4 孟孙:指孟懿子。 5 礼:此处指尊卑有别、上下有序的周礼。《礼记·祭统》:"是故孝子之事亲也,有三道焉。生则养,没则丧,丧毕则祭。养则观其顺也,丧则观其哀也,祭则观其敬而时也。尽此三道者,孝子之行也。"

【原文】

孟武伯[1]问孝。子曰:"父母,唯其疾之忧。"

【译文】

孟武伯向孔子请教孝道。孔子说:"子女对于父母,只是为他们的疾病担忧发愁。"

【注释】 1 孟武伯:名彘(zhi),孟懿子之子。"武"是其谥号。

【原文】

子游[1]问孝。子曰:"今之孝者,是谓

【译文】

子游向孔子问孝道。孔子说:"现在的所谓孝,仅仅是指能养活父母。即便是狗马,

能养。至于²犬马，皆能有养。不敬，何以别乎？" | 也都能得到饲养，〔这难道也是孝？〕如果对父母不恭敬，又怎么来区别养活父母和饲养狗马呢？"

〔注释〕 1 子游（前 506—？ ）:姓言，名偃，吴人，字子游，小孔子四十五岁。孔子的弟子，在孔门中长于文学。 2 至于:即便，就是。《礼记·祭义》:"曾子曰:'孝有三:大孝尊亲，其次弗辱，其下能养。'"

〔原文〕

子夏问孝。子曰:"色难¹。有事，弟子²服其劳;有酒食，先生³馔⁴;曾⁵是以为孝乎？"

〔译文〕

子夏向孔子问什么是孝。孔子说:"子女在侍奉父母时保持和悦愉快的态度色最难做到。有事情，做子女的出力效劳;有酒菜饭食，做父母的吃喝享用，难道仅仅如此就能算孝了吗？"

〔注释〕 1 色难:色，指子女侍奉父母时的态度。难，难以做到。《说苑·建本》:"父母怒之，不作于意，不见于色，深受其罪，使可哀怜，上也;父母怒之，不作于意，不见其色，其次也;父母怒之，作于意，见于色，下也。" 2 弟子:年轻人，此处指子女。 3 先生:长辈，此处指父母。 4 馔(zhuàn):吃喝，进食。 5 曾:竟然。

〔原文〕

子曰:"吾与回¹言终日，不违，如愚。退而省其私²，亦足以发³，回也不愚。"

〔译文〕

孔子说:"我和颜回整天地谈话聊天，他从来没有质疑和反驳，像个笨人似的。可等他退回去后再察看他私下的言行举止，却又能发挥我的思想，可见颜回并不愚蠢。"

【注释】 1回:颜回(前521—前490),姓颜,名回,字子渊,又称颜渊。孔子最得意的弟子。小孔子三十岁。 2省其私:观察、反思颜渊私下的言行举止。 3发:阐发,发挥。

【原文】

子曰:"视其所以¹,观其所由²,察其所安³。人焉⁴廋⁵哉?人焉廋哉?"

【译文】

孔子说:"观察他的言行动机,了解他的所作所为,考察他的人生境界,那么这个人怎么还能隐藏真相呢?这个人怎么还能隐藏真相呢?"

【注释】 1以:根据。此处可理解为言行的动机。 2由:方式,方法。可理解为所作所为。 3安:满足,安心。可理解为安心于什么(人生追求)。 4焉:如何,怎么。 5廋(sōu):隐藏,隐瞒。

【原文】

子曰:"温故而知新¹,可以为师矣。"

【译文】

孔子说:"温习和巩固已有的知识,在此基础上获得新的体会、新的理解,这样的人可以为人师表了。"

【注释】 1温故而知新:温习巩固已知的,探索掌握未知的。朱熹《四书章句集注》云:"温,寻绎也;故者,旧所闻;新,今所得。言学能时习旧闻,而每有新得,则所学在我,而其应不穷,故可以为人师。"又,杨树达《论语疏证》:"记问博习,强识之事也;温故知新,通悟之事也。孔子之教,以通悟为上,强识次之。故温故知新可以为师,记问博习无与于师道也。"

【原文】

子曰:"君子不器¹。"

【译文】

孔子说:"君子不要像器皿那样〔,只能派一种用场〕。"

注释 1 器:器皿。按,古代器皿一般只有特定的用途,故孔子认为君子不能像器皿那样局限于一才一艺。《礼记·学记》:"君子曰:大德不官,大道不器,大信不约,大时不齐。"

原文

子贡问君子。子曰:"先行其言而后从之[1]。"

译文

子贡向孔子请教怎样才能算是君子。孔子回答说:"君子是先把自己要说的话实行了,然后再说出来。"

注释 1 先行其言而后从之:意谓言行一致,说到做到,先做后说。《大戴礼记·曾子立事》:"君子博学而孱守之,微言而笃行之,行必先人,言必后人。"

原文

子曰:"君子周[1]而不比[2],小人[3]比而不周。"

译文

孔子说:"君子讲团结而不结党营私,小人结党营私而不讲团结。"

注释 1 周:以道义团结人。 2 比:以私利朋比结党。 3 小人:此处指道德低下之徒。

原文

子曰:"学而不思而罔[1],思而不学则殆[2]。"

译文

孔子说:"只是读书,却不思考,就会陷入迷惘,无所适从;只是冥思苦想,却不读书学习,就会想入非非,带来危险。"

注释 1 罔:惘然,不得其解。 2 殆:危险。《礼记·中庸》:"博学之,审问之,慎思之,明辨之,笃行之。"《孙子兵法·谋攻》:"知彼知己,百战不殆。"

【原文】

子曰："攻¹乎异端²，斯³害也已⁴。"

【译文】

孔子说："批判那些不正确的观点，这样祸害也就可以消除了。"

【注释】 1 攻：批评，抨击。一说，攻，专心研习。 2 异端：对立面。这里可理解为不正确的观点。一说，异端指杂书、奇技。 3 斯：指示代词，这个。 4 已：停止，引申为消除。

【原文】

子曰："由¹，诲女²，知³之乎？知之为知之，不知为不知，是知⁴也。"

【译文】

孔子说："仲由呀，我告诉你，什么是真正的明白？知道就是知道，不知道就是不知道，这就是聪慧明智。"

【注释】 1 由：即子路(前542—前480)，姓仲，名由，字子路。孔子的弟子，少孔子九岁。 2 诲女：诲，教诲。这里是告诉、提醒的意思。女，同"汝"，你。 3 知：明白，知道。 4 知：同"智"。可理解为明智的态度或做法。《荀子·儒效》："知之曰知之，不知曰不知，内不自以诬，外不自以欺，以是尊贤畏法而不敢怠傲，是雅儒者也。"

【原文】

子张¹学干禄²。子曰："多闻阙³疑，慎言其余，则寡尤⁴。多见阙殆，慎行其余，则寡悔。言寡尤，行寡悔，禄在其中矣。"

【译文】

子张向孔子请教求取官职俸禄的方法。孔子说："多听，保留有怀疑的问题，谨慎地说出足以自信的部分，那么就能少犯过失。多看，保留有疑惑的内容，谨慎地做足以自信的事情，那么就可以少留后悔。说话少犯过错，行动少留懊悔，官职俸禄就在里面了。"

注释 1 子张(前503—?)：姓颛(zhuān)孙，名师，字子张，陈人，孔子的弟子，小孔子四十八岁。 2 干禄：求取官职俸禄。干，求取。禄，俸禄。 3 阙：同"缺"，保留、回避的意思。 4 尤：过失，错误。

原文

哀公¹问曰："何为则民服？"孔子对曰："举²直错³诸枉⁴，则民服；举枉错诸直，则民不服。"

译文

鲁哀公问道："怎样做才能让民众拥护服从呢？"孔子回答说："提拔正直之士，放在奸邪的人之上，民众就会拥护服从；提拔奸邪之徒，放在正直的人之上，民众就不会拥护服从。"

注释 1 哀公：鲁哀公，姓姬，名蒋，鲁国国君，公元前494—前468年在位，"哀"是其谥号。 2 举：选拔，擢用。 3 错：通"措"，放置，安排。 4 枉：邪佞。

原文

季康子¹问："使民敬、忠以劝²，如之何？"子曰："临之以庄³，则敬；孝慈，则忠；举善而教不能，则劝。"

译文

季康子问道："要使民众严肃恭敬、忠诚竭力和互相勉励，应该怎么办？"孔子回答说："对待民众能做到严肃端庄，他们就会恭敬顺从；能做到孝顺慈爱，他们就会忠诚竭力；能做到举用贤人，教育能力差的人，他们就会相互勉励。"

注释 1 季康子：季孙氏，名肥，"康"是其谥号。鲁哀公时期鲁国的实际执政者。 2 劝：勉励，鼓励。 3 庄：庄重、严肃的意思。《礼记·祭义》："致礼以治躬则庄敬，庄敬则严威。……外貌斯须不庄不敬，而易慢之心入之矣。"

[原文]

或¹谓孔子曰:"子奚²不为政³?"子曰:"《书》⁴云:'孝乎! 惟孝,友于兄弟,施⁵于有政。'是亦为政,奚其为为政?"

[译文]

有人对孔子说:"您为什么不做官处理政务呢?"孔子答道:"《尚书》上讲:'孝呀! 只有孝顺父母,友爱兄弟,进而把这种风气延及政治上去。'这也是参与治理政务,为什么一定要做官才算是参与政治呢?"

[注释] 1 或:有人。 2 奚(xī):疑问助词,为何,为什么。 3 为政:从政,治理国政。 4《书》:即《尚书》,先秦时期统治者政令文诰的汇编。以下引文,《伪古文尚书·君陈》篇作"惟尔令德孝恭,惟孝友于兄弟,克施有政"。 5 施:延及、推广的意思。

[原文]

子曰:"人而¹无信,不知其可也。大车无輗²,小车无軏³,其何以行之哉?"

[译文]

孔子说:"一个人不讲究信用,不知道他怎么可以〔立身处世〕。就像牛车没有安横木的輗,马车没有安横木的軏,怎么能够行驶呢?"

[注释] 1 而:语气助词,无实际含义。一说,而,作"如果"解。 2 大车:牛车,《孙子兵法·作战》:"丘牛大车。"輗(ní):古代牛车车辕前面横木上的活销。 3 小车:马车。軏(yuè):古代马车车辕前面横木上的活销。

[原文]

子张问:"十世¹可知也?"子曰:"殷²因³

[译文]

子张问道:"今后十代的〔礼仪制度〕可预先知道吗?"孔子回答说:"殷代沿袭

于夏⁴礼,所损益可知也;周⁵因于殷礼,所损益可知也;其或⁶继周者,虽百世,可知也。"

夏代的礼制,其中废除和增加的内容是可以知道的;周代沿袭殷代的礼制,其中废除和增加的内容是可以知道的。也许日后还有继承周代而起的朝代,但即使是多达百代,其礼制的情况也是可以预先知道的。"

注释 1 十世:十代。 2 殷:即商朝(约前 1600—约前 1046),因盘庚在位时曾迁都于殷(今河南安阳),故又称殷。 3 因:因循,继承。 4 夏:夏朝(约前 2070—约前 1600),中国历史上有史记载的第一个王朝,传至夏桀时为商汤所灭。 5 周:周武王伐纣灭商后所建立的周王朝,以公元前 770 年平王东迁洛邑(今河南洛阳)为界,分为西周和东周(春秋、战国)两个阶段。 6 或:也许。

原文

子曰:"非其鬼而祭之,谄¹也。见义不为,无勇也。"

译文

孔子说:"不是所当祭祀的鬼神却去祭祀它,这是谄媚。见到正义的事情却没有去做,这是没有勇气。"

注释 1 谄:谄媚,阿谀。《左传·僖公十年》:"神不歆非类,民不祀非族。"又《礼记·曲礼下》:"非其所祭而祭之,名曰淫祀,淫祀无福。"

八佾第三

导读

本篇共二十六章,其中心命题是"礼"。孔子及其弟子就"礼"的重要性、"礼"的本质属性、"礼"的基本内涵、"礼"的体现形式、"礼"的历史文化渊源、"礼"与"仁"的内在关系,进行了扼要、深刻的阐说,对当时"礼崩乐坏"的局面表达了深深的忧虑与尖锐的抨击,希望挽狂澜于既倒,启新生于绝望。全篇主旨鲜明,鞭辟入里,在某种意义上,它能帮助我们理解:为什么后人会将儒家所推重的教化称为"礼教",将儒家所倡导的社会治理方式称为"礼治"。

孔子学说的核心精神是"礼"还是"仁",这是千百年来学术界、思想界聚讼纷纭的话题。有人认为,"礼乐"精神是孔子及其儒学的核心,"礼治"是孔子所推崇的政治上的最高理想。但更有人强调,"仁"才是孔子及其儒学的主体,"德化""德治"是孔子及其后学汲汲追求的完美政治愿景。与之相应,前者一般认为孔子学说相对体现为守旧、保守的特征,其继承传统要大于开拓创新,所以,在他们那里,有关孔子及其儒学的评价通常偏低,多予以负面性的指摘。后者通常强调孔子学说相对体现为进步、积极的特征,其超越传统要重于拘泥旧制。因此,在他们那里,有关孔子及其儒学的评价通常倾向于肯定,正面性的褒扬是主导的倾向。

其实,"周虽旧邦,其命维新"。在孔子的学说中,守旧与创新,保守与进步,是同一个事物的正反两面。守旧在许多情况下,未尝就是负面的东西,因为在某种程度上,它意味着保持事物的稳定性,象征着对传统的尊重与传承,体现为对原则的坚持与执着;但是,这不能成为拒绝进步、反对变革、走向封闭与僵化的理由。我们今天对孔子崇尚"礼乐"文明的做法进行评价,必须从这个视野切入,看看他所倡导的"礼"是否真正做到了坚持原则性与运用灵活性的统一,是否做到适度稳定与合理变化的统一,是否做到正确继承传统与恰当开拓创新的统一。而《八佾》篇就是一个可用来具体剖析的最好范本。

与"仁"相比,"礼"更多地体现为历史上的固有传统。"礼者,履也",如黄克剑先生所言:"中国文化可追溯的夏、商、周三世,是由治理家族推而治理'天下'的时代,依'礼'确定人的身份地位以获得一种人伦秩序,使其制度化,遂有了所谓'礼治'。"(黄克剑《〈论语〉解读》)从这个意义上说,孔子对"礼"的肯定与强调,更多的是对传统的崇尚与弘扬。《八佾》篇所要解决的就是面临新挑战、新机遇的背景下,如何重新认识"礼",如何正确遵循"礼"等基本问题。

春秋时期,中国社会出现了大变革的形势,固有的"礼乐"文明毫无疑义面临着新的挑战,以至于有人把这形容为"礼崩乐坏"。但是,从另一个角度看,危机同时也是一种转机,若能顺应时代潮流,对"礼"进行实质性的丰富与改造,使之在保持优秀传统的同时,实现新的超越,则可起死回生,再开创新的局面,即所谓"旧瓶装新酒"。应该说,《八佾》篇在继承传统与适时"更化"方面是不无独到的认识与切实可行的思路的。

孔子对当时的"礼乐"文明灾难性的遭遇是感到忧心忡忡的,对社会上那些僭越礼制的行径是深恶痛绝的,"孔子谓季氏:'八佾舞于庭,是可忍也,孰不可忍也!'"甚至认为诸夏的"礼乐"精神被摧毁,等于是自我退为禽兽,连做"夷狄"的资格都随之丧失了:"夷狄之有君,不如诸夏之亡也!"即便是像管仲这样建有丰功伟业的贤人,也逾越"礼制",为"礼崩乐坏"的泛滥推波助澜,火上浇油,更遑论普通人了:"邦君树塞门,管氏亦树塞门;邦君为两君之好,有反坫,管氏亦有反坫。管氏而知礼,孰不知礼?"因此,孔子对当时"礼"的现状极度不满,对"礼乐"精神遭否定、被弃之如敝屣至为愤慨,乃是显而易见的。

于是乎,孔子主张重新倡导"礼制",振衰起敝,匡世救俗,来改变"天下无道"的现实局面。孔子是卓越的思想大家,具有厚重的历史意识。他知道,更新"礼治",必须回归历史,回归传统,穷本溯源,从而返本开新。而历史文化资源的借鉴与利用,则必须是有具体载体的,是可资参考的。"礼"虽延续三代,但是"夏礼""殷礼"毕竟时代遥远,文献严重不足,并不是最好的借鉴与利用对象:"夏礼,吾能言之,杞不足征也;殷礼,吾能言之,宋不足征也。文献不足故也。"因此,只有"周礼"才是最好的资治载体。周代的"礼乐"文明,集古典"礼乐"文明之大成,在春秋时代要重振"礼治",确立和谐秩序,可利用的最佳历史文化资源,就是"周礼":"周监于二代,郁郁乎文哉! 吾从周。"

但是,在孔子看来,虽然"礼"是不可须臾缺失的文明载体,然而,"礼"的具体内核应该随时代的发展、社会的变化而予以新的丰富与完善。这个新的丰富与完善,就是要引进和注入"仁"的积极因素,从而使"礼乐"文明实现升华,能适应时代的要求,即所谓"人而不仁,如礼何? 人而不仁,如乐何?"换言之,对"礼乐"的遵从与弘扬,不能简单地流于形式,而是要溯源返本,回归"礼之本":"礼,与其奢也,宁俭;丧,与其易也,宁戚。"这样,孔子就在很巧妙的方式下,完成了"礼乐"文明的改造与转型,确保了以"仁"为核心的"礼乐"获得新的生机,能够迎接各种挑战,更好地去实现政治有序、纲常和谐、天下有道的终极目标。

很显然,在"礼"与"仁"的关系上,孔子所强调的是形式与内容的相互统一。"礼"更多地体现为形式,"仁"更多地反映为内容。"礼"说到底,是从属于、服务于"仁"的。内容更重于形式,没有"仁",则"礼"不免流于空泛,就不能发挥其应有的作用:"子谓《韶》:'尽美矣,又尽善也。'谓《武》:'尽美矣,未尽善也。'"由此可见,孔子所说的"礼",所倡导的"礼",从本质上说,已不是传统"周礼"的简单重复,而是注入了"仁"这个新因素、新生机的"礼"。故孔子激赏子夏"礼后乎"的见解,明确提出"绘事后素"。就这个意义而言,孔子不愧为杰出的"圣之时者",他能够与时俱进,使传统的"周礼"在新的形势下脱胎换骨,重获生机。

当然,孔子的思维不是单向的、线性的。他在充分肯定内容的主导性的同时,也没有贬低或否定形式的重要性。在他看来,合理、恰当的形式还是必要的。没有"礼制"这个载体,那么"仁"就无所附丽,无所依托。为此,他反对简慢不合理的"礼典""礼节"。《八佾》篇对孔子重礼尊礼的细节多有描述,如"入太庙,每事问";又如他反对子贡"欲去告朔之饩羊"的做法,"尔爱其羊,我爱其礼";再如他提倡"事君以礼",等等。这些都反映了孔子从不轻忽必要的形式的立场与态度。这种既重视内容,又不抹杀形式的做法,可谓是孔子辩证思维、理性精神的具体写照。

朱熹《论语集注》概括本篇的主旨是"通前篇末二章,皆论礼乐之事",甚为准确。孔子在本篇中集中论述了恪守周礼的重要性,对当时"礼崩乐坏"的局面进行了猛烈的抨击,汲汲提倡"克己复礼",整顿社会秩序。

[原文]

孔子谓季氏¹:"八佾²舞于庭,是可忍³也,孰⁴不可忍也?"

[译文]

孔子议论到季氏,说:"他僭用(天子的礼乐排场)六十四人在庭院中奏乐舞蹈,这样的事都能忍心干出来,那还有什么事不可以忍心做出来呢?"

[注释] 1 季氏:此处当指季平子(季孙意如),鲁国大夫,当时把持朝政,逼走鲁昭公,权势炙手可热。 2 八佾(yì):佾,古代奏乐舞蹈的行列。按周礼规定,天子使用八佾,诸侯六佾,大夫四佾,士二佾。又说:《白虎通义·礼乐》:"天子八佾,诸公六佾,诸侯四佾,所以别尊卑。"季氏仅为鲁国大夫,应使用四佾十六人,但他擅自用八佾,这是严重的僭越之举。
3 忍:忍心,狠心,肆无忌惮。一说,容忍,忍耐。 4 孰:哪一个。

【原文】

三家¹者以《雍》²彻³。子曰："'相维辟公，天子穆穆。'⁴奚取于三家之堂⁵？"

【译文】

孟孙、叔孙、季孙三家祭祀祖先之时，〔用天子之礼，〕在撤除祭品仪式上唱颂《雍》这篇诗。孔子说："'助祭的是诸侯，天子庄严肃穆地在那儿主祭。'这诗句怎么会用到三家祭祖的庙堂上了呢？"

【注释】 1 三家：鲁国当政的三卿，即孟孙氏、叔孙氏、季孙氏。 2《雍》：指《诗经·周颂·雍》。 3 彻：同"撤"，指祭祀完毕后撤去祭品。 4 相维辟公，天子穆穆：《雍》篇中的诗句。相，助佐，助祭。维，语气词，无义。辟公，诸侯。穆穆，庄严静穆。 5 堂：祭祀的庙堂。杨树达《论语疏证》："彻食奏《雍》乃封建时代天子之礼，此三家僭天子也。"

【原文】

子曰："人而不仁，如¹礼何？人而不仁，如乐何？"

【译文】

孔子说："作为一个人，若无仁爱之心，他对待礼仪又能做到怎样？作为一个人，若无仁爱之心，他对待音乐又能做到怎样？"

【注释】 1 如：拿、对待的意思。

【原文】

林放¹问礼之本。子曰："大哉问！礼，与其奢²也，宁俭；丧，与其易³也，宁戚⁴。"

【译文】

林放向孔子请问礼的根本要义。孔子说："你所提的问题意义重大啊！就一般礼仪来说，与其奢侈讲排场，宁可俭朴节约；就丧礼来说，与其办得周到、妥当，宁可真心悲痛。"

注释 1 林放:鲁国人。 2 奢:讲究场面的隆重、周全。《左传·庄公二十四年》:"俭,德之共也;侈,恶之大也。" 3 易:办理,治理。这里指仪式办得周到、妥当。 4 戚:悲哀,哀痛。《说苑·建本》:"处丧有礼矣,而哀为本。"

原文

子曰:"夷狄¹之有君,不如诸夏之亡²也。"

译文

孔子说:"夷狄这样的落后民族尚且有君长上下,而不像中原华夏之地僭越混乱,没有君臣上下之分。"

注释 1 夷狄:这里泛指居于中原地区以外的少数民族。夷,本指东方未开化之部族。狄,本指北方未开化之部族。 2 不如诸夏之亡:谓夷狄虽有君长,还不如诸夏之没有君长。诸夏,指居于中原一带的华夏诸侯国。亡,无,没有。一说,此句意为孔子伤时之乱,认为夷狄尚有君长,不如诸夏之僭乱,反无上下之分。亦通。译文取后说。杨树达《论语疏证》:"《春秋》之义,夷狄进于中国则中国之;中国而为夷狄,则夷狄之。盖孔子于夷夏之界,不以血统种族及地理与其他条件为准,而以行为为准。"杨氏之说可以参考。

原文

季氏旅¹于泰山。子谓冉有²曰:"女弗能救³与?"对曰:"不能。"子曰:"呜呼!曾谓泰山不如林放乎?⁴"

译文

季氏要去祭祀泰山。孔子对冉有说:"你不能加以阻止吗?"冉有回答说:"我做不到。"孔子说:"可悲可叹啊!难道说泰山之神还不及林放懂礼吗〔,竟然会接受不合礼仪的祭祀〕?"

注释 1 旅:祭祀的一种,古时称祭祀山川为旅祭,这种祭祀,需要有天子和诸侯身份方可进行。 2冉有(前522—前489):名求,字子有,孔子的弟子,少孔子29岁,时为季氏之家臣。 3救:匡正,挽救。 4"曾谓"句:孔子认为林放作为一个普通人尚且知礼,泰山作为山神更应知晓礼仪,不会接受季氏僭越礼制的祭祀。

〔原文〕

子曰:"君子无所争。必也射¹乎?揖让而升²,下而饮。其争也君子。"

〔译文〕

孔子说:"君子之间没有什么你争我夺的事情。〔如果有所争,〕那一定是比赛射箭吧?相互作揖谦让然后登场比赛,赛完后一起喝酒。这种竞争乃是君子之争。"

〔注释〕 1射:射礼,古代六艺(礼、乐、射、御、书、数)之一,通过射箭中靶的方式进行竞赛,详见《仪礼·大射仪》。 2升:登堂,这里指进入比赛场地。

〔原文〕

子夏问曰:"'巧笑倩¹兮,美目盼²兮,素以为绚兮³。'何谓也?"子曰:"绘事后素。"⁴曰:"礼后乎?"⁵子曰:"起予者商⁶也!始可与言《诗》已矣。"

〔译文〕

子夏问道:"'清秀可爱的脸上笑容灿烂,美丽明亮的眼睛顾盼动人,就好像洁白的素绢上绘着漂亮的图画。'这几句诗是什么意思?"孔子回答说:"先有清洁素白的底子,然后才能画美丽的图画。"子夏接着说:"那么,礼仪的产生当是在〔仁义〕之后吧?"孔子说:"能阐发我思想的人是你卜商呀!现在可以同你谈论《诗经》了。"

〔注释〕 1倩(qiàn):美丽可爱。 2盼:眼睛黑白分明,顾盼有神。

3 绚(xuàn)：色泽艳丽，光彩照人。按，原诗是赞美一位女子的美丽容貌。前两句见《诗经·卫风·硕人》，后一句不见于今本《诗经》。　4 绘事后素：意谓要画画，先得有素白的底子。绘事，画画。素，白底。　5 礼后乎：意谓礼如同绘画一样，要先具备一定条件(仁义)才能产生。　6 起予者商：起，阐发，发挥，启迪。商，即子夏。《韩诗外传》卷三："故学然后知不足，教然后知不究。不足，故自愧而勉；不究，故尽师而熟。由此观之，则教学相长也。子夏问《诗》，学一以知二。"

原文	译文
子曰："夏礼，吾能言之，杞¹不足征²也；殷礼，吾能言之，宋³不足征也。文献⁴不足故也。足，则吾能征之矣。"	孔子说："夏朝的礼乐制度，我能讲得出，但它的后裔杞国的礼仪无法为证；殷代的礼乐制度，我能讲得出，但它的后裔宋国的礼仪无法为证。这是由于杞、宋两国缺乏历史典籍和熟悉掌故的人的缘故。如果典籍和贤人够多的话，我就可以用来作印证了。"

[注释]　1 杞：古国名，在今河南杞县一带，相传是夏禹的后代。　2 征：证明，验证，印证。　3 宋：古国名，始封祖为微子，商汤的后代，都于今河南商丘一带，春秋时为中型诸侯国，战国时为齐国所灭。　4 文献：文，历史典籍。献，指熟悉典籍掌故的贤人。《礼记·礼运》："孔子曰：'我欲观夏道，是故之杞而不足征也，吾得夏时焉。我欲观殷道，是故之宋而不足征也，吾得坤乾焉。坤乾之义，夏时之等，吾以是观之。'"

原文	译文
子曰："禘¹自既灌²而往者，吾不欲观之矣。"	孔子说："禘祭的礼仪程式，从第一次献酒以后，我就不想再看下去了。"

【注释】 1 禘(dì)：古代一种极为隆重的大祭之礼,只有天子有权举行。但周成王因周公旦对王朝的巨大功勋,特许他举行禘祭,其后代鲁国各位君主也都沿用了这一成例。但在孔子看来,这也算是僭越。 2 灌：祭祀仪式上的一个程序,即向受祭者第一次献酒。

【原文】

或问禘之说。子曰："不知也[1]。知其说者之于天下也,其如示[2]诸斯乎!"指其掌。

【译文】

有人询问孔子有关禘祭的理论。孔子表示："我不知道。知道这礼典学问的人对于治理天下,也许会像把东西摆放在这里一样容易吧。"〔他一面说,〕一面指着自己的手掌。

【注释】 1 不知也：孔子认为鲁君行禘礼,是不合周礼的行为,但他又不愿明说,故上篇表示"不欲观",此处又借口"不知也"。《礼记·礼运》："孔子曰：呜呼哀哉! 我观周道,幽、厉伤之,吾舍鲁何适矣? 鲁之郊禘,非礼也,周公其衰矣。" 2 示：通"置",放置。一说,"示"通"视",意谓"了若指掌"。

【原文】

祭如在,祭神如神在。子曰："吾不与[1]祭,如不祭。"

【译文】

祭祀祖先,就如同祖先真的在自己的面前；祭祀神灵,就如同神灵真的在自己的面前。孔子说："我如果不亲自参与祭祀〔而请别人代祭〕,祭了等于跟不祭一样。"

【注释】 1 与：参与,参与其中。《春秋繁露·祭义》："孔子曰：'吾不与祭,如不祭。祭神如神在。'重祭事如事生。故圣人于鬼神也,畏之而不敢欺也,信之而不独任,事之而不专恃。"

[原文]

王孙贾¹问曰:"与其媚²于奥³,宁媚于灶⁴。何谓也?"子曰:"不然,获罪于天,无所祷⁵也。"

[译文]

王孙贾问孔子说:"常言道,与其讨好巴结奥神,宁可讨好巴结灶神。这是什么意思?"孔子答道:"因为不这样去做,就容易〔被灶神告状〕得罪上天,那时是没有地方可以祈祷求情的。"

[注释]　1 王孙贾:卫国大夫。　2 媚:献媚,讨好,巴结。　3 奥:屋内西南角。此处指奥神。　4 灶:炉灶,此处指灶神,古人认为灶神能上天禀告所在一家人的情况,故万万不可得罪。　5 祷:祈祷上天赐福消灾。

[原文]

子曰:"周监¹于二代²,郁郁³乎文⁴哉!吾从⁵周。"

[译文]

孔子说:"周朝借鉴夏、商二代〔而建立起自己的制度〕,这是多么丰富而辉煌的礼乐文明啊!我遵从周朝的礼乐文明。"

[注释]　1 监:同"鉴",借鉴。　2 二代:指夏、商二朝。　3 郁郁:丰富、辉煌、繁盛的样子。　4 文:这里指礼乐文明。　5 从:遵循,选择,随从。《汉书·礼乐志》:"王者必因前王之礼,顺时施宜,有所损益。即民之心,稍稍制作,至太平而大备。周监于二代,礼文尤具,事为之制,曲为之防。故称礼经三百,威仪三千。"

[原文]

子入太庙¹,每事问。或曰:"孰谓鄹人之子²知礼乎?入太庙,每事

[译文]

孔子进入太庙,对每件事都要发问。有人说:"谁说鄹大夫的儿子懂得礼制呢?他进入太庙,每件事都要向

问。"子闻之,曰:"是礼也!" 别人请教。"孔子听到这话后,说:"这正是礼啊!"

[注释] 1 太庙:祭祀开国国君之庙,此处指在鲁都曲阜的周公庙。 2 鄹(zōu)人之子:鄹,春秋时鲁国地名,在今山东曲阜东南一带,孔子之父叔梁纥曾任鄹大夫,故孔子被称为鄹人之子。

[原文]

子曰:"射不主皮¹,为力不同科²,古之道也。"

[译文]

孔子说:"比赛射箭,不注重能否射穿箭靶子,因为各人的力气大小不一样,这是古代定下的规矩。"

[注释] 1 皮:用兽皮制作的箭靶子。《仪礼·乡射礼》:"礼射不主皮。主皮之射者,胜者又射,不胜者降。" 2 科:等级,类别。

[原文]

子贡欲去¹告朔²之饩羊³。子曰:"赐也!尔爱其羊,我爱其礼。"

[译文]

子贡想取消每月初一用一只活羊祭祖庙的做法。孔子说:"端木赐呀!你爱惜的是那只羊,我爱惜的是那个礼。"

[注释] 1 去:舍弃,去掉。 2 告朔:古代礼典之一。周天子在每年秋冬之际将次年的历书颁发给诸侯,诸侯将其置于祖庙,并按历书规定,每月初一到祖庙杀一只活羊祭庙,表示每月听政的开始,这一制度称为"告朔"。朔,农历每月初一。 3 饩(xì)羊:用于祭祀的活羊。

[原文]

子曰:"事君尽礼,

[译文]

孔子说:"侍奉君主恪尽做臣子的礼

人以为谄也。" ‖ 节,人们却以为他是在谄媚巴结君主。"

原文

定公¹问:"君使臣,臣事君,如之何?"孔子对曰:"君使臣以礼,臣事君以忠。"

译文

鲁定公问孔子说:"君主使唤臣子,臣子服事君主,应该怎么样?"孔子回答道:"君主应该按礼数使用臣下,臣下应该忠心不二侍奉君主。"

注释 1 定公:鲁国君主,姓姬,名宋,公元前 509—前 495 年在位。

原文

子曰:"《关雎》¹,乐而不淫²,哀而不伤。"

译文

孔子说:"《关雎》这首诗,快乐但不流于放荡,悲哀但不陷于伤恸。"

注释 1《关雎》:《诗经》中的第一篇,是一首描写青年男女相思的优美恋歌。汉儒将它解释为歌颂"后妃之德",纯属曲解。《毛诗序》:"是以《关雎》乐得淑女以配君子,忧在进贤,不淫其色,哀窈窕,思贤才,而无伤善之心焉,是《关雎》之义也。" 2 淫:过分,过度。

原文

哀公问社¹于宰我²。宰我对曰:"夏后氏³以松,殷人以柏,周人以栗,曰使民战栗⁴。"子闻之,曰:"成事不说,遂⁵事不

译文

鲁哀公向宰我询问,做土地神的神主用什么木料。宰我回答说:"夏代用松木,殷代用柏木,周代用栗木,意思是说,要使民众内心惧怕、战战兢兢。"孔子听说这话后,说:"已经做过的事不要再解释了,已经完成的事不要再规劝了,已经过去了的事不

谏,既往不咎⁶。" ‖ 要再追究了。"

[注释] 1 社:土地神,此处指土地神的木制牌位(神主)。一说,为社庙所栽之树。　2 宰我:名予,字子我,孔子的弟子。　3 夏后氏:指夏代统治者。　4 战栗:战战兢兢,全身害怕得发抖。　5 遂:已经完成。　6 咎:追究。

[原文]

子曰:"管仲¹之器²小哉!"或曰:"管仲俭乎?"曰:"管氏有三归³,官事不摄⁴,焉得俭?""然则管仲知礼乎?"曰:"邦君⁵树塞门⁶,管氏亦树塞门;邦君为两君之好,有反坫⁷,管氏亦有反坫。管氏而知礼,孰不知礼?"

[译文]

孔子说:"管仲这个人的器量太狭小了。"有人便问:"管仲是不是很俭朴?"孔子说:"管仲占有大量的商税,他手下的官员又人人都兼职,〔导致官员人数很多,〕怎么算得上是俭朴呢?"那人又问:"那么,管仲懂得礼数吗?"孔子回答说:"国君修筑了一道塞门,管仲也修筑了一道塞门;国君出于同别国国君友好的目的,设置了招待别国君主时用来放置空酒杯的反坫,管仲也设置了反坫。连管仲这种人也算懂礼数,还有谁不懂礼数呢?"

[注释] 1 管仲(? —前645):名夷吾,春秋前期齐国人,齐桓公时为相,辅佐齐桓公成就霸业。　2 器:器局,器量,气度。　3 三归:市租,即商税。另有多说,一是娶三姓之女,二是三处家庭,三是多处采邑,四是管仲自筑的台名,五是收藏钱币的府库。　4 摄:兼职。　5 邦君:国君,此指齐桓公。　6 树塞门:树,建置,设置。塞门,在大门外修筑的短墙,用来阻隔内外的视线,犹今之影壁。　7 反坫(diàn):一种土台子,用于放置酒杯等器物。

[原文]

子语¹鲁大师²乐。曰:"乐其可知也:始作,翕³如也;从之⁴,纯⁵如也,皦⁶如也,绎⁷如也,以成。"

[译文]

孔子告诉鲁国太师有关演奏音乐的道理。他说:"音乐的奥妙是可以知道的:刚开始演奏时,声音热烈而和顺;节节展开后,悠扬悦耳,音节分明,连续不断,直到全曲演奏完毕。"

[注释] 1语:告诉。 2大师:即太师,主管音乐的官员。 3翕(xī):和顺协调。 4从之:接着,此指音乐的展开部。从,通"纵"。 5纯:和谐,美好。 6皦(jiǎo):清晰,分明。 7绎(yì):连续不断。

[原文]

仪封人¹请见,曰:"君子之至于斯也,吾未尝不得见也。"从者见之。出曰:"二三子²何患于丧³乎?天下之无道也久矣,天将以夫子为木铎⁴。"

[译文]

仪这个地方的边防长官请求孔子接见,表示说:"凡是有道德学问的君子到达此地的,我没有不和他相见的。"孔子随行的弟子带他见了孔子。边防官员辞别孔子出来后,感慨地说:"你们这些人何必忧虑没有官做呢?天下道德沦丧已有很长的时间了,上天将要把你们的先生作为警醒民众的木铎,来号令天下。"

[注释] 1仪封人:仪地的边防官员。仪,地名,时属卫国。封,边界。封人,管理边界的官员。 2二三子:你们这些人。 3丧:丧失,谓丧失官职流落他乡。一说,指文化的衰落。 4木铎(duó):木舌铜铃。古代用来召集民众,宣布政令。此处以木铎来喻指孔子为上天差遣来向天下之人宣明政教的圣贤。

原文

子谓《韶》[1]:"尽美矣,又尽善也。"谓《武》[2]:"尽美矣,未尽善也。"[3]

译文

孔子评论《韶》乐说:"音乐优美动听极了,内容也非常完善。"评论《武》乐说:"音乐优美动听极了,但内容还没有十分完善。"

注释 1《韶》:相传是颂扬虞舜的乐曲之名。 2《武》:相传是颂扬周武王的乐曲名。 3尽美矣,未尽善也:本篇中的"美"是指乐曲的艺术形式,"善"是指乐曲所反映的思想内容。虞舜以"禅让"方式得天下,故孔子认为其乐曲不但形式"尽美",而且内容也"尽善"。周武王通过武力取天下,故孔子认为其乐曲虽然形式"尽美",但是内容未能"尽善"。

原文

子曰:"居上不宽[1],为礼不敬,临丧不哀,吾何以观之哉?"

译文

孔子说:"居于执政地位而不宽容厚道,举行礼典仪式而不恭敬肃穆,参加丧事活动而不悲哀沉痛,这种样子我怎么能看得下去呢?"

注释 1 宽:宽厚、宽容的意思。

｜里仁第四｜

导读

　　本篇共二十六章。它与前篇《八佾》可谓是姐妹篇,《八佾》言"礼",本篇说"仁"。孔子既倡导"礼乐"又强调"仁义"的思想逻辑借此而得以较为完整地统一。言"礼"是孔子对历史文化传统的继承,说"仁"则是孔子对历史文化传统的发展。正如经典作家称道但丁的《神曲》一方面是对中世纪的终结,另一方面则是对新时代的开启一样,孔子的"仁""礼"统一观,也是西周"礼乐"文明的终结和春秋战国"轴心时代"文明的肇始在思想史上的具体象征。如果说,老子"道"的提出标志着中国古代"哲学的突破";法家"法"的倡导体现为中国古代"政治学的成熟";那么,孔子"仁"的强调,就象征着中国古代"人的发现"。

　　"仁"作为孔子最高的哲学、政治、伦理命题,可谓包括了孔子所认同的基本美德。就层次性言,它有一般性的、普适性的"爱人"之道,是相对直观的、具体的;但同时,"仁"的高层次内涵,也可谓是核心的价值观,即孔子自己所体认的"一贯之道","夫子之道,忠恕而已矣"。所谓"忠",乃忠诚尽心,孔子自己下的定义是"己欲立而立人,己欲达而达人";所谓"恕",就是宽容博爱,用孔子自己的话说,即"己所不欲,勿施于人!"这种"忠恕之道",是超越简单"爱人""泛爱众"的抽象性"仁"之根本,所有"美德",诸如义、信、智、礼、廉、耻、敬等,皆是这个"一贯之道"的具体表现与流衍。从这个意义上说,孔子的学说可以命名为"仁学"。

　　在孔子看来,唯有以"仁"为根本,人们才能够明智,才能够分辨与判断是非,"唯仁者能好人,能恶人"。人们才能坚守住正确的立场,不至于为各种利益所诱惑,不至于放弃原则,所谓"苟志于仁矣,无恶也"。君子与小人之别,其实就是能否坚守"仁"这个核心价值观之别,在"仁"这个是非试金石面前,君子与小人道德境界高下立判,政治智慧优劣顿见:"君子怀德,小人怀土;君子怀刑,小人怀惠";"君子喻于义,小人喻于利"。

即使在具体的君臣、朋友相处之道方面,由"仁"而派生的"智",也可以帮助人们明智地把握分寸、收放自如,做到恰到好处,而不至于逾越界限,失去节度,导致作茧自缚、自取其辱:"事君数,斯辱矣;朋友数,斯疏矣。"应该说,这是人生的大智慧。历史上也好,现实中也罢,我们常常看到的是,千方百计讨好上司,与当权者过分亲近,结局往往不怎么美妙,下场往往比较凄惨悲凉;朋友间交往也一样,有大好必有大恶,最后落得互为仇寇、形同陌路的局面。"距离产生美","数"是过分密切,过度黏乎,这就很容易产生"审美疲劳",使双方关系走向疏离,乃至决裂。故君臣之间的相处,朋友之间的交往,应该保持适当的距离,以避免"执象而求,咫尺千里"的窘境。而能做到"君子之交,其淡如水",达到这样的境界,唯智者能之;智者之所以能为之,则在于其有"华枝春满,天心月圆"(李叔同语)之仁者廓大气象,有"险夷原不滞胸中,何异浮云过太空"(王阳明诗)的仁者恢宏气度。

在孔子看来,唯有以"仁"为根本,人们才能真正恪尽孝道,进入"纯孝"的理想境界。孔子和其后学均把"孝道"作为明人伦的基础,这一点毫无疑义。然而,怎么才能把恪尽"孝道"落到实处,发挥践履"孝道"在使人心淳朴、敦厚人伦方面的特殊作用?孔子认为,这同样应该是溯源返本,以"仁"为最高指导,以"仁者之心"来奉行与贯彻"孝道"。为此,《里仁》篇多处提及并揭示"孝"的要义与具体做法,如"三年无改于父之道,可谓孝矣";"父母在,不远游,游必有方";"父母之年,不可不知也。一则以喜,一则以惧"等,均不是偶然的。因为只有以"仁"为本,"孝"才是真实可行的美德;也只有以"仁"为本,"孝"才不会流于形式、虚应故事！

在孔子看来，唯有以"仁"为根本，人们才能虚怀若谷，保持清醒的头脑，拥有勇于践行、不尚空言的素质，具备难能可贵的自我反省意识，从而懂得礼让谦退，懂得中庸适度。"仁者"谦逊虚心，既不会因暂时的困难、暂时的挫折而灰心丧气、自暴自弃，也不会因一时的成功、一时的通达而志得意满、忘乎所以。而总是能够反躬自问，见贤思齐："见贤思齐焉，见不贤而内自省也。"他们不羡慕出人头地，不追求名利双收，"不患无位，患所以立。不患莫己知，求为可知也"。所以总是能少说多干，脚踏实地，默默奉献，致力践行，所谓"但问耕耘，莫问收获"。《里仁》篇对这种"仁者"的高尚人格有非常精到的揭示，反映了孔子对"仁者"的最大期许："古者言之不出，耻躬之不逮也"；"君子欲讷于言而敏于行"。应该说，孔子的"仁者"人格期许在今天还是有警示意义的，这样的"仁者"才是鲁迅先生所称道的"中国人的脊梁"。我们现在这个社会，不缺乏头脑精明、手段高超的"智者"与"能者"，所稀罕的是自甘淡泊、勇于任事、低调处世的"仁者"。一个人取得成功、赢得荣耀也许值得欣赏，但一个人能够"讷于言而敏于行"更值得嘉许。只有整个社会真正形成"耻躬之不逮"的高尚氛围，能够真正做到"仁者安仁""志于道"，以"礼让为国"，这个民族、这个社会、这个国家才会拥有远大的希望、伟大的未来。

当然，孔子也知道，这样的境界要达成是非常困难的。"仁者"的造就与"仁义"的弘扬乃是一个十分漫长的过程，不可能一蹴而就。但是，尽管有难度，尽管很遥远，信念却不能放弃，立场却不能动摇，一定要锲而不舍地坚持下去，从而一步步接近目标，一点点积累成功："君子去仁，恶乎成名？君子无终食之间违仁，造次必于是，颠沛必于是。"

"夜静海涛三万里，月明飞锡下天风"，这是明代旷世大儒王阳明的气象，然而，穷本溯源，它其实就是孔子"君子人格""仁者之道"的境界！

【原文】

子曰:"里¹仁为美,择不处仁²,焉得知³?"

【译文】

孔子说:"要居住在讲仁义的地方才好,选择住处,不居住在讲仁义的地方,这怎么算得上是明智的做法?"

【注释】 1里:住地,居所。此处用作动词,意为居住。 2择不处仁:谓选择住处时没有能居住在讲仁义的地方。处,安置,居住。《荀子·大略》:"仁有里,义有门。仁非其里而处之,非仁也。义非其门而由之,非义也。" 3知:同"智",明智,正确。

【原文】

子曰:"不仁者不可以久处约¹,不可以长处乐。仁者安仁,知者利仁。"

【译文】

孔子说:"不仁的人不能长处于贫困,也不能长处于安乐。仁慈的人不论任何情况都会安乐于仁,明智的人则因认识到仁的好处而实行仁。"

【注释】 1约:穷困,困厄。《孙子兵法·行军》:"无约而请和者,谋也。"又,《礼记·坊记》:"子云:小人贫斯约,富斯骄;约斯盗,骄斯乱。"

【原文】

子曰:"唯仁者能好¹人,能恶²人。"

【译文】

孔子说:"只有仁人君子才能正确地喜爱某人,正确地厌恶某人。"

【注释】 1好(hào):喜爱,热衷。 2恶(wù):厌恶,讨厌。

【原文】

子曰："苟¹志²于仁矣，无恶也。"

【译文】

孔子说："如果立志于实行仁德，就不会做不好的行为了。"

【注释】　1 苟：如果，假若。　2 志：立志，有志于。

【原文】

子曰："富与贵，是人之所欲也；不以其道¹得之，不处²也。贫与贱，是人之所恶也；不以其道得之，不去也。君子去仁，恶³乎成名？君子无终食之间⁴违仁，造次⁵必于是，颠沛⁶必于是。"

【译文】

孔子说："金钱和地位，是人人都盼望的，但不通过正当的途径而获得它们，君子不会接受。贫穷和下贱，是人人都厌恶的，但不通过正当的途径而摆脱它们，君子不会摆脱。君子抛弃了仁德，怎么能成就他的名声呢？作为君子，即使在一顿饭的时间里也不会离开仁德。再匆忙紧张也必定与仁德同在，再颠沛流离也必定与仁德同在。"

【注释】　1 道：道义，正当的途径。　2 处：相处。　3 恶(wū)：如何，怎么。4 终食之间：吃完一顿饭的时间。　5 造次：仓促，紧迫。　6 颠沛：意为四处奔波、流离失所。《荀子·大略》："君子隘穷而不失，劳倦而不苟，临患难而不忘细席之言，岁不寒无以知松柏，事不难无以知君子无日不在是。"

【原文】

子曰："我未见好仁者，恶不仁者。好仁者，无以尚¹

【译文】

孔子说："我没有见过爱好仁德的人和厌恶不讲仁德的人。爱好仁之;恶不仁者,其为²仁矣,不使不仁者加³乎其身。有能一日用其力于仁矣乎？我未见力不足者。盖⁴有之矣,我未之见也。"

德的人,把仁德看作是不能超越的至高境界。厌恶不讲仁德的人,他之所以实行仁德,是为了不使不讲仁德的人影响到自身。有谁能坚持一天,以自己的力量去实践仁德？我没有见过在这方面的力不从心者。这样的人也许还是有的,只是我还没有见到过他们。"

[注释] 1 尚:即"上",超越,超过。 2 为:实行,践履。 3 加:影响。4 盖:副词,表示推则。大概、也许的意思。

[原文]

子曰:"人之过也,各于其党¹。观过,斯知仁²矣。"

[译文]

孔子说:"人的过错,各和他相应的社会类型有关。观察他犯的过错,便可以知道他是哪种类型的人了。"

[注释] 1 党:集团,此处指人的类别、类型。 2 仁:假借为"人"。《礼记·表记》:"与仁同过,然后其仁可知也。"

[原文]

子曰:"朝闻道¹,夕死可矣。"

[译文]

孔子说:"早晨得知真理,即使当晚死去了也值得。"

[注释] 1 道:真理。

[原文]

子曰:"士¹志于道,

[译文]

孔子说:"读书人有志于追求真理,

而耻²恶衣恶食者,未足³与议也!"

却以穿破衣吃粗粮为耻辱,这种人就不值得同他谈论什么了。"

【注释】 1 士:本指西周春秋时期贵族中的最低一个层次。这里泛指读书人。 2 耻:意动用法,以……为耻。 3 未足:不值得。

【原文】

子曰:"君子之于天下也,无适¹也,无莫²也,义³之与比⁴。"

【译文】

孔子说:"君子对待天下之事,没有特别热衷的,也没有特别冷漠的,只根据是否适宜来作为取舍的标准。"

【注释】 1 适(dí):亲近,厚待。 2 莫:同"漠",漠然,疏远,冷淡。 3 义,同"宜",适宜,合宜。 4 比:靠近,为伍。《孟子·公孙丑上》:"非其君不事,非其民不使,治则进,乱则退,伯夷也。何事非君,何使非民,治亦进,乱亦进,伊尹也。可以仕则仕,可以止则止,可以久则久,可以速则速,孔子也。"

【原文】

子曰:"君子怀¹德,小人怀土²;君子怀刑³,小人怀惠。"

【译文】

孔子说:"君子关心的是仁德,小人注重的是乡土;君子关注的是法度,小人看重的是实惠。"

【注释】 1 怀:关心,关注,注重。 2 土:土地,引申为实际利益。 3 刑:法度。

【原文】

子曰:"放¹于利而行,多怨。"

【译文】

孔子说:"为追逐私利而行事,必然会招致许多怨恨。"

【注释】 1 放:同"仿",效仿,效法,这里引申为追求。

【原文】

子曰:"能以礼让¹为国²乎? 何有³? 不能以礼让为国,如礼何?"

【译文】

孔子说:"能用礼节谦让来治理国家吗? 这又有什么困难? 不能用礼节谦让来治理国家,那又要礼仪做什么?"

【注释】 1 礼让:按礼的原则谦让。 2 为国:治理国家。《礼记·经解》:"礼之于正国也,犹衡之于轻重也;绳墨之于曲直也,规矩之于方圆也。故衡诚县,不可欺以轻重;绳墨诚陈,不可欺以曲直;规矩诚设,不可欺以方圆;君子审礼,不可诬以奸诈。" 3 何有:有何,这里指有什么困难。

【原文】

子曰:"不患¹无位²,患所以立³。不患莫己知,求为可知也。"

【译文】

孔子说:"不必担心没有职位,怕的是缺乏安身立命之本。不必忧虑别人不知道自己,只求自己能成为值得别人知道的人。"

【注释】 1 患:担心,忧虑。 2 无位:没有位置,此指没有官职。《庄子·让王》:"孔子曰:行修于内者无位而不怍。" 3 立:在社会上站得住,可以安身立命,即"三十而立"之"立"。

【原文】

子曰:"参¹乎! 吾道一以贯²之。"曾子曰:"唯³。"子出,门人⁴问

【译文】

孔子说:"曾参呀! 我的理论由一个基本原则贯穿统摄。"曾参说:"是的。"孔子离开之后,其他学生问曾参说:"这是什

曰:"何谓也?"曾子曰:"夫子之道,忠恕⁵而已矣。"

么意思呀?"曾参回答说:"先生他老人家的理论,不过是忠和恕罢了。"

注释 1参:曾参,孔子的弟子。 2贯:贯穿、统摄的意思。 3唯:是,对。成语有"唯唯诺诺"。 4门人:孔子外围学生,身份及和孔子的关系似要低于直系弟子。在孔门之中,门人(门生)有三千,而弟子只有七十二人。 5忠恕:忠,忠诚尽心。恕,宽容博爱。孔子自己下的定义是:"己所不欲,勿施于人。"(恕)"己欲立而立人,己欲达而达人。"(忠)《韩诗外传》卷三:"己恶饥寒焉,则知天下之欲衣食也;己恶劳苦焉,则知天下之欲安佚也;己恶衰乏焉,则知天下之欲富足也。知此三者,圣王之所以不降席而匡天下。故君子之道,忠恕而已矣。"

原文

子曰:"君子喻¹于义,小人喻于利。"

译文

孔子说:"君子通晓的是大义,小人懂得的是私利。"

注释 1喻:明白,懂得。《孟子·尽心上》:"鸡鸣而起,孳孳为善者,舜之徒也;鸡鸣而起,孳孳为利者,跖之徒也。欲知舜与跖之分,无他,利与善之间也。"

原文

子曰:"见贤思齐¹焉,见不贤而内自省²也。"

译文

孔子说:"见了贤人就考虑向他看齐,看见不贤的人就内心进行反省〔,看自己有无同样的欠缺〕。"

注释 1思齐:看齐,以之为榜样的意思。 2省(xǐng):反省,自我检查。《荀子·修身》:"见善,修然必以自存也;见不善,愀然必以自省也。"

[原文]

子曰："事父母几[1]谏。见志不从，又敬不违[2]，劳[3]而不怨。"

[译文]

孔子说："事奉父母，〔如果他们有不对的地方，〕要委婉地劝止。看到自己的意见没有被听从，仍然要做到恭恭敬敬，不去触犯他们，心里虽然忧愁但不怀怨恨。"

[注释] 1 几：委婉、婉转的意思。 2 违：触许，忤逆，冒犯。 3 劳：担忧，忧虑。《礼记·内则》："父母有过，下气怡色，柔声以谏。谏若不入，起敬起孝。说则复谏，不说，与其得罪于乡党州闾，宁孰谏。父母怒不说，而挞之流血，不敢疾怨，起敬起孝。"

[原文]

子曰："父母在，不远游[1]，游必有方[2]。"

[译文]

孔子说："父母在世的时候，不出远门，外出一定是在离家不远的范围之内。"

[注释] 1 游：古代经常指游学。 2 方：方圆，即一定范围。一说，去向，方向；又一说，方法，指安顿好父母的方法。《礼记·曲礼上》："夫为人子者，出必告，反必面。所游必有常，所习必有业。"

[原文]

子曰："三年无改于父之道，可谓孝矣。"[1]

[译文]

孔子说："三年之内不改变父亲所奉行的为人处世原则，就可算得上孝了。"

[注释] 1 本章重出，见《学而第一》。

[原文]

子曰："父母之年[1]，

[译文]

孔子说："父母双亲的年龄，不可以不

不可不知也。一则 | 知道。一方面要为父母年寿增添而高兴,另
以喜,一则以惧²。" | 一方面又要为父母年高体衰而忧愁。"

【注释】 1 年:年龄,年纪。 2 惧:这里是担忧、忧愁的意思。《韩诗外传》卷九:"树欲静而风不止,子欲养而亲不待也。往而不可追者,年也;去而不可得见者,亲也。"

【原文】

子曰:"古者言之不出,耻¹躬²之不逮³也。"

【译文】

孔子说:"古时候人们言语不轻易出口,这是因为他们以说了后自身却做不到为羞耻。"

【注释】 1 耻:动词意动用法,以……为耻。《礼记·杂记下》:"有其言,无其行,君子耻之。" 2 躬:自己,自身。 3 逮:赶上,指做到。

【原文】

子曰:"以约¹失之者,鲜²矣。"

【译文】

孔子说:"因为约束自己而犯过错的,这种情况实在罕见。"

【注释】 1 约:约束、节制的意思。 2 鲜:少,稀罕。《诗经·大雅·荡》:"靡不有初,鲜克有终。"杨树达《论语疏证》:"务广者必荒。守约者得寸则进寸,得尺则进尺,故鲜失也。"

【原文】

子曰:"君子欲讷¹于言而敏于行。"

【译文】

孔子说:"君子在说话方面要口拙迟钝,在行动方面却要敏捷灵活。"

注释 1 讷:木讷,不善于说话。《大戴礼记·曾子立事》:"君子博学而孱守之,微言而笃行之。行必先人,言必后人。君子终身守此恦恦。"

原文

子曰:"德不孤[1],必有邻[2]。"

译文

孔子说:"有道德的人不会孤独,一定会有〔志同道合者〕和他作伴。"

注释 1 孤:孤独,孤单。 2 邻:为伴。"物以类聚,人以群分",可谓孔子此语的通俗印证。《大戴礼记·曾子立事》:"君子义则有常,善则有邻。"

原文

子游曰:"事君数[1],斯辱矣;朋友数,斯疏[2]矣。"

译文

子游说:"侍奉君主,过于亲近密切,这会招致耻辱;与朋友交往,过于亲近密切,这将导致疏远。"

注释 1 数(shuò):密切、如胶似漆的意思。 2 疏:疏远。《庄子·山木》:"君子淡以亲,小人甘以绝。"民谚亦云"君子之交淡如水"。

公冶长第五

导读

本篇共二十八章,可视为孔子对人物言简意赅的评论。被评说的人既有自己的学生,也有子产、孔文子等各国政界人物,还包括了伯夷、叔齐等历史人物。这些评论既有对人物的肯定,也有对人物的批评,总的原则是以"德才兼备"、以德为先为衡量的尺度。

唐太宗曾经说过:"以铜为鉴,可以正衣冠;以史为鉴,可以知兴替;以人为鉴,可以知得失。"他人是自己的镜子,自己可以从他人的身上看到自己的优点或缺陷,提醒自己坚持对的,警示自己避免错的。故老子有云:"善人者,不善人之师;不善人者,善人之资。"(《道德经》第二十七章)

正是基于这个原因,在中国古代,品题人物成为人们普遍热衷的做法。到了魏晋南北朝时期,品藻人物更是盛极一时的社会风尚,"月旦评"风靡天下,《人物志》洛阳纸贵,就是具有标志性意义的象征。然而穷本溯源,开启品题人物之时代风气的,乃是儒学的创始人孔子,而《论语·公冶长》篇,则是孔子品评人物的言论荟萃,它反映了孔子知人识人的睿智而独到的眼光,更体现了孔子有关做人的基本原则、价值取向的理性立场与主张。

《公冶长》全篇皆在品题人物。其所评说的人物,除了孔子本人和未具体指名的所谓"吾党之小子"之外,一共有二十四人。这其中孔门弟子十二人,其他古今人物十二人,正好一半对一半。在这些评说中,孔子注入了自己的道德追求与伦理主张，鲜明地宣示了自己的爱憎喜怒，即多层次、多侧面地表达了孔子自己的完善人格之理想及其为人处世的基本要求。

在孔子那里，"仁"是道德伦理中的最高范畴，这一点，在人物品题问题上也有非常突出的体现。孔子充分肯定品题对象的优点，但是他从不轻易地许人为"仁"。这一点，无论是对自己的门徒，还是其他古今人物均是如此。如自己的学生子路、冉求、公西赤等人，虽然各自具有"治其赋""为之宰""与宾客言"等突出才能，但是，依然是"不知其仁"。又如，他可以表彰尽忠于楚国公室的令尹子文为"忠"，肯定不与逆臣为伍、不与浊俗同流的陈文子为"清"，但当弟子询问此两人"仁矣乎"时，他的回答却是"未知，焉得仁"。由此可见，孔子是把"仁"高标为人格完善上的最高境界的，以这种最高的标准衡量，绝大多数的人尽管有种种优点与美德，但毕竟尚与"仁"隔有一线，只是得"仁"之一隅——如忠、清、刚、直、"内自讼"，而终究非"仁"之全体，更非"仁"之本质。应该说，孔子这么说有其深意存焉：人格完善、品行修养绝非寻常，它是一个没有尽头的过程，是一个遥不可及的目标。这样，个人在道德修养上才不会浅尝辄止，稍有进步就自鸣得意，稍有成绩就固步自封，而永远保持虚心谦逊的态度，永远汲汲致力于对"仁"的追求，活到老学到老，不敢有丝毫的满足，不敢有丝毫的懈怠，此即所谓"取法其上"，方可以"得乎其中"。

在孔子看来，自己的学生中，比较近"仁"的是颜渊，他虽然没有突出的才华、过人的能力，以富（经济上的成功）和贵（政治上的顺遂）为标志来衡估，颜渊可谓是"落伍者"，但由于其敏而好学、修德不辍，因此，在德性的养成上，在人格的完善上，颜渊都几乎达到"仁"的要求，在这一点上，孔子都谦逊地表示自己尚有不如他之处："弗如也，吾与女（子贡）弗如也。"

在古今人物中，孔子认为郑国的子产要高于一般人，已可谓近"仁"。理由是，子产作为一位伟大的政治家，做到了几乎尽善尽美的地步："有君子之道四焉：其行己也恭，其事上也敬，其养民也惠，其使民也义。"这种恭、敬、惠、义之美德懿行，无不通于"仁"。若这是发乎内心，而非刻意造作的话，就是"仁"的完美体现，故孔子许可子产为"仁"："人谓子产不仁，吾不信也。"（《左传·襄公三十一年》）

在"仁"这个最高原则的统辖、指导之下，孔子通过对人物的品题评说，表达了践行道义、完善人格的具体努力方向：

第一，要虚心好学，博容兼取。"生也有涯，学也无涯"，一个人再优秀，也有他的不足，也有他的软肋，要健全人格，要升华道德，一步步走近"仁者"的境界，首要之务，是乐于学习、善于学习。为此，孔子高度评价孔文子，认为孔文子被谥为"文"，关键在于孔文子做到了"敏而好学，不耻下问"这一点。孔子还认为自己有所造就、略有虚名，并非是简单地做到"忠信"这一点，而是自己的"好学"精神要稍胜普通人一筹："十室之邑，必有忠信如丘者焉，不如丘之好学也。"

第二，见贤思齐，包容宽厚。理想人格的造就是一个漫长的过程，这中间自身的好学不倦固然是前提条件，但如何学之有效、事半功倍，却是大有讲究的。善于学习的人，总能"近取譬"，能够虚心向他人学习，见贤而思齐，立懦而警顽。孔子自己就在这方面努力做出了榜样，"巧言、令色、足恭，左丘明耻之，丘亦耻之。匿怨而友其人，左丘明耻之，丘亦耻之"。孔子强调，这种"见贤思齐"的努力，不可以虚应故事，而必须真正发乎内心。这就要求有"海纳百川，有容乃大"的包容精神，能够宽容对待一切人与事，包括曾伤害过自己的人。孔子高度认同伯夷、叔齐的完美人格，将他们引为自己终生心仪的人物，最重要的理由之一，就是伯夷、叔齐能做到包容宽恕，"伯夷、叔齐不念旧恶，怨是用希"。当然，孔子认为，要做到包容宽厚是非常不容易的，知易而行难，非仁者不能为之，故其弟子子贡振振有辞表示"我不欲人之加诸我也，吾亦欲无加诸人"时，孔子不客气地指出子贡"无加诸人"的宣示是空说而已，在实际生活中根本做不到："赐也，非尔所及也。"孔子的清醒，于此可见一斑。

第三,志存高远,进退得宜。"仁"不是虚幻的概念范畴,必须有实实在在的内涵。孔子曾明志自勉,这就是"颜渊、季路侍"章所载的"老者安之,朋友信之,少者怀之"。这里,孔子由衷抒发了自己的远大志向,愿老者养之以安,朋友相与以信,少者感怀以恩。这其实全面体现了孔子仁民爱物、天下为公之博大胸襟。后世张载所道的"民胞物与",可谓是对孔子这一精神的异代传承。当然,江湖风波恶,始信行路难。这个志向在现实面前会遇上种种磨难与阻碍,这时就要善于用智慧规避风险,"以迂为直,以患为利",避免作无谓的牺牲,防止出意外的情况。孔子肯定弟子南容,推重卫国大夫宁武子,就是因为前者能够做到"邦有道,不废;邦无道,免于刑戮";而后者则可以达到进退有度、大智若愚的境界:"邦有道则知,邦无道则愚。其知可及也,其愚不可及也。"政治智慧炉火纯青,出神入化。

由此可见,孔子品题人物只是形式,其真实的涵义是揭示自己的世界观、价值观、人生观,抒发自己关于造就完美人格的理念与方法,从而实现自己的理想。其仁者之襟怀,真的令人敬佩有加,高山仰止!

[原文]

子谓¹公冶长²:"可妻³也。虽在缧绁⁴之中,非其罪也。"以其子⁵妻之。

[译文]

孔子谈及公冶长时说:"可以把女儿嫁给他。他虽然被关在监狱里,但这不是他本人的罪过。"于是就把自己的女儿嫁给了他。

[注释] 1 谓:评说,谈论。 2 公冶长:姓公冶,名长,字子长。齐国人(一说鲁国人),孔子的弟子。 3 妻(qì):此处名词用作动词,出嫁女儿。 4 缧绁(léixiè):本指捆绑罪犯的绳索,此处代指监狱。 5 子:此处指女儿。先秦时期儿子、女儿皆可称子。

【原文】

子谓南容[1]:"邦有道[2],不废[3];邦无道,免于刑戮[4]。"以其兄之子妻之。

【译文】

孔子谈及南容时说:"国家政治清明时,他不会被废弃丢官;国家政治黑暗时,他不会获咎受刑。"于是就把自己兄长的女儿嫁给了他。

【注释】 1 南容:名适(kuò),字子容,通称南容,孔子的弟子。 2 有道:指政治清明。 3 不废:被任用为官。废,废置,不任用。 4 刑戮(lù):刑罚,受惩罚。

【原文】

子谓子贱[1]:"君子哉若[2]人! 鲁无君子者,斯焉[3]取斯?"

【译文】

孔子评论宓子贱,说道:"这个人真是君子呀! 鲁国要是没有君子的话,这个人从何处学得这种好品德呢?"

【注释】 1 子贱:姓宓(fú),名不齐,字子贱,孔子的弟子,小孔子 30 岁。 2 若:这,这个。 3 焉:哪里,何处。

【原文】

子贡问曰:"赐也何如?"子曰:"女,器[1]也。"曰:"何器也?"曰:"瑚琏[2]也。"

【译文】

子贡问孔子说:"我端木赐是怎样的人?"孔子回答说:"你呀,是一个器皿。"子贡又问:"那么是什么样的器皿?"孔子说:"是宗庙里盛装粮食的瑚琏。"

【注释】 1 器:器具,器皿。 2 瑚琏:古代祭祀时盛放粮食的器皿,用玉装饰外部,相当贵重。《礼记·明堂位》:"有虞氏之两敦,夏后氏之四琏,殷之六瑚,周之八簋。"此处孔子喻指子贡为廊庙之才。

【原文】

或曰:"雍¹也仁而不佞²。"子曰:"焉用佞？御³人以口给⁴,屡憎于⁵人。不知其仁,焉用佞？"

【译文】

有人说:"冉雍这个人有仁德但没有口才。"孔子说:"哪里用得着伶牙利齿？靠能言善辩对付别人,常常为别人所憎恶。我不知冉雍是否做到了仁,但做人哪里需要嘴碎话多？"

【注释】 1 雍(前522—？):姓冉,名雍,字仲弓,孔子的弟子。 2 佞:此指能言善辩,口若悬河。 3 御:控制、对付的意思。 4 口给(jǐ):指能说会道,巧舌如簧。给,充足。 5 于:被,为。

【原文】

子使漆雕开¹仕²,对曰:"吾斯之未能信。"子说³。

【译文】

孔子让漆雕开去当官,漆雕开回答说:"我对做官这件事还没有信心。"孔子听了后很高兴。

【注释】 1 漆雕开(前540—？):姓漆雕,名开,字子开,孔子的弟子。 2 仕:出仕,做官。 3 说:"悦"的古字,高兴。

【原文】

子曰:"道不行,乘桴¹浮于海。从²我者,其由³与!"子路闻之喜。子曰:"由也好勇过我,无所取材⁴。"

【译文】

孔子说:"我的政治主张不能实行,就乘坐小木筏飘浮到海外去。到时候跟随我一起去的,大概也只有仲由了。"子路听到这话后兴高采烈。孔子说:"仲由呀,喜欢冒险的精神大大超过了我,就是不知道如何正确进行取舍。"

注释 1 桴(fú):木筏。 2 从:跟从、跟随的意思。 3 由:子路。
4 材:通"裁",剪裁,取舍。一说,指才能。

原文

孟武伯问:"子路仁乎?"子曰:"不知也。"又问。子曰:"由也,千乘之国,可使治其赋¹也,不知其仁也。""求也何如?"子曰:"求也,千室之邑²,百乘之家³,可使为之宰⁴也,不知其仁也。""赤⁵也何如?"子曰:"赤也,束带⁶立于朝,可使与宾客⁷言也,不知其仁也。"

译文

孟武伯向孔子问道:"子路是否做到了仁?"孔子答道:"不知道。"孟武伯又继续问这个问题。孔子说:"仲由这个人呀,在一个拥有千辆兵车的中等国家里,可以任用他去管理军政事务,但我不知道他是否做到了仁。"孟武伯接着问:"冉求在仁的方面做得怎么样?"孔子回答:"冉求这个人呀,在千户人家的地方可以让他当个行政长官,在拥有百辆兵车的大夫家中可以让他当个总管,但我不知道他是否做到了仁。"孟武伯又问:"公西赤这个人怎么样?"孔子回答:"公西赤这个人呀,穿着礼服,置身于朝堂之上,可以让他与外宾谈判交涉,但我不知道他是否做到了仁。"

注释 1 赋:春秋时统治者向民众征收的维持军事开销的费用。此处代指军事事务。 2 邑:先秦时期的居民聚居点,相当于后来的城镇,但包括周围的土地,分为公邑(直辖于天子或诸侯)和采邑(卿大夫的领地)两种,此处指公邑。 3 家:卿大夫所管辖的采邑。 4 宰:古代县、邑一级的行政长官,也指卿大夫的家臣总管。 5 赤(前509—?):姓公西,名赤,字子华,孔子的弟子。 6 束带:穿衣扎带,此处指身穿朝服。 7 宾客:指诸侯国的外交使臣。

[原文]

子谓子贡曰:"女与回[1]也孰愈[2]?"对曰:"赐[3]也何敢望[4]回? 回也闻一以知十,赐也闻一以知二。"子曰:"弗如也,吾与[5]女弗如也。"

[译文]

孔子对子贡说:"你和颜回谁更好一些?"子贡回答:"我呀哪里敢同颜回相提并论呢? 颜回他听到一件事就能推演知道十件事,我呢,听到一件事,只能推演知道两件事。"孔子说:"是不如他,我和你都比不上他。"

[注释] 1回:指颜回。 2愈:更好,更强,更为出色。 3赐:子贡自称其名。 4望:赶及,赶上,这里是相提并论的意思。 5与:和,同。一说,是赞许、赞成的意思。

[原文]

宰予昼寝[1]。子曰:"朽木不可雕也,粪土之墙不可圬[2]也,于予与[3]何诛[4]!"子曰:"始吾于人也,听其言而信其行;今吾于人也,听其言而观其行。于予与改[5]是。"

[译文]

宰予在大白天呼呼睡觉。孔子说:"朽烂了的木头不可雕刻,粪土做的墙壁不能粉刷。对于宰予这种人,还有什么可责备的!"孔子又说:"最初我对人,是听了他的言论便相信他的行为,现在我对人,是听他讲话的同时还要观察他的行为。是宰予这件事,使我改变了看人的方法。"

[注释] 1昼寝:在大白天睡觉。 2圬(wū):泥工刷墙的工具,这里是粉刷墙壁。 3与:同"欤",语气词,表示停顿。 4诛:责备,谴责。 5改:改变,更改。

【原文】

子曰:"吾未见刚[1]者。"或对曰:"申枨[2]。"子曰:"枨也欲[3],焉得刚?"

【译文】

孔子说:"我没有见过刚毅不屈的人。"有人回答说:"申枨是这样的人。"孔子说:"申枨这个人欲望强烈,哪里能做到刚强坚毅?"

【注释】 1 刚:刚强坚毅。 2 申枨(chéng):姓申,名枨,字周,孔子的弟子。 3 欲:欲望。此处指多欲、欲望强烈。

【原文】

子贡曰:"我不欲人之加[1]诸[2]我也,吾亦欲无加诸人。"子曰:"赐也,非尔所及[3]也。"

【译文】

子贡说:"我不愿人家把意志强加于我,也不想把自己的意志强加于人。"孔子说:"端木赐呀,这不是你所能做得到的。"

【注释】 1 加:凌驾,强加。 2 诸:指示副词,之于,在。 3 及:赶上,此处意谓"办得到"。

【原文】

子贡曰:"夫子之文章[1],可得而闻也;夫子之言性与天道[2],不可得而闻也。"

【译文】

子贡说:"老师关于文献方面的学问,我们可以听得到;老师关于人性和天命方面的理论,我们不能够听到。"

【注释】 1 文章:指关于诗、书、礼、乐方面的文化知识。 2 性与天道:性,人性理论。天道,天命,可理解为自然规律。

[原文]

子路有闻,未之能行,唯恐有¹闻。

[译文]

子路听到一种说法,还没有能去实践,就担心又听到新的说法。

[注释] 1 有:又。《礼记·杂记下》:"君子有三患:未之闻,患弗得闻也;既闻之,患弗得学也;既学之,患弗能行也。"

[原文]

子贡问曰:"孔文子¹何以谓之'文'也?"子曰:"敏而好学,不耻下问²,是以谓之'文'也。"

[译文]

子贡问孔子说:"孔文子为什么被谥为'文'呢?"孔子回答:"他人聪敏而又热爱学习,不以向地位低下的人请教为羞耻,所以被谥封为'文'。"

[注释] 1 孔文子:名圉(yǔ),卫国大夫,"文"是其谥号。 2 下问:向地位低下的人请教。

[原文]

子谓子产¹:"有君子之道四焉:其行己²也恭,其事上也敬,其养民也惠,其使民也义³。"

[译文]

孔子评论子产说:"子产具有君子的四个方面的美德懿行:他自我表现谦恭虚心,他侍奉君主恭敬有礼,他教养民众普施恩惠,他役使民众合理适度。"

[注释] 1 子产(?—前522):姓公孙,名侨,字子产。郑国大夫,杰出政治家。在任正卿主持政务时,厉行改革,"作封洫""作丘赋""铸刑书",并开展积极的外交活动,使郑国的社会政治出现清明健康的气象。 2 行己:自我表现。 3 义:事之宜,合理。《后汉书·陈宠传》李贤注引《新序》:"臧孙,鲁大夫,行猛政,子贡非之,曰:'……独不闻子产之相郑乎?推贤举能,

抑恶扬善。有大略者不问其短,有厚德者不非小疵。家给人足,囹圄空虚。子产卒,国人皆叩心流涕,三月不闻竽琴之音。其生也见爱,死也可悲。'"

【原文】

子曰:"晏平仲¹善与人交²,久而敬之。"

【译文】

孔子说:"晏婴这个人善于和别人交往、相处,时间越久,人们就越敬重他。"

【注释】 1 晏平仲(? —前500):名婴,字平仲,"平"是其谥号。齐国大夫,齐景公时曾为相,颇有政绩。 2 交:交往,这里可理解为相处。

【原文】

子曰:"臧文仲¹居蔡²,山节藻棁³,何如其知也?"

【译文】

孔子说:"臧文仲筑屋蓄养着来自蔡地的大乌龟,屋中柱子斗拱上雕饰着山的图案,梁上短柱雕饰着水草的图案,这怎么可以说是明智的做法呢?"

【注释】 1 臧文仲(? —前617):鲁国大夫臧孙辰,"文"是其谥号。2 居蔡:居,使……居,引申为蓄养、私藏。蔡,指蔡地出产的用于占卜吉凶的大乌龟。一说,古时人称大龟为"蔡"。《汉书·食货志下》:"元龟为蔡。" 3 山节藻棁(zhuō):节,柱子上的斗拱;棁,大梁上的短柱。此句意为屋内的节和棁上都雕饰有山水花草的图案。

【原文】

子张问曰:"令尹¹子文²三仕为令尹,无喜色;三已³之,无愠

【译文】

子张向孔子请问:"楚国的令尹子文多次出任令尹之职,脸上都不露喜色;多次遭到罢免,脸上也不见怒容。而且每次

色。旧令尹之政,必以告新令尹。何如?"子曰:"忠矣。"曰:"仁矣乎?"曰:"未知,焉得仁?""崔子[4]弑[5]齐君,陈文子[6]有马十乘,弃而违之,至于他邦,则曰:'犹吾大夫崔子也。'违之。之一邦,则又曰:'犹吾大夫崔子也。'违之。何如?"子曰:"清[7]矣。"曰:"仁矣乎?"曰:"未知,焉得仁?"

被罢免时都必把自己任职时的政务全部向新任令尹作交代。这个人怎么样?"孔子答道:"可算是尽忠尽职。"子张问:"能否算得上仁?"孔子说:"不知道。这如何能算是仁呢?"子张又问道:"崔杼弑杀齐庄公,陈文子当时有四十匹马,竟然舍弃不要,断然离开齐国。到了别的国家,不久就说:'〔这里的执政者〕如同我们齐国大夫崔杼。'又离开了。再到新的国家,不久又说:'〔这里的执政者〕同我们齐国大夫崔杼差不多。'还是离开了。这个人怎么样?"孔子答道:"可算是清高不俗了。"子张问:"能否算得上仁?"孔子说:"不知道。这怎么能算是仁呢?"

[注释] 1 令尹:春秋战国时楚国的最高官员,相当于其他诸侯国的宰相。 2 子文:姓斗,名縠於菟,字子文,曾多次出任令尹之职。 3 已:停止,此指被罢免。 4 崔子:指崔杼(zhù),齐国大夫,曾弑杀齐庄公,把持齐国政治。 5 弑:特指臣下杀害君主的犯上作乱之举。 6 陈文子:齐国大夫,名须无。 7 清:清廉,洁身自好。指不与恶势力同流合污,所谓"穷则独善其身,达则兼善天下"。

[原文]
季文子[1]三思而后行[2]。子闻之,曰:"再[3],斯可矣。"

[译文]
季文子做事情,总是反复思考后才付诸行动。孔子听说后,表示:"考虑两次,这就可以了。"

【注释】 1 季文子:鲁国大夫,季孙氏,字行父,曾历仕鲁国文公、宣公、成公、襄公,"文"是其谥号。 2 三思而后行:三思,多次考虑、反复思量。此句意为凡事经多次考虑后才付诸行动。 3 再:两次。《孙子兵法·作战》:"役不再籍,粮不三载。"

【原文】

子曰:"宁武子¹,邦有道则知,邦无道则愚²。其知可及也,其愚不可及³也。"

【译文】

孔子说:"宁武子这个人呀,国家政治清明时,他就聪明;国家政治昏暗时,他便装傻。他的聪明,别人可以做得到;他的装傻,别人不能学得来。"

【注释】 1 宁武子:卫国大夫,姓宁,名俞,"武"为其谥号。 2 愚:愚昧糊涂。这里是指故意装傻。在政治黑暗、江湖险恶的环境里,做到明哲保身,大智若愚。孔安国注:"佯愚似实。" 3 及:赶上,这里是效仿的意思。

【原文】

子在陈¹曰:"归与!归与! 吾党²之小子³狂简⁴,斐然⁵成章,不知所以裁⁶之。"

【译文】

孔子在陈国大发感慨:"回去吧!回去吧!我家乡的年轻人志大而才疏,尽管文采斐然可观,但不知道如何发挥利用它〔,需要我回去指导他们〕。"

【注释】 1 陈:先秦时期诸侯国,相传为虞舜的后裔受封立国。都于宛丘(今河南淮阳),后为楚国所灭。2 党:西周春秋时期的地方行政区域,一般的说法,春秋时五百家为一党,此处喻指家乡。 3 小子:年轻人。4 狂简:心气高傲,志大才疏。朱熹《集注》云:"狂简,志大而略于事也。" 5 斐然:有文采的样子。 6 裁:取舍,利用。

原文

子曰:"伯夷、叔齐[1]不念旧恶[2],怨是用希[3]。"

译文

孔子说:"伯夷、叔齐不记旧仇,别人对他们的不满因此也就很少。"

注释 1 伯夷、叔齐:商朝末年孤竹君的两个儿子,因互相让位,投奔周文王。武王伐纣灭商,他们认为是僭犯之举,遂不食周粟,饿死在首阳山。《史记》有列传七十篇,《伯夷叔齐列传》居于首篇。 2 恶:仇恨,嫌隙。3 希:稀少。《大戴礼记·卫将军文子》:"不克不忘,不念旧恶,盖伯夷叔齐之行也。"

原文

子曰:"孰谓微生高[1]直?或乞醯[2]焉,乞诸其邻而与之。"

译文

孔子说:"谁说微生高这个人直爽坦率?有人向他讨点醋,〔他不直说自己没有,〕而是从自己邻居那里讨来醋再送给那人。"

注释 1 微生高:一般认为即尾生高,鲁国人,他是古代坚守信诺的代表。 2 醯(xī):醋。

原文

子曰:"巧言、令色、足[1]恭,左丘明[2]耻之,丘亦耻之。匿怨而友其人,左丘明耻之,丘亦耻之。"

译文

孔子说:"动听的言辞,伪善的面孔,过分的谦恭,对这种态度,左丘明认为可耻,我孔丘也认为可耻。内心对某人隐藏着怨恨,表面上却去和他结交,对这种行为,左丘明感到可耻,我孔丘也感到可耻。"

注释 1 足:十足,这里可理解为过分、过度。 2 左丘明:春秋时鲁国史官,相传是《左传》和《国语》的作者。

【原文】

颜渊、季路¹侍²。子曰:"盍³各言尔志?"子路曰:"愿车马衣轻裘⁴与朋友共,敝⁵之而无憾。"颜渊曰:"愿无伐⁶善,无施⁷劳。"子路曰:"愿闻子之志。"子曰:"老者安之,朋友信之,少者怀之。"

【译文】

颜渊、子路站在孔子的边上。孔子说:"何不各自谈谈你们自己的志向。"子路说:"我愿意拿自己的车、马、衣服、皮裘同朋友共享,即使用旧弄坏了也没有任何遗憾。"颜渊说:"我愿不夸耀自己的长处,不表白自己的功劳。"子路对孔子说:"也希望听听老师您自己的志向。"孔子说:"我希望老年人愿把我当作安全的靠山,朋友们都能信任我的为人,年轻人都能怀念我的作为。"

【注释】 1 季路:即子路。 2 侍:站立一旁。 3 盍:何不,为何不。 4 裘:皮袍。 5 敝:破旧。此处形容词作动词,用坏,弄旧。 6 伐:夸耀。《老子》二十二章:"不自伐,故有功;不自矜,故长。"又《伪古文尚书·大禹谟》:"汝惟不矜,天下莫与汝争能;汝惟不伐,天下莫与汝争功。" 7 施:表白。

【原文】

子曰:"已¹矣乎!吾未见能见其过而内自讼²者也。"

【译文】

孔子说:"算了吧!我还没有见到过能看到自己的过错而内心责备自己的那种人。"

【注释】 1 已:止,结束。 2 自讼:自我责备。

【原文】

子曰:"十室之邑¹,必有忠信如丘者焉,不

【译文】

孔子说:"即使是只有十户人家的小地方,也一定有像我孔丘这样忠心诚实的

如丘之好学也²。" ‖ 人，只是不如我那样爱好学习罢了。"

注释 1 十室之邑：形容范围很小。 2《孟子·公孙丑上》："昔者，子贡问于孔子曰：'夫子圣矣乎？'孔子曰：'圣则吾不能，我学不厌而教不倦也。'"

雍也第六

导读

　　本篇共计三十章，其中前十六章上接《公冶长》篇，依然是借人物品题表达孔子本人的道德追求与价值取向；后十四章讨论"中庸""文质""仁知""仁之方"等重要命题，头绪虽似纷繁，但其主线依然是清晰的："以'为仁'之'道'为一以贯之的义理线索。"(黄克剑《〈论语〉解读》)

　　前十六章中的人物品题，其主要对象多为孔门弟子。孔子对他们的评价有高有低，其标准就是看他们是否能恪守儒家的要义，以"仁"为自己的修身处世之本，能"践仁"或"近仁"的，孔子就予以表扬、予以鼓励，评价就高；反之，孔子就予以批评、予以贬斥，评价就相对较低。

　　众所周知，孔子最喜欢、最寄予厚望的学生无疑是颜渊。颜渊的生存状况是很恶劣的，既没有像子贡这样发财致富，也不曾像冉求这样为官作宰，甚至连生计都存在着问题，"一箪食，一瓢饮，在陋巷"，然而，在孔子看来，颜渊才是弟子中最有"仁者气象"的人，是真正的"贤者"："贤哉，回也！"因为颜渊对"仁"的践行是始终不懈的，他的道德境界是孔门其他弟子所无法企及的："回也，其心三月不违仁，其余则日月至焉而已矣。"更为难能可贵的是，颜渊的"求仁致仁"，是出于自觉的主动，而非功利性的被动，这中间，不掺杂任何其他的动机，没有丝毫的犹豫和彷徨，真正是发乎内心的皈依，"人不堪其忧，回也不改其乐"。

　　一个"乐"字，犹如诗眼，画龙点睛道出了颜渊之所以超迈群伦，成为孔门第一人的奥妙之所在。孔子指出："知之者不如好之者，好之者不如乐之者。"仁"的理想是伟大而崇高的,然而"仁"的实现却是艰巨而坎坷的。如果没有真正的认同与皈依,不能真正做到以苦为乐、乐在其中,那么即使勉强去做,也势必无法持之以恒,会把它看成是一种负担,一种磨难。唯有像颜渊这样下意识将"求仁"当作自己生命中的一部分,毫无障碍地以此为"乐",才能够安贫乐道,完成精神上的超越,"受天下之垢",好学不倦,"不迁怒,不贰过",在世人面前展现自己完美的人格。由此可见,孔子在本篇中评论自己的弟子颜渊,其实是拿颜渊为具体例子,形象地向他的弟子以及世人描述何谓"仁",何谓"仁者"! 这种典范的意义是无可替代的。

正是因为"近仁""求仁"为人生的终极目标,孔子在篇中明确提出了要为"君子儒",不为"小人儒"的重要命题。有知识不困难,有一端之长也不困难,如"由也果""赐也达""求也艺",但是,这并不是真正进入"仁"的境界。换言之,只有"仁",才能使一个读书人成为"君子儒";反之,即使是"器",甚至像子贡这样属于"瑚琏"级的"大器",也有可能沦丧为"小人儒"。为此,孔子谆谆告诫子夏(当然,这也包括其他弟子在内)说:"女为君子儒,无为小人儒!"

孔子这个告诫,在今天看来,依然不乏重要的警示意义。随着教育的普及,人们接触与拥有知识的机会大大增多了,然而,"有金钱无知识,有知识无文化,有文化无品位,有品位无境界"的现象同样比比皆是、不一而足。一些人拥有知识,但是,并不缘此而自然成为"知识分子"。因为,在他们身上,并没有起码的社会责任感,所谓"知识",仅仅是他们的谋生工具,他们所缺乏的,是读书人应有的道义担当精神与人文关怀,他们没有道义的追求,没有正义的立场,对社会的进步未能尽自己的努力,对弱势群体未能寄予自己的同情。等而下之者,更是将自己束缚在利益集团的战车上,狐假虎威,为虎作伥。无怪乎,一些专家被人们讥为"砖家",而一些教授则让人谑称为"叫兽"。这问题就出在他们甘为"小人儒",而丝毫没有意愿修养道德、完善人格以争取成为"君子儒"。应该说这是读书人的异化,孔子当年所忧虑的读书人的人格分裂、知识精英的道德堕落,在今天不幸而成为普遍的现实,这是知识群体的悲哀,更是国家民族的耻辱。

值得钦佩的是,孔子虽然对儒者的分野有深切的忧虑,对"小人儒"的滋生与蔓延有心理上的准备,但是,从本质上讲,孔子对"君子儒"的造就依旧抱有乐观的期待,对政治、伦理合理秩序的重构依旧怀有充分的信心,即所谓"齐一变,至于鲁;鲁一变,至于道"。

孔子之所以仍有期待,仍有信心,是因为在他看来,"为仁"之"道"虽有困难,但并非不可克服。克服的途径,一是以文化来充实自己,以礼仪来规范自己,"君子博学于文,约之以礼,亦可以弗畔矣夫"。二是率先垂范,从自身做起,从细节做起,"能近取譬",推己及人,博施而爱众,"己欲立而立人,己欲达而达人"。三是使知识与仁德得到有机的统一,做到水乳交融,共生互补,主体(仁)要坚实巩固,工具(知)要锐利合用,"知者乐水,仁者乐山。知者动,仁者静;知者乐,仁者寿"。四是具体的方法与手段应该得体而恰当,这个正确的方法与手段,就是以"中庸之道"观察问题,解决问题,凡事把握一个"度"字,既不过分,也不夸张,正确定位,稳妥应对,"致广大而尽精微,极高明而道中庸"。

上述几点之中,"中庸"的辩证思维与合理把握乃是最为重要的,它具有普遍的哲学方法论意义。具体地说,"中庸"的核心含义是把握尺度,做到"无过无不及",既不要做得不够,也不要做得过分,寻找事物的最佳平衡点。这包括形式与内容要有机统一,"质胜文则野,文胜质则史。文质彬彬,然后君子"。天人关系要合理协调与平衡,既不否定天意与鬼神的存在,又倡导以人事为主,"务民之义,敬鬼神而远之"。行为与心态要浑然一体,"居敬而行简,以临其民,不亦可乎?居简而行简,无乃大简乎?"(此为孔子弟子仲弓所言,但为孔子本人所高度认同。)总之,一切要把握一个合适的"度",从而在践行"为仁之道"上取得最佳的效果。

当然,"度"的拿捏与把握是最不容易的,凡事爱走极端,思维流于偏激,是社会生活中的常态,这就更加反衬出"中庸"的难能可贵:"中庸之为德也,其至矣乎! 民鲜久矣。"孔子有这样的认识,表明他在"为仁之道"的追求中立场固然坚定不移,心态积极乐观,然而,其认识又是清醒的,其思维又是辩证的。这是孔子的卓越处,更是孔子的深刻处。

原文

子曰:"雍[1]也可使南面[2]。"

译文

孔子说:"冉雍这个人呀,可以让他去担任要职治理民众。"

注释 1 雍:冉雍,字仲弓,孔子的弟子。 2 南面:坐北朝南,面向南坐。古代以面向南的座位为尊位,引申为管理统治他人。故道家有"君人南面之术"。朱熹注亦云:"南面者,人君听治之位。"

原文

仲弓问子桑伯子[1]。子曰:"可也简[2]。"仲弓曰:"居敬[3]而行简,以临[4]其民,不亦可乎? 居简而行简,无乃[5]大[6]简乎?"子曰:"雍之言然[7]。"

译文

仲弓问子桑伯子这个人怎么样。孔子说:"还可以,他办事简练。"仲弓又说:"对于事业态度认真负责,但做法简约明快,如此来治理民众,不也是可以的吗? 如果态度不严肃认真,做法又简单生硬,这岂不是太简单了吗?"孔子回答道:"冉雍你这番话说得正确。"

注释 1 子桑伯子:人名,事迹不详。 2 简:简约,简练,不烦琐。 3 敬:态度认真负责。 4 临:面对,面临,此处指治理。 5 无乃:岂不是。 6 大:通"太"。《说苑·修文》:"简者,易野也。易野者,无礼文也。"又,杨树达《论语疏证》:"简者易也,太简则野矣。" 7 然:是这样,正是如此。

【原文】

哀公问："弟子孰为好学？"孔子对曰："有颜回者好学，不迁[1]怒，不贰[2]过。不幸短命死矣。今也则亡[3]，未闻好学者也。"

【译文】

鲁哀公问孔子说："你的学生中间，哪一个热爱学习？"孔子回答道："有个叫颜回的热爱学习，他不把怒气发泄到别人的身上，也不重犯同样的过错。不幸的是他已短命死了。现在再也没有了，没有听说还有什么热爱学习的人。"

【注释】 1迁：转移，转嫁。 2贰：重复，再度。 3亡：通"无"，没有。

【原文】

子华[1]使于齐，冉子[2]为其母请粟[3]。子曰："与之釜[4]。"请益[5]。曰："与之庾[6]。"冉子与之粟五秉[7]。子曰："赤之适[8]齐也，乘肥马，衣[9]轻裘。吾闻之也：君子周急不继富[10]。"

【译文】

公西赤出使去齐国，冉有替公西赤的母亲请求发给粟米，孔子说："给她一釜粟米。"冉有请求再增加一点，孔子说："那就再给她一庾粟米。"冉有最后给了她五秉粟米。孔子说："公西赤到齐国去，乘着高头大马拉的车子，穿着轻软暖和的衣服。我听说过，君子只周济急需救助的人，而不帮助富人富上加富。"

【注释】 1子华：即公西赤，孔子弟子，少孔子四十二岁。 2冉子：冉有，孔子弟子。 3粟：未去壳的谷粒称粟，去壳的称为小米。此处当泛指粮食。 4釜：古代容量单位，六斗四升为一釜。 5益：增加。 6庾(yǔ)：古代容量单位，二斗四升为一庾。 7秉(bǐng)：古代容量单位，十六斛为一秉，十斗为一斛。 8适：去，往，到。 9衣：名词用作动词，穿，穿着。 10君子周急不继富：周，周济，救济。继，接济，帮助。此句意为要雪中送炭,不要锦上添花。

原文

原思¹为之宰²,与之粟九百³,辞。子曰:"毋⁴!以与尔邻里乡党⁵乎!"

译文

原思给孔子家当总管,孔子给他粟米九百斗,原思推辞不接受。孔子说:"别推辞!可以拿去送给你的邻居、老乡嘛!"

注释 1原思(约前515—?):姓原,名宪,字子思。孔子弟子。 2宰:此处指卿大夫家的总管。 3九百:下无量名,未知是斗还是斛,译文暂按"斗"解。 4毋(wú):不要、别这样的意思。 5乡党:原为古代地方居民组织单位。此指同乡故里之人。

原文

子谓仲弓,曰:"犁牛¹之子骍且角²,虽欲勿用³,山川⁴其⁵舍诸?"

译文

孔子谈论到冉雍,说道:"耕牛的犊子长着红色的皮毛,端正的双角,虽然不想用它去祭祀,山川之神难道会舍弃它吗?"

注释 1犁牛:耕牛。此喻低贱。 2骍且角:骍,指红色的牲畜皮毛。角,指两角长得端正。 3用:使用,采用。此处指杀牲畜用以祭祀。 4山川:山川之神。这里比喻上层统治者。 5其:难道,岂不。

原文

子曰:"回也,其心三月¹不违仁,其余²则日月³至焉而已矣。"

译文

孔子说:"颜回呀,他的心长久地不离开仁德,至于其他学生嘛,只不过是偶尔地想到仁德而已。"

【注释】 1 三月:指长时间、长久地。 2 其余:指其他孔门弟子。 3 日月:指短暂地、偶尔地。

【原文】

季康子¹问:"仲由可使从政²也与?"子曰:"由也果³,于从政乎何有⁴?"曰:"赐也可使从政也与?"曰:"赐也达⁵,于从政乎何有?"曰:"求也可使从政也与?"曰:"求也艺⁶,于从政乎何有?"

【译文】

季康子问孔子说:"子路可以任用他治理政务吗?"孔子回答说:"子路这个人果敢决断,让他治理政务又有什么问题?"又问:"子贡可以任用他治理政务吗?"答道:"子贡这个人通达事理,让他治理政务又有什么问题?"再问:"冉求可以让他治理政务吗?"答道:"冉求这个人多才多艺,让他治理政务又有什么问题?"

【注释】 1 季康子:季孙肥,康是其谥号,鲁国大夫,鲁哀公期间主持国政。 2 从政:从事政务,当官理政。 3 果:果敢决断。 4 何有:又有什么,意谓没有问题。 5 达:通达事理。 6 艺:技能,才艺。

【原文】

季氏使闵子骞¹为费宰²。闵子骞曰:"善为我辞焉! 如有复我者,则吾必在汶上³矣。"

【译文】

季孙氏派人请闵子骞出任费邑的主官。闵子骞答复说:"好好地替我推辞掉吧! 如果有人再为此事找我,那么我一定会逃到汶水之北去了。"

【注释】 1 闵子骞(qiān):姓闵,名损,字子骞,孔子的弟子。少孔子十五岁。 2 费宰:费地的行政长官。费,地名,季氏的封邑,在今山东费县西北。 3汶上：汶，汶水，即今山东的大汶河，当时流经齐、鲁两国之间。汶上，汶水之北，暗指齐国。

原文

伯牛¹有疾，子问²之，自牖³执其手。曰："亡之，命矣夫！斯人也而有斯疾也！斯人也而有斯疾也！"

译文

伯牛得了重病，孔子前去探望他，通过窗口握住他的手，说："失去你，这是命啊！这样好的人竟会得这样的病！这样好的人竟会得这样的病！"

注释 1伯牛：姓冉，名耕，字伯牛，孔子的弟子。 2问：探问，慰问。 3牖(yǒu)：窗门，窗口。

原文

子曰："贤哉！回也！一箪¹食，一瓢饮，在陋巷，人不堪²其忧，回也不改其乐。贤哉，回也！"

译文

孔子说："颜回这个人多么贤德啊！一竹筐饭，一瓢水，住在简陋的小巷里，别人都忍受不了那穷苦的忧愁，颜回却不改变他自有的快乐。颜回这个人多么贤德啊！"

注释 1箪(dān)：古代盛饭用的圆形竹器。此处喻指简陋。 2堪：忍耐，忍受。

原文

冉求曰："非不说¹子之道，力不足也。"子曰："力不足者，中道而废，今女画²。"

译文

冉求说："我不是不喜欢老师您的学说，是我能力不够。"孔子道："能力不够的人是走到中途不得不停止，而你现在是划地为限，裹足不前。"

注释 1 说:"悦"的古字,喜爱、乐意。 2 画:划分,划分界限。这里指划地自限。

原文

　　子谓子夏¹曰:"女为君子儒²,无为小人儒。"

译文

　　孔子对子夏说:"你要成为堂堂君子类型的儒者,不要成为卑琐小人类型的儒者。"

注释 1 子夏(前507—?):即卜商,春秋时期晋国人,孔子的弟子,长于文学。 2 儒:先秦时期凡是熟悉诗书礼乐,从事礼乐活动的文化人,皆为"儒"。

原文

　　子游为武城¹宰。子曰:"女得人焉尔乎?"曰:"有澹台灭明²者,行不由径³,非公事,未尝至于偃之室也。"

译文

　　子游担任武城那个地方的行政长官。孔子问他:"你在那里得到人才了吗?"子游回答:"有一个叫澹台灭明的人,办事不走歪门邪道,不是为了公事,从来没有到我的住所来。"

注释 1 武城:鲁国小邑,在今山东费县西南。 2 澹(tán)台灭明:姓澹台,名灭明,字子羽,亦为孔子弟子。《史记·仲尼弟子列传》:"澹台灭明,武城人,字子羽。……状貌甚恶,欲事孔子,孔子以为材薄。既已受业,退而修行,行不由径,非公事不见卿大夫。南游至江,从弟子三百人,设取予去就,各施乎诸侯。孔子闻之,曰:'吾以言取人,失之宰予;以貌取人,失之子羽。'" 3 径:小路,此指邪径。

【原文】

子曰:"孟之反[1]不伐[2],奔[3]而殿[4],将入门,策[5]其马,曰:'非敢后[6]也,马不进也。'"

【译文】

孔子说:"孟之反不夸耀自己,他在军队战败退却时殿后掩护,将要退进城门时,一边鞭打自己的马,一边说:'不是我敢于殿后,而是我的马匹跑不快。'"

【注释】 1 孟之反:鲁国大夫。 2 伐:夸耀,自我表功。 3 奔:跑,这里指战败逃跑。 4 殿:行军走在最后的称殿。此处指留在最后掩护全军撤退。 5 策:鞭打。 6 后:殿后掩护。

【原文】

子曰:"不有祝鮀[1]之佞[2],而有宋朝[3]之美,难乎免于今之世矣。"

【译文】

孔子说:"〔卫国这国家〕如果没有口才好的祝鮀,而仅仅有相貌好的宋朝这类人,那么也就难以在当今之世避免祸害了。"

【注释】 1 祝鮀(tuó):又称祝佗,字子鱼,卫国大夫,能言善辩,于卫国多有功。 2 佞:能说会道,巧舌如簧。 3 宋朝:宋国的公子朝,以貌美而滋事生非著名。

【原文】

子曰:"谁能出不由户[1],何莫[2]由斯道[3]也?"

【译文】

孔子说:"谁能够不经过门口而走到屋外?但为什么没有人按照我的主张去做呢?"

【注释】 1 户:大门。 2 何莫:为何不,为什么没有。 3 斯道:这条路。以路喻正确的主张。

【原文】

子曰:"质¹胜文²则野,文胜质则史³。文质彬彬⁴,然后君子。"

【译文】

孔子说:"质朴胜过文采,就未免粗野;文采胜过质朴,就未免虚浮。文采和质朴搭配适当,这才是君子。"

【注释】 1 质:本质,质朴。 2 文:文采,华美。 3 史:言辞华丽。这里是虚伪、浮夸的意思。 4 彬彬:搭配恰当,配置适度。

【原文】

子曰:"人之生也直,罔¹之生也幸²而免。"

【译文】

孔子说:"人在世上生存是因为正直,不正直的人在世上也能生存,那是他侥幸地避免了惩罚。"

【注释】 1 罔:欺骗,虚妄。此处指不正直的人。 2 幸:侥幸。

【原文】

子曰:"知之者不如好¹之者,好之者不如乐²之者。"

【译文】

孔子说:"〔对于任何学问和事业,〕懂得它不如喜爱它,喜爱它又不如以此为乐。"

【注释】 1 好(hào):爱好,热衷。 2 乐:自得其乐,不计得失全身心投入。

【原文】

子曰:"中人¹以上,可以语上²也;中人以下,不可以语上也。"

【译文】

孔子说:"中等资质以上的人,可以告诉他高深的学问;中等资质以下的人,不可以告诉他高深的学问。"

注释 1 中人:中等资质的人。 2 上:可理解为上等的学问、道理。

原文

樊迟¹问知²,子曰:"务³民之义⁴,敬鬼神而远⁵之,可谓知矣。"问仁,曰:"仁者先难⁶而后获,可谓仁矣。"

译文

樊迟问孔子什么是智慧,孔子回答说:"致力于民众认为合理的事情,尊敬地对待鬼神但同时疏远它们,这可以称得上聪明有智慧。"樊迟又问什么是仁德,孔子回答:"有仁德的人艰苦努力在前,收获享受在后,这可以称得上仁德了。"

注释 1 樊迟(前515—?):姓樊,名须,字子迟。春秋晚期齐国人,孔子的弟子。 2 知:同"智",智慧,聪明。 3 务:从事,致力于。 4 义:指合宜的道德、行为等。 5 远:疏远。《礼记·表记》:"殷人尊神,率民以事神,先鬼而后礼……周人尊礼尚施,事鬼敬神而远之,近人而忠焉。" 6 难:艰苦,困难。

原文

子曰:"知者乐¹水,仁者乐山。知者动,仁者静。知者乐,仁者寿²。"

译文

孔子说:"聪明的人钟情热爱于水,仁厚的人钟情热爱于山。聪明的人活泼好动,仁厚的人沉稳恬静;聪明的人快乐,仁厚的人长寿。"

注释 1 乐(yào):喜爱,钟情。《韩诗外传》卷三:"问者曰:'夫智者何以乐于水也?'曰:'夫水者,缘理而行,不遗小间,似有智者;动而下之,似有礼者;蹈深不疑,似有勇者;障防而清,似知命者;历险致远,卒成不毁,似有德者。天地以成,群物以生,国家以宁,万事以平,品物以正,此智者所以乐于水也。'" 2寿:健康长寿。

[原文]

　　子曰:"齐一变[1],
至于鲁;鲁一变,至
于道[2]。"

[译文]

　　孔子说:"齐国的政治一加改革,便可达
到鲁国政治的水准;鲁国的政治一加改革,
便可达到理想政治的境界。"

[注释] 1变:变革,进化。 2道:先王理想政治境界。

[原文]

　　子曰:"觚[1]不觚,
觚哉! 觚哉!"

[译文]

　　孔子叹道:"觚不像个觚的样子,这是觚
吗! 这是觚吗!"

[注释] 1觚(gū):古代盛酒用的器皿。

[原文]

　　宰我问曰:"仁者,
虽告之曰:'井有仁焉。'
其从之也?" 子曰:"何
为其然也? 君子可逝[1]
也,不可陷[2]也;可欺也,
不可罔[3]也。"

[译文]

　　宰我向孔子发问:"有仁德的人,如
果有人告诉他:'井里有人。' 难道他也会
随之跳入井里吗? " 孔子回答:"为什么要
这么做呢? 君子可以到井边去援救,却不
必自己也陷入井中;君子可以被欺骗,但
不能被愚弄。"

[注释] 1逝:往,去。此指到井边去救人。 2陷:陷入井中,掉进井里。
3罔:愚弄、陷害的意思。

【原文】

子曰:"君子博学于文[1],约之以礼,亦可以弗畔[2]矣夫!"

【译文】

孔子说:"君子广博地学习文化,同时用礼数来约束自己,也就不至于会离经叛道了。"

【注释】 1 文:文献,文化知识。 2 畔:通"叛",背离,离经叛道。

【原文】

子见南子[1],子路不说。夫子矢[2]之曰:"予所[3]否[4]者,天厌之! 天厌之!"

【译文】

孔子和南子会面,子路对此很不高兴。孔子发誓说:"我如果做了什么不当的事,让老天爷厌弃我! 让老天爷厌弃我!"

【注释】 1 南子:卫灵公的夫人,年轻貌美,多心机权术,作风轻浮,名誉不佳。 2 矢:通"誓",发誓。 3 所:如果,假若。 4 否:不对,不当。

【原文】

子曰:"中庸[1]之为德也,其至[2]矣乎! 民鲜久矣!"

【译文】

孔子说:"中庸作为一种道德,也许是达到最高境界了! 大家缺乏这种道德已经很长久了!"

【注释】 1 中庸:孔子所提倡的最高道德标准。中,适中,不偏不倚,和谐,无过无不及;庸,平常,普通,守恒。 2 至:最高,达到顶点。

【原文】

子贡曰:"如有博施于

【译文】

子贡问道:"如果有人能对民众博

民而能济众,何如? 可谓仁乎?"子曰:"何事于仁! 必也圣[1]乎! 尧、舜[2]其犹病诸[3]! 夫仁者,己欲立而立人,己欲达而达人。能近取譬[4],可谓仁之方也已。"

施恩惠并周济帮助大家,怎么样? 可以算是仁人了吧?"孔子答说:"这何止是仁人君子! 那必定是圣人! 连尧、舜都恐怕难以做到呢! 所谓的仁人,在自己想要安身立命的同时,也使别人能安身立命;在自己想要事事亨通的同时,也使别人能事事亨通。能够就自身的情况打比喻,推己及人,这可以说是实行仁德的方法了。"

注释 1 圣:神圣,至高无上,至善至美。杨树达《论语疏证》:"孔子论德,以圣为第一,而仁次之。" 2 尧、舜:传说中的两位上古帝王,是孔子为代表的儒家心目中的至圣先王。 3 病诸:对此感到为难。病,担忧,为难。 4 近取譬:就自身打比方,即推己及人之意。譬,打比方,譬如。

述而第七

导读

　　《述而》篇共三十八章，主要论述孔子的志向、情操、好恶、仪容、行止，其重点是阐述孔子的教育理念、教学方法、治学精神。其中二十七章属于"夫子自道"，其余十一章则是其弟子对先师精神风貌、圣人气象的片断性追忆。孔子作为一代最伟大的教育家和思想家的风采，通过这些文字跃然纸上、呼之欲出，在中华民族的历史上矗立起一座令人"仰之弥高"的不朽丰碑！

　　孔子本人是中国历史上最为伟大的教育家。他顺应当时社会"学在官府"被打破、"学术下移"、私学勃兴的潮流，率先将教育推向社会，普及一般民众，开创了学在民间的崭新局面。他的教育宗旨是，主张教育平民化、社会化，使更多的人能够获得受教育的权利，通过教育这个途径，使大众的整体素质得到全面的提升，从而影响和推动社会的全面进步。故在教育的范围、对象上，他提倡"有教无类"，"自行束脩以上，吾未尝无诲焉"。

　　在孔子看来，教育对一个人来说，乃是终生的事业，是一日不可有懈怠的。他曾拿自己对学问与道德的锲而不舍现身说法："发愤忘食，乐以忘忧，不知老之将至"，"我非生而知之者，好古，敏以求之者也"。所以，作为受教者，当"默而识之，学而不厌"；作为教育者，当做到"诲人不倦"。在教育的环节上既需要继承传统，以历史文化传承为本，"述而不作，信而好古"，又要不断注入新的内容，来满足时代的需要，迎接现实的挑战。

教育是"百年树人"的大事，不可能立竿见影、快捷速成，而是一个潜移默化、感化把注的长期过程。所以需要教育者摒弃急功近利的浮躁心态，全身心投入其中，默默耕耘，春风化雨，"随风潜入夜，润物细无声"，真正乐在其中。"子在齐闻《韶》，三月不知肉味，曰：'不图为乐之至于斯也。'"这段话，形象而生动地反映了孔子全身心投入事业的风貌，这同样要在其教育实践中得以体现，"若圣与仁，则吾岂敢！抑为之不厌，诲人不倦，则可谓云尔已矣"。由此可见，孔子是把教育当作最崇高的事业来看待的，是视人生价值实现与教育大业成功两者为一体的。所以他能真正以此为生命中的自然组成部分，乐此不疲，休戚与共："饭疏食，饮水，曲肱而枕之，乐亦在其中矣。不义而富且贵，于我如浮云。"正是有这样崇高的信念，孔子才对当时的教育现状怀有深深的忧虑，希望得到切实的改变："德之不修，学之不讲，闻义不能徙，不善不能改，是吾忧也。"

孔子不仅对教育的重要性有高度的认识，而且对贯彻与运用正确的教育方法也有独到的见解，认为只有实行正确的方法，才能使教育收到最佳的效果，事半而功倍，举一而反三。为此，他强调要善于向他人学习："三人行，必有我师焉。择其善者而从之，其不善者而改之。"提倡多闻多识，最大限度地吸收各种知识，并进行独立思考，使书本或他人的知识与经验转化为自己的东西："多闻，择其善者而从之，多见而识之，知之次也。"主张开展启发性教学，举一反三，触类旁通，反对满堂灌输，"不愤不启，不悱不发。举一隅不以三隅反，则不复也"。推重活到老，学到老，将学习视为生命的本能，生命不息，学习不止："加我数年，五十以学《易》，可以无大过矣。"此教育思路与方法都饱含着孔子一生教育实践的经验体会，直到今天，依然是有其重要的借鉴与启示意义的。

如果孔子的教育思想仅止于此，那么，孔子仍然只是一个成功的教育家，而不能成为"万世师表"——一座不可企及的不朽丰碑。孔子之所以成为一代圣人，成为中国思想史、中国教育史上一座无法逾越的高峰,是因为他提出了完善的教育理念,并把这种高明的理念贯彻于他的个人教育实践活动之中,从根本上解决了教育的方向选择与主旨确立问题,为古代教育规范了基本原则,为现代教育提供了重大启迪。

孔子的教育理念,重点是为了解决教育的基本目标问题,是为了对教育的方向作出战略性的选择。它的核心宗旨,是主张教育的根本功能并不能仅仅满足于知识的传授,而更核心的任务乃是完整人格的熏陶与造就,使一个人精神境界得到全面的提升,真正做到道德、文章均臻一流,智商、情商堪称完美,成为全面发展、有理想、有觉悟、有知识、有能力、德才兼备、品学俱优的优秀人才。

这种理念,落实到具体的教学内容上,就是文化知识的学习与社会实践的开展并行不悖,学问的积累与人格的培育相辅相成,即所谓"子以四教:文、行、忠、信",这就是孔子教育内容全面性、互补性的具体体现。

为了使这些教学内容得到具体的界定,使自己的教育理念获得生动而直观的展现。孔子提出了一个概括其教育理念的核心主张,为教书育人指引了一个明确而具体的方向:"志于道,据于德,依于仁,游于艺。"这是孔子对自己一生志业的概括,同时也是其所认定的教育所要达到的终极目的。

"志于道",这意味着儒家教育的核心宗旨是培养能践行儒学"大道"、政治正确、思想醇正、行为适宜的人才,意味着品质的优秀要优先于知识的拥有,这样,就从根本上规定了人才培养上的方向性问题。但是,"道"毕竟是抽象的,所谓"形而上者谓之道",要真正体现"道"的精神,必须借助于具体的德行来呈现,于是,孔子逻辑地推导出,在"志于道"的基础上,教育应该"据于德","'道'见之于人心或践履中的人于'道'有所得,谓之'德'"。(黄克剑《〈论语〉解读》)所谓"德",就是"道"的具体化、纲目化,仁、义、忠、信、礼、智、廉、耻等等,就是"德"的具体呈现,它们是切实可体验的,也是具体可践行的。正是有了"据于德",孔子"志于道"的抽象教育宗旨就获得了具体的依据,进而可以开展具体的"进德修身"，为造就完善人格、培育一代新人创造了必要的条件！

"据于德"固然重要，但这中间还有一个优先顺序问题，必须在"据于德"问题上突出重点，把握关键。在孔子看来，在"德"的各种要素中，"仁"处于核心的地位，发挥着关键的作用，是"德"的本质属性的最直观也是最具体的反映："仁远乎哉？我欲仁，斯仁至矣。"所以，"据于德"，首先是必须"依于仁"。这在教育理念的构筑中也无例外，理想人格的完善，一代新人的造就，在道德修养的层面，首要之务，就是"依于仁"。"求仁而得仁"，则教育的成功就有了最基本、最切实的保证。

当然，仅做到这一步，还是不够的，"志于道""据于德""依于仁"，不能托之于空言，而必须落实到具体的环节，必须有可供教育的载体、可供学习的对象。孔子认为，这个具体的载体与对象，就是"六艺"，它可以使得"道""德""仁"等宗旨与原则转化为具体的内涵，换言之，"志于道""据于德""依于仁"，必须借助于具体的学习内容而得以贯彻落实，从而圆满实现教育宗旨、教育内容、教学环节的有机整合与统一。基于这样的认识，孔子逻辑地提出了教育载体对象上要做到"游于艺"，将礼、乐、射、御、书、数等六艺作为具体的学习对象。至此，孔子向人们展示了自己完整的教育理念，为造就人格健全、品行完善的人才提供了一个苦心孤诣精心设计而成的系统方案，规划了一张充满希望的路线图。

原文	译文
子曰："述而不作，信而好古¹，窃²比于我老彭³。"	孔子说："只阐述而不自我创作，相信而且爱好古代的典章文化，我私下把自己比作老彭。"

注释 1 古：此指古代的典章文化。 2 窃：私下。 3 老彭：人名，说法不一，或认为是殷商时一位"好述古事"的贤大夫，或说系老子和彭祖的合称，或认为是孔子同时代的一位贤人。《大戴礼记·虞戴德》："昔商

老彭及仲傀,政之教大夫,官之教士,技之教庶人,扬则抑,抑则扬,缀以德行,不任以言。"

原文

子曰:"默而识[1]之,学而不厌[2],诲人不倦,何有于我哉?"

译文

孔子说:"默默地记住所学的知识,对自己能不懈学习永不自满,对别人能认真教导永不疲倦,这些我是否都做到了呢?"

注释 1 识(zhì):牢记,记住。 2 厌:满足、自满的意思。

原文

子曰:"德之不修[1],学之不讲[2],闻义不能徙[3],不善不能改,是吾忧也。"

译文

孔子说:"品德不去修养培育,学问不去讲习研究,听到正确的主张不能去践行,对缺点不能加以改正,这些都是我所担忧的。"

注释 1 修:修养,培育。 2 讲:研究,探讨。《后汉书》:"诏曰:'孔子叹学之不讲,不讲则所识日忘。'"《周易》:"丽泽,兑,君子以朋友讲习。" 3 徙:迁移,这里是靠近、追求的意思。

原文

子之燕居[1],申申[2]如也,夭夭[3]如也。

译文

孔子在家闲居,举止放松自然,神态安舒平和。

注释 1 燕居:闲居。燕,通"宴",安闲,安逸。 2 申申:安舒貌。一说,整饬、严肃貌。译文取前说。 3 夭夭:平和、泰然貌。

[原文]

子曰:"甚矣! 吾衰[1]也! 久矣! 吾不复梦见周公[2]。"

[译文]

孔子叹道:"我衰老得多么厉害呀! 我已经好久没有梦见周公了!"

[注释] 1 衰:衰老,老迈。 2 周公:姓姬,名旦,周文王之四子,武王之弟,武王灭商后不久去世,他辅佐成王,主持大政,东征平定"三监之乱",他在中国历史上的最大贡献是制礼作乐,开创西周礼乐文明全盛局面,孔子对他推崇备至。

[原文]

子曰:"志于道,据于德,依于仁,游于艺[1]。"

[译文]

孔子说:"以道为志向,以德为标准,以仁为依靠,以礼、乐、射、御、书、数等六艺为学习对象。"

[注释] 1 艺:即礼、乐、射、御、书、数等六艺。《礼记·学记》:"不兴其艺,不能乐学。"

[原文]

子曰:"自行束脩[1]以上,吾未尝无诲焉。"

[译文]

孔子说:"凡是主动送我十条干肉来求学的,我从没有不教诲的。"

[注释] 1 束脩:十条干肉。脩,干肉,十条(脡)为一束,古代用作初次拜见时赠送的礼物。按:十条干肉,不能算是厚礼,一般人都能负担得起。孔子只收取近乎象征性的学费,说明他的"有教无类"教育理念不是动听的辞藻,而是切实的行动。

原文

子曰:"不愤¹不启²,不悱³不发⁴。举一隅⁵不以三隅反⁶,则不复也。"

译文

孔子说:"〔教育学生,〕不到他苦思冥想但仍想不通时,不去开导他;不到他想说自己意见但又表达不出时,不去启发他。给他说明一个角落的样子,可他不能由此推知其余三个角落的样子,那就不必再教下去了。"

注释 1愤:苦苦思索但仍未想通。 2启:启发,开导。 3悱:心里想说但表达不出。 4发:启发。《礼记·学记》:"记问之学,不足以为人师,必也听语乎!力不能问,然后语之;语之而不知,虽舍之可也。" 5隅(yú):角落。 6反:联想,类推,印证。

原文

子食于有丧者之侧,未尝饱也。

译文

孔子在死了亲属的人旁边吃饭,从未吃饱过。

原文

子于是日哭¹,则不歌。

译文

孔子在这天若为吊丧哭泣过,就不再唱歌。

注释 1哭:此处指在吊丧时哭泣。

原文

子谓颜渊曰:"用之则行,舍¹之则藏,惟我与尔有是夫!"子路曰:

译文

孔子对颜渊说:"起用我呢,就去干;不用我呢,就隐居起来,这只有我和你持这种态度吧!"子路插话说:"如果让您统

“子行三军²,则谁与³?”子曰:“暴虎冯河⁴,死而无悔者,吾不与也。必也临事而惧⁵,好谋而成者也。”

率三军,您将和谁共事呢?”孔子说:“赤手空拳打老虎,蹚水过大河,这样死了也不后悔的人,我是不和他共事的。我一定是和遇事小心谨慎,善于谋划而能取得成功的人相处共事。”

[注释] 1 舍:舍弃,不起用。 2 三军:西周春秋时大国有三军,或上、中、下三军,或左、中、右三军。此处是泛指军队。 3 与:偕同,在一起。这里指共事、相处。 4 暴虎冯(píng)河:暴虎,赤手空拳与老虎搏斗。冯河,徒步蹚水过河。冯,通“凭”。 5 惧:这里是小心翼翼、高度重视的意思。《大戴礼记·曾子立事》:“居上位而不淫,临事而栗者,鲜不济矣。”

[原文]

子曰:“富而¹可求也,虽执鞭之士²,吾亦为之;如不可求,从吾所好³。”

[译文]

孔子说:“财富如果可以追求得到,即使是手执鞭子替人开道或守门这样的贱事,我也会去做;如果追求不到,那么还是做自己乐意做的事情。”

[注释] 1 而:假若,如果。 2 执鞭之士:手执鞭子为人开道或守门。喻地位低微。《周礼·秋官》:“条狼氏,掌执鞭以趋辟。王出入则八人夹道,公则六人,侯伯则四人,子男则二人。凡誓,执鞭以趋于前,且命之。” 3 好:乐意,热衷。

[原文]

子之所慎:齐¹,战,疾。

[译文]

孔子所谨慎对待的事有三样:斋戒,战争,疾病。

【注释】 1齐:通"斋",斋戒。古人在从事祭祀活动前要沐浴静处,整洁身心,以表示虔诚。

【原文】

子在齐闻《韶》,三月¹不知肉味,曰:"不图²为乐之至于斯也。"

【译文】

孔子在齐国听到《韶》乐后,很长时间都忘了肉的滋味,感叹道:"想不到音乐的美妙竟到了这样的境界。"

【注释】 1三月:泛指很长时间。《史记·孔子世家》:"鲁乱,孔子适齐……与齐太师语乐。闻《韶》音,学之,三月不知肉味。" 2图:料想。

【原文】

冉有曰:"夫子为¹卫君²乎?"子贡曰:"诺,吾将问之。"入曰:"伯夷、叔齐何人也?"曰:"古之贤人也。"曰:"怨乎?"曰:"求仁而得仁,又何怨?"出曰:"夫子不为也。"

【译文】

冉有说道:"老师他会帮助卫出公吗?"子贡说:"好吧,我去问问他。"于是走进孔子房里,问道:"伯夷、叔齐是什么样的人?"孔子答:"那是古代的贤人啊。"子贡又问:"他们有怨恨后悔吗?"孔子回答:"他们追求仁而得到了仁,又怨悔什么呢?"子贡出房间,告诉冉有说:"老师他是不会帮助卫出公的。"

【注释】 1为:这里是帮助、出力的意思。 2卫君:指卫出公蒯辄(kuǎi zhé),他是卫灵公之孙,其父早年出逃晋国,灵公去世,蒯辄即位,是为卫出公,此时其父在晋国支持下返国,与蒯辄争夺王位,上演一场父子相争,骨肉相残的闹剧,孔子对此甚表不满,借赞扬伯夷、叔齐,表明不支持卫出公的态度。参见《史记·伯夷列传》:"伯夷、叔齐,孤竹君之二子也。

父欲立叔齐。及父卒,叔齐让伯夷。伯夷曰:'父命也。'遂逃去。叔齐亦不肯立而逃之。国人立其中子。"

【原文】

子曰:"饭¹疏食²,饮水³,曲肱⁴而枕⁵之,乐亦在其中矣。不义而富且贵,于我如浮云。"

【译文】

孔子说:"吃粗粮,喝凉水,弯起胳膊当枕头睡大觉,快乐也就在其中了。不由正道而得来的财富和地位,对我来说如同过眼云烟一般。"

【注释】 1饭:名词用作动词,吃,进食。 2疏食:粗粮。 3水:古代常以"汤"与"水"对言,汤指热水,水指凉水。成语有"如人饮水,冷暖自知"。 4肱(gōng):胳膊。 5枕:这里是名词用作动词,枕着,靠着。《中庸》:"君子素其位而行,不愿乎其外。素富贵,行乎富贵;素贫贱,行乎贫贱;素夷狄,行乎夷狄;素患难,行乎患难。君子无入而不自得焉。……故君子居易以俟命,小人行险以徼幸。"

【原文】

子曰:"加我数年,五十以学《易》¹,可以无大过矣。"

【译文】

孔子说:"给我增加几年寿命,到五十岁时去学习《易经》,便可以不犯大过错了。"

【注释】 1《易》:即《周易》,又称《易经》,是古代卜筮所用的书,后被列为儒家经典之一。《史记·孔子世家》:"孔子晚而喜《易》,序《彖》《系》《象》《说卦》《文言》,读《易》,韦编三绝。"

【原文】

子所雅言¹,《诗》、

【译文】

孔子有讲官话的时候,像诵读《诗》、朗

《书》、执礼²,皆雅言也。 | 读《书》以及在典礼活动上,都讲标准的官话。

注释 1雅言:指中原地区通行的官话,类似现在的普通话。 2执礼:指参与或主持典礼活动。

原文

叶公¹问孔子于子路,子路不对。子曰:"女奚²不曰:其为人也,发愤忘食,乐以³忘忧,不知老之将至云尔。"

译文

叶公向子路打听孔子的为人,子路没有回答。〔孔子知道此事后〕对子路说:"你为什么不这么说:他的为人呀,发愤学习而忘记饮食,精神快乐而忘记忧愁,不知道衰老就要到来,如此而已。"

注释 1叶公:楚国大夫,姓沈,名诸梁,字子高,其封邑在叶城(今河南叶县南),故称叶公。 2奚:为何,为什么。 3以:而。

原文

子曰:"我非生而知之者,好古,敏¹以求之者也。"

译文

孔子说:"我不是生来就有知识的人,而是热爱古代文化,勤勉不倦去探求它的人。"

注释 1敏:聪敏,此处是勤勉、锲而不舍的意思。

原文

子不语怪¹、力、乱、神。

译文

孔子不谈论怪异现象、暴力、叛乱和鬼神。

[注释] 1 怪：怪异的现象，如六月下雪、冬季不结冰等。《困学纪闻》卷五引子思子曰："夫子之教，必始于《诗》《书》而终于《礼》《乐》，杂说不与焉。"

[原文]

子曰："三人行，必有我师焉。择其善者而从¹之，其不善者而改之。"

[译文]

孔子说："在与几个人交往中，其中一定有人可以做我的老师。我选择他们的长处加以学习效仿，对于他们的不足则注意避免、克服。"

[注释] 1 从：这里是效法、学习的意思。

[原文]

子曰："天生德于予，桓魋¹其如予何？"

[译文]

孔子说："上天赋予我圣德，桓魋他又能把我怎么样？"

[注释] 1 桓魋(tuí)：宋国的司马(主管军事行政的官员)，孔子曾批评过他的某些行为，他怀恨在心，对孔子以武力相威胁。《史记·孔子世家》："孔子去曹，适宋，与弟子习礼大树下，宋司马桓魋欲杀孔子，拔其树。"

[原文]

子曰："二三子¹以我为隐²乎？吾无隐乎尔。吾无行而不与二三子者，是丘也。"

[译文]

孔子说："你们几位以为我会隐瞒什么吗？我没有什么可隐瞒的。我没有什么事情不向你们公开的，这就是我孔丘的为人。"

注释 1二三子:诸君,诸位。此处是指孔子的弟子。 2隐:隐瞒,隐藏。

原文

　　子以四教:文、行[1]、忠、信[2]。

译文

　　孔子从四个方面教学生:文化知识、社会实践、忠诚原则、信实态度。

注释 1行:此处指社会实践。 2忠、信:忠诚、信实。按,本章文指知识,行指实践,忠信指品德。

原文

　　子曰:"圣人,吾不得而见之矣;得见君子者,斯可矣。"子曰:"善人,吾不得而见之矣;得见有恒者,斯可矣。亡[1]而为有,虚而为盈[2],约[3]而为泰[4],难乎有恒矣。"

译文

　　孔子说:"圣人,我是不能见到了;能见到君子,也就可以了。"孔子又说:"善人,我是不能见到了;能见到有操守的人,也就可以了。没有而假装有,空虚而假装充实,穷困而假装奢华,这样的人就难以保持操守了。"

注释 1亡,同"无",没有。 2盈:充盈,充实。 3约:穷困。 4泰:安宁,此指富足。《荀子·修身》:"好法而行,士也;笃志而体,君子也;齐明而不竭,圣人也。"

原文

　　子钓而不纲[1],弋[2]不射宿[3]。

译文

　　孔子只钓鱼,而不撒网捕鱼;只射飞鸟而不射归巢宿栖之鸟。

注释 1纲:鱼网上的总绳。此指用网捕鱼,将鱼一网打尽。 2弋(yì):

射猎。　3 宿：指归巢栖宿的鸟儿。贾谊《新书·礼》："不合围,不掩群,不射宿,不涸泽。"

[原文]

子曰："盖有不知而作¹之者,我无是也。多闻,择其善者而从之,多见而识之,知之次²也。"

[译文]

孔子说："大概有自己不懂而凭空创作的人,我不是这种人。多听,选择其中好的来效法,多看并记住各种知识,这样获得知识仅次于'生而知之'这一等。"

[注释]　1 作：创作,创造。　2 次：次一等。孔子认为生而知之是第一等,学而知之次一等。

[原文]

互乡¹难与言,童子见,门人²惑。子曰："与³其进也,不与其退也,唯何甚! 人洁己以进,与其洁也,不保⁴其往也。"

[译文]

互乡这地方的人难以交谈往来,有一个少年得到孔子的接见,孔子的学生对此感到困惑。孔子说："我这是赞许他们进步,不赞许他们退步,何必太过分! 当别人洁身以求上进时,便应当赞许他的洁身上进,而不要抓住他们以往的过失不放。"

[注释]　1 互乡：地名,其址已无考。　2 门人：即弟子。　3 与：赞许,赞同。　4 保：保持,守住。此处指死抓不放。

[原文]

子曰："仁远乎哉? 我欲仁,斯仁至矣。"

[译文]

孔子说："仁离开我们遥远吗? 我想要仁,这个仁也就来了。"

原文

陈司败¹问："昭公²知礼乎？"孔子曰："知礼。"孔子退，揖³巫马期⁴而进之，曰："吾闻君子不党⁵，君子亦党乎？君取⁶于吴⁷，为同姓⁸，谓之吴孟子⁹。君而知礼，孰不知礼？"巫马期以告。子曰："丘也幸，苟¹⁰有过，人必知之。"

译文

陈司败问孔子说："鲁昭公懂得礼数吗？"孔子回答："懂得礼数。"孔子离开后，陈司败便向巫马期作了个揖，请他走近自己，说道："我听说君子不偏袒庇护，难道孔子这个君子也会偏袒庇护吗？鲁国国君从吴国娶了夫人，可两国是同姓之国，于是称夫人为吴孟子。鲁国国君如果懂礼，那还有谁不懂礼呢？"巫马期把此话告诉了孔子。孔子说："我真是很幸运呀！如果有过错，人家一定会知道。"

注释 1 陈司败：陈国主管司法的主官，即司寇，一说司败为人名。 2 昭公：鲁昭公，公元前541—前510年在位。 3 揖(yī)：古时拱手礼，此处作动词，作揖。 4 巫马期：孔子的弟子，姓巫马，名施，字子期。 5 党：袒护，偏袒。 6 取：通"娶"，迎娶。 7 吴：先秦时期诸侯国，寿梦为王时，开始崛起，至吴王夫差时，为越国所灭。 8 同姓：指吴国与鲁国为同姓诸侯国，吴国先祖为泰伯、仲雍，鲁国则为周公旦的封国。国君均为姬姓。 9 吴孟子：鲁昭公夫人，古代贵族妇女的名字一般由两个字组成，第二字是她的姓。鲁昭公夫人本应叫吴姬，但为了掩饰同姓而婚这不合礼制的做法，遂不称吴姬而称吴孟子。 10 苟：假若，如果。

原文

子与人歌而善，必使反¹之，而后和²之。

译文

孔子同他人一起唱歌时，如果该人唱得好，就一定请他再唱一遍，然后自己跟着他唱。

注释 1 反:重复,再一次。 2 和:跟着唱。

原文

子曰:"文[1],莫[2]吾犹人也。躬行[3]君子,则吾未之有得[4]。"

译文

孔子说:"书本上的知识,也许我和别人差不多;至于身体力行、努力实践做个君子,那我还没有达到目标。"

注释 1 文:文化知识。 2 莫:大约,也许。朱熹《集注》:"莫,疑辞。" 3 躬行:亲自实践,身体力行。 4 得:达到,得到。

原文

子曰:"若圣与仁,则吾岂敢!抑[1]为之不厌,诲人不倦,则可谓云尔已矣。"公西华曰:"正唯弟子不能学也。"

译文

孔子说:"如果说到圣明与仁德,那么我岂敢担当。只不过追求学问永不自满,教诲他人从不疲倦,如此而已。"公西华说:"这正是我们弟子所不能学到的。"

注释 1 抑:语气词,表转折,只是、不过的意思。《孟子·公孙丑上》:"子贡曰:'学不厌,智也;教不倦,仁也。仁且智,夫子既圣矣。'"

原文

子疾病[1],子路请祷[2]。子曰:"有诸?"子路对曰:"有之。《诔》[3]曰:'祷尔于上下神祇[4]。'"子曰:"丘之祷久矣。"

译文

孔子病得很严重,子路请求向鬼神祷告求保佑。孔子问道:"有这种事吗?"子路回答:"的确有的。《诔》文中说:'为你向天神地祇祷告。'"孔子说:"我早已祷告过了。"

注释 1 病:病体沉重,重病。 2 祷:祈祷,祷告,以祈求上帝鬼神保佑、赐福。 3《诔(lěi)》:哀悼死者的悼文或向鬼神祈福的文字,此处指后者。 4 神祇(qí):天地神灵,古代称天神为神、地神为祇。按,《论衡·感虚》:"圣人修身正行,素祷之日久,天地鬼神知其无罪,故曰祷久矣。"

原文　　　　　　　　　　**译文**

　　子曰:"奢则不孙[1],俭则固[2]。与其不孙也,宁固。"

　　孔子说:"奢侈豪华就显得不谦逊,省俭节约就显得寒伧。但与其不谦逊,宁可寒伧。"

注释 1 孙:通"逊",谦逊,恭顺。 2 固:简陋,鄙陋。此处是寒伧的意思。

原文　　　　　　　　　　**译文**

　　子曰:"君子坦荡荡[1],小人长戚戚[2]。"

　　孔子说:"君子胸怀宽广,无忧无虑,小人经常忧心忡忡,愁眉苦脸。"

注释 1 坦荡荡:坦,平坦。荡荡,宽广开朗的样子。坦荡荡,谓心胸宽广、无忧无虑。 2 戚戚:忧心忡忡,患得患失。《荀子·子道》:"子路问于孔子曰:'君子亦有忧乎?'孔子曰:'君子,其未得也,则乐其意;既已得之,又乐其治。是以有终生之乐,无一日之忧。小人者,其未得也,则忧不得;既已得之,又恐失之。是以有终身之忧,无一日之乐也。'"

原文　　　　　　　　　　**译文**

　　子温而厉[1],威而不猛,恭而安[2]。

　　孔子温和而又严肃,威仪凛凛而不粗暴凶猛,神态谦恭而又自若安详。

注释 1 厉:严肃庄重的意思。 2 安:安详、平和的意思。

｜泰伯第八｜

导读

本篇共二十一章,主旨不像前面几篇那么显著和明确,但是,若细细加以寻绎,仍是有蛛丝马迹可捕捉的。这个草蛇灰线,就是孔子和他的弟子(主要是曾参),在这里或通过对著名历史人物的评价,或借助直抒胸臆,表达了对"大丈夫精神"的讴歌,反映了自己内心深处的是非原则与价值取向。

所谓"大丈夫精神",说到底是一种正大光明、博大宽广的君子人格。"君子之德风,小人之德草,草上之风,必偃。"君子人格之所以难能可贵,是因为君子是万民的楷模,学高为师,身正为范,他们是社会的良心,天下的良知,其一举一动都体现为社会道德的风向标,其一言一行都必定对民众的价值取向起到深远的影响,即所谓"君子笃于亲,则民兴于仁;故旧不遗,则民不偷"。

那么真正的"君子人格"应该体现为什么,孔子与曾子等人在篇中有十分精辟而扼要的表述,这些表述均切中肯綮,发人深省。

首先,君子为"仁",能包容谦让。孔子表扬泰伯,认为泰伯人格高尚,无与伦比,堪称道德楷模,"可谓至德也已矣"。而泰伯能达到"至德"的境界,就是能宽容,能谦让,"三以天下让"。"天下熙熙皆为利来,天下攘攘皆为利往",这是世间常态,名缰利锁,谁人能免? 在世俗中生存,要做到谦让,殊属不易,更何况面对最高权力的诱惑,能弃之若敝屣,尤其难以想象。这种定力,普天之下几人能有? 这种境界,举世之中几人能至？我们所能了解的历史与现实里，更多的人是为了蝇头小利而争夺不止，为了身外之物而尔虞我诈。见荣誉就上，遇利益就争，早已成为世间常态，不忮不求者，别人不会因此而敬佩他、感激他，反而会认为他无能，是傻冒。大家都存这样的心态，大家都只求进不言退，宁为鸡头，不为牛后，不肯作必要的妥协，不愿有任何的让步，这样互相算计、互相较劲的结果，就是你争我夺。社会就不能不剑拔弩张、腥风血雨，生活就不能不是处处陷阱、时时恐怖。孔子认为这是诱发社会动乱，造成玉石俱焚的动因。要改变它，就必须培育博大包容的胸襟，必须提倡君子人格的养成。这方面，历史上的泰伯等人就是最好的效法对象，泰伯连"富有四海，贵为天子"的机会都能谦让，都能放弃，那么还会有什么不能谦让与放弃的呢！

君子能"谦让"，缘于君子能"虚心"，从不自满、大度随和，能降尊纡贵，甘居下流，就如曾子所言，是"以能问于不能，以多问于寡，有若无，实若虚，犯而不校"。可见，虚怀若谷，方可以有为无；内敛低调，方可以实为虚。时时提醒自己要看到身上存在不足，"学如不及，犹恐失之"；处处警示自己要避免进入骄傲自大的误区，"如有周公之才之美，使骄且吝，其余不足观也已！"

其次，君子睿智，能进退合宜。孔子认为，君子为人处世，能够明白什么是可以做的，什么是不可以做的，懂得收放自如，进退合度。既不好高骛远，又不苟容阿世，凡事皆能把握分寸，恰到好处，见好就收，收放自如。这是人生的大智慧、入世的真秘诀。在政治上，要善于摆正自己的位置，不逾越自己的本分，"不在其位，不谋其政"；在处世上，要善于见机行事，深谙自我保护之道，不做无谓的牺牲，不做愚蠢的选择，"危邦不入，乱邦不居。天下有道则见，无道则隐"。在面对问题上，要把握合理的度，避免"图虚名以取实祸"。在孔子看来，这个把握"度"的要义，应该以"礼"为节，换言之，"礼"是睿智的具体表现形式。以"礼"为度，就可以防止走极端、行偏颇，否则，最优秀的德行也可能走向它的反面,成为人生事业上的包袱与累赘,"恭而无礼则劳,慎而无礼则葸,勇而无礼则乱,直而无礼则绞"。这里,"恭""慎""勇""直"等本来都是优秀的品行,但是如果没有"礼"来节度,没有智慧来驾驭,放任自流,不加限制,那就不但不能产生积极的效果,反而会成为成功的障碍,导致明显不利的局面:"劳""葸""乱""绞"。因此,富有睿智,懂得进退,乃是养成君子人格的必有之义,也是君子能够抗衡小人、战胜小人的必备条件。

最后,君子取"义",能勇于担当。君子睿智,但不投机;君子识度,但不苟且。君子可以外圆,但一定内方;君子可以权变,但一定守经。因此,在重大原则问题上,君子一定坚守立场,明确方向,而不会有丝毫的动摇;在根本理想追求上,君子一定孜孜不倦,锲而不舍,而不会有丝毫的懈怠。用"宗圣"曾子的话来说,这就是"士不可以不弘毅,任重而道远。仁以为己任,不亦重乎?死而后已,不亦远乎!"这样的君子,才能成为社会的栋梁,才能成为民众的表率,才是国家昌盛的希望之所在,才是民族振兴的力量之所在。他们"可以托六尺之孤,可以寄百里之命,临大节而不可夺也"。正是因为千百年来有这样勇于担当的君子之存在,有这样充满浩然正气的君子人格之感召,我们这个古老的民族才得以承受磨难而屹立不倒,我们这个伟大的国家才得以历经沧桑而生机盎然。在当下,这种君子人格尤其是需要大力加以倡导的,从而使我们的社会正气为之激扬,使我们的民族精神为之振奋。

能谦让,有睿智,敢担当,它们结合在一起,就是孔子与儒门所汲汲倡导的"君子人格"。这种君子人格能够砥砺造就,在于长期坚持,在于有所依据。这个依据,就是本篇中孔子所一再强调的"礼乐"精神的引导,"兴于诗,立于礼,成于乐"。因此,养成君子人格,不能徒托空言,而是要与兴礼作乐密切联系在一起,从而使得镕铸君子人格建立在扎实的礼乐文明基础之上。

更为重要的是,能谦让、有智慧、敢担当的君子人格的造就,离不开自身的无私,"无欲则刚","心底无私天地宽",一个人只有排除了私心杂念,不再为个人谋取私利,就像孔子所评价的舜、禹等圣人先贤一样,"有天下也,而不与焉",那么才能够真正做到面对诱人的利益,会主动谦让;面对复杂的世务,会睿智应对;面对光荣的责任,会勇敢担当。

由此可见,造就优秀的君子人格,虽说是孔子及其弟子对"外王"需要的呼应,但是,如何实现的关键,则在于是否能做到反躬自省,是否能真正致力于"内圣"。

【原文】

子曰:"泰伯¹,其可谓至德也已矣。三²以天下让,民无得而称³焉。"

【译文】

孔子说:"泰伯这个人,也许可以说是具有最崇高的道德了。屡次把天下让给兄弟,民众简直没有合适的话来称颂他。"

【注释】 1泰伯:即大伯,周太王古公亶父的长子,太王钟爱孙子姬昌,故欲立幼子季历,然后再传位给姬昌(即后来的周文王),他与其弟仲雍避居江南,改从当地风俗,断发文身,成为吴国始祖。 2三:多次,屡次。3称:称誉,赞美。

【原文】

子曰:"恭而无礼则劳,慎而无礼则葸¹,勇而无礼则乱,直而无礼则绞²。君子笃³于亲,则民兴于仁;故旧⁴不遗,则民不偷⁵。"

【译文】

孔子说:"谦恭而不知礼就会疲劳倦怠,谨慎而不知礼就会拘谨猥琐,勇敢而不知礼就会犯上作乱,爽直而不知礼就会言辞尖刻。君子厚待亲族,那么老百姓就会盛行仁德;老朋友不被遗弃,那么老百姓就不会对人冷漠无情。"

[注释]　1 葸(xǐ)：猥琐，畏缩，拘谨。　2 绞：急切，尖锐。这里指说话尖刻。　3 笃：厚实，忠诚。　4 故旧：老朋友。　5 偷：淡薄，凉薄。指人与人之间感情冷漠。

[原文]

曾子有疾，召门弟子曰："启¹予足，启予手！《诗》云：'战战兢兢，如临深渊，如履薄冰。'²而今而后，吾知免夫！小子！"

[译文]

曾子患病，召集门下弟子到床前，说："摆正我的脚，摆正我的手！《诗经》上说：'胆颤心惊，就像是面临无底的深渊，就像是行走在薄冰之上。'从今以后，我知道该怎样免除灾祸了！各位弟子们！"

[注释]　1 启：开，打开。这里是摆正的意思。　2 "《诗》云"句：见《诗经·小雅·小旻》，这是曾参借用来形容自己为人处世小心谨慎。履(lǚ)：脚踩，踩踏。

[原文]

曾子有疾，孟敬子¹问之。曾子言曰："鸟之将死，其鸣也哀；人之将死，其言也善。君子所贵乎道者三：动容貌，斯远暴慢矣；正颜色²，斯近信矣；出辞气³，斯远鄙倍⁴矣。笾豆之事⁵，则有司⁶存。"

[译文]

曾子重病在床，孟敬子前去探望他。曾子说道："鸟儿将死的时候，它的鸣叫声是悲凉的；人将要死的时候，他所说的话是善意的。君子所注重的准则有三个方面：注重仪容，这样就可避免粗暴和傲慢；端正神态，这样就可接近诚实信用；注重谈吐，这样就可避免鄙陋和过错。至于祭祀等典礼方面的事情，自有有关主管人员负责。"

注释 1 孟敬子:仲孙捷,鲁国大夫。 2 颜色:脸色,神态。 3 出辞气:辞,言辞。气,口气。《礼记·冠义》:"礼义之始,在于正容体,齐颜色,顺辞令。容体正,颜色齐,辞令顺,而后礼义备。" 4 鄙倍:粗野,背理。倍通"背",汉简本《孙子兵法·军争》:"倍丘勿逆。" 5 笾(biān)豆之事:笾豆,古代祭祀时盛装祭品用的器物,笾为竹器,盛装果品等干货;豆,一般木制,用以装带汁之物。笾豆之事,代指祭祀、典礼活动。 6 有司:古代分官设职,事各有专司,故称有司。

原文

曾子曰:"以能问于不能,以多问于寡,有若无,实若虚,犯而不校¹,昔者吾友²尝从事于斯矣。"

译文

曾子说:"有才能却向无才能的人请教,有学问却向少学问的人请教,有知识却像没有知识一样,头脑充实却像头脑空虚一样,被人冒犯却不计较,从前我的朋友曾经做到了这些方面。"

注释 1 校:较量,对抗。《司马法·仁本》:"虽遇壮者,不校勿敌。" 2 吾友:历代注家一般都认为是指颜渊。

原文

曾子曰:"可以托六尺¹之孤²,可以寄百里³之命⁴,临大节⁵而不可夺⁶也,君子人与? 君子人也!"

译文

曾子说:"可以把年幼的孩子托付给他,可以把国家的命运寄托给他,面对生死存亡的紧要关头不丧失斗志、动摇屈服,这样的人是君子吗? 这样的人是君子啊!"

注释 1 六尺:指未成年的孩子。古代尺短,六尺相当于今之四尺。

2 孤:孩子丧父曰孤。　3 百里:百里方圆,此处喻指一个诸侯国。《白虎通义·封公侯》:"诸侯封不过百里。象雷震百里,所润云雨同也。"　4 命:前途,命运。　5 大节:指事关生死存亡的关键问题。　6 夺:丧失斗志、沮丧屈服的意思。《孙子兵法·军争》:"三军可夺气。"

[原文]

曾子曰:"士不可以不弘毅[1],任重而道远。仁以为己任,不亦重乎? 死而后已[2],不亦远乎?"

[译文]

曾子说:"作为读书人,不可以不胸襟宽广而意志坚毅,因为他任务艰巨,路途遥远。把实现仁的理想作为自己的任务,这不是很艰巨吗? 不懈奋斗到死方休,这不是很遥远吗?"

[注释]　1 弘毅:心胸宽广而意志刚毅。弘,大。毅,坚毅,刚强。　2 已:停止。

[原文]

子曰:"兴[1]于诗,立于礼,成于乐。"

[译文]

孔子说:"通过诗歌而激扬振奋,凭借礼节而自立于世,借助音乐而成就自我。"

[注释]　1 兴:兴起,此处引申为振奋、激励。

[原文]

子曰:"民可使由之,不可使知之。"[1]

[译文]

孔子说:"对于普通民众可以加以驱使利用,却不能让他们懂得什么。"

[注释]　1 "民可"句:对此句的解读历代分歧很大。有人认为应句读为:

"民可使，由之；不可使，知之。"亦有人认为应句读为："民可，使由之；不可，使知之。"句读不同，则含义迥异。今译文仍取传统意见。《周易·系辞》："仁者见之谓之仁，知者见之谓之知，百姓日用而不知，故君子之道鲜矣。"

原文

子曰："好勇疾贫[1]，乱也；人而不仁，疾之已甚[2]，乱也。"

译文

孔子说："喜好勇敢而厌恶贫穷，是祸乱；对于不仁的人过分地憎恨厌恶，也是祸乱。"

注释　1 疾贫：厌恶贫困，憎恨穷厄。　2 已甚：过分。已，太，过于。甚，严重，厉害。

原文

子曰："如有周公之才之美，使[1]骄且吝[2]，其余不足观也已。"

译文

孔子说："一个人如果有周公那样的才干能力，但假使他恃才傲物，胸襟狭小，那么其他方面也就不值得一看了。"

注释　1 使：假使，倘若。　2 吝：小气，吝啬。此指胸襟狭小。《逸周书·寤儆》："不骄不吝，时乃无敌。"

原文

子曰："三年学，不至[1]于谷[2]，不易得也。"

译文

孔子说："读书三年，而没有想到做官得俸禄，这实属难得。"

注释　1 至：想到，意念所及。2 谷：古代以谷米为俸禄，此处的"谷"即喻指"禄"，表示当官为宰。

【原文】

子曰:"笃信¹好学,守死善道。危邦²不入,乱邦³不居。天下有道则见⁴,无道则隐。邦有道,贫且贱焉,耻也;邦无道,富且贵焉,耻也。"

【译文】

孔子说:"坚守信念,爱好学习,勇于牺牲,完善大道。不进入危机四伏的国家,不留居动乱丛生的国家。天下政治清明,就出来做官从政;天下政治黑暗,就隐居洁身自好。国家太平,自己贫穷而又低贱,这是耻辱;国家动乱,自己富裕而又尊贵,这也是耻辱。"

【注释】 1 笃信:坚守信念。笃,坚定不移。 2 危邦:政局不稳的国家。 3 乱邦:动乱此起彼伏的国家。包咸曰:"臣弑君,子弑父,乱也。危者,将乱之兆也。"《申鉴·政体》:"上多欲,下多端,法不定,政多门,此乱国之风也。……上下相疏,内外相蒙,小臣争宠,大臣争权,此危国之风也。" 4 见:同"现",到外界社会有所表现,即从政做官。

【原文】

子曰:"不在其位,不谋¹其政。"

【译文】

孔子说:"不在那个职位,就不参与谋划与它相关的政务。"

【注释】 1 谋:谋划、参与商议和决定。《庄子·逍遥游》:"庖人虽不治庖,尸祝不越樽俎而代之矣。"又,《孟子·万章下》:"位卑而言高,罪也。"

【原文】

子曰:"师挚¹之始,《关雎》之乱²,洋洋³乎盈耳哉!"

【译文】

孔子说:"从乐师挚开始演奏,到演奏到《关雎》的辉煌终曲时,我的耳朵里始终充盈着美妙动听的音乐。"

注释 1 师挚:一位名叫挚的鲁国乐师。师,乐师;挚,人名。 2 乱:乐曲终结的部分。古代把乐曲的开始称为"始";乐曲结尾的那一段音乐,由多种乐器合奏而成,谓之"乱"。 3 洋洋:美妙动听的意思。

原文

子曰:"狂而不直,侗¹而不愿²,悾悾³而不信,吾不知之矣。"

译文

孔子说:"狂妄自大而又不正直,幼稚无知而又不厚道,愚昧无能而又不讲信用,我不知道有些人为什么会如此差劲。"

注释 1 侗(tóng):幼稚无知。 2 愿:厚道朴实。 3 悾悾(kōng):无能。

原文

子曰:"学如不及¹,犹恐失之。"

译文

孔子说:"做学问既生怕赶不上别人,又担忧随时会落伍。"

注释 1 不及:赶不上,不能追上。《大戴礼记·曾子立事》:"君子爱日以学,及时以行。"《荀子·修身》:"道虽迩,不行不至;事虽小,不为不成。"

原文

子曰:"巍巍¹乎!舜、禹²之有天下也,而不与³焉。"

译文

孔子赞叹道:"多么崇高伟大啊!虞舜、大禹贵为天子,富有四海,但不为自己谋私利。"

注释 1 巍巍:崇高、伟大的意思。 2 舜、禹:舜,古代部落联盟首领,受尧的禅让而即位,他与尧、禹等均为儒家心目中的圣明先王。禹,大禹,受虞舜禅让而即位,整治水患,有大功于社会历史发展。《论衡·语增》:"舜承安继治,任贤使能,恭己无为而天下治。" 3 与:参与,这里指享受。

原文

子曰:"大哉,尧之为君也! 巍巍乎! 唯天为大,唯尧则[1]之。荡荡[2]乎! 民无能名[3]焉。巍巍乎! 其有成功也。焕[4]乎! 其有文章[5]。"

译文

孔子说:"尧作为天子,多么伟大啊! 崇高啊! 唯有上天最崇高,唯有尧能效法它! 他的恩德广大无边,老百姓无法用言辞来加以赞美! 崇高啊,他取得了伟大的成就! 多么光辉灿烂啊,他所制定的礼乐典章制度!"

注释 1 则:效法,仿效。 2 荡荡:广大无边的样子,此处指尧恩德广大,仁义宽厚。 3 名:命名,即称说、赞颂。 4 焕:鲜明,光亮,光彩照人。
5 文章:文化,这里指礼乐典章制度。

原文

舜有臣五人[1]而天下治。武王[2]曰:"予有乱臣[3]十人[4]。"孔子曰:"才难,不其然乎? 唐、虞之际[5],于斯为盛。有妇人[6]焉,九人而已。三分天下有其二,以服事殷。周之德,其可谓至德也已矣!"

译文

虞舜有五位贤臣而天下得到大治。周武王说:"我拥有十位能治理天下的贤臣。"孔子因此评论道:"人才难得,难道不是这样吗? 自唐尧、虞舜以来,以周武王之时人才最为兴盛。〔但十位治国之臣中〕还有一位妇女,实际上只有九人而已。周文王已拥有三分之二的天下,但依然臣服于殷朝。周代的道德,恐怕可以称得上是至高无上的道德了!"

注释 1 舜有臣五人:传说是禹、稷、契、皋陶(gāoyáo)、伯益等五人。
2 武王:周武王,曾在太公望等人的辅弼下,伐纣灭商,建立西周王朝。
3 乱臣:治国之臣。《说文》:"乱,治也。" 4 十人:指太公望、周公旦、召公奭、毕公高等十人。《左传·昭公二十四年》："《太誓》曰:纣有亿兆夷人,亦有离德。余有乱臣十人,同心同德。此周所以兴也。" 5唐、虞之际:意谓自尧、舜以降。 6妇人:传说是太姒,文王之妻、武王之母,能以仁德教化天下。

原文

子曰:"禹,吾无间然¹矣! 菲²饮食,而致孝乎鬼神;恶衣服,而致美乎黻冕³,卑⁴宫室,而尽力乎沟洫⁵。禹,吾无间然矣!"

译文

孔子说:"大禹这个人,我没有什么可挑剔批评的了。自己的饮食很简单,却尽力孝敬鬼神;自己平时穿的衣服很破旧,却尽力把祭祀用的礼服礼冠制作得很精美;自己居住的房子很低矮,却尽力于农田水利事业。对于大禹,我是没有什么可挑剔批评的了!"

注释 1间然:这里是挑剔、批评的意思。间,空隙,漏洞,此处用作动词,意谓找茬、挑毛病。 2菲:微薄,寒酸。 3黻冕(fúmiǎn):古代祭祀时穿戴的礼服礼冠。 4卑:低,矮,简陋,破旧。 5沟洫(xù):沟渠,此处指农田水利。洫,田间水道。

子罕第九

导读

　　本篇共三十一章，主要阐述孔子本人的性情、好恶、爱憎、襟怀、信念、理想等内容。三十一章中，有少数篇章是孔门弟子心目中对孔子的印象，其他大部分文字当属于孔子自剖心迹或对其弟子行止的评说。相较于《述而》篇侧重点落在教育宗旨与方法上，本篇的重点，是孔子的自我勉励与警示。

　　孔子认为，要成为真正的君子，首先要有坚强的意志，坚定的信念，这种意志与信念，不会因威胁而动摇，不会因利诱而放弃，"三军可夺帅也，匹夫不可夺志也"。它们经得起考验，抗得住打击，道路越是坎坷崎岖，步伐越是稳健从容，打击越是频繁沉重，斗志越是高昂激越，"岁寒，然后知松柏之后凋也"。面对挑战能坦然接受，面对挫折能矢志不移。孔子是这样自我期许的，更是如此自我实现的。正是因为秉持了这种信念，孔子无论身处顺境还是逆境，都做到了坚持一贯的立场，投入不懈的努力。正气磅礴，大义凛然，为儒之大者现身说法，为生之意义作出生动的诠释。应该说，孔子"不可夺志"的精神，对后世志士仁人的人格塑造与铸就曾产生过极其深远的影响，明代于谦《石灰吟》所言："千锤万凿出深山，烈火焚烧若等闲，粉骨碎身浑不怕，要留清白在人间。"清代郑板桥《竹石》诗云："咬定青山不放松，立根原在破岩中。千磨万击还坚劲，任尔东西南北风。"就是对孔子所倡导的这种理想信念的异代同调，一脉相承。

　　孔子之所以能有坚定的信念，能有坚强的意志，是因为孔子对自己所从事的大业拥有充分的信心，认为自己身上担负着传承文化、接续文脉的光荣责任，天命所归，义不容辞，"文王既没，文不在兹乎？"这也就是孟子所宣称的"如欲平治天下，当今之世，舍我其谁也"的伟大而崇高的使命感。在这样的使命感召唤下，个人际遇的坎坷自然是无足轻重，能坦然承受；对成败得失的理解自然是卓尔不群，别出机杼。换言之，意志的背后，是以信心为支撑；信念的底蕴，是以理想为引导。

当然，意志的坚强，信念的坚定，并不是自以为是，孤芳自赏。如果是这样，就意味着自我膨胀，自我封闭，就不免犯偏激、走极端的错误。孔子的伟大，在于他既坚持原则，明确立场，又杜绝固执，反对僵化，所谓"子绝四：毋意，毋必，毋固，毋我"，即从不凭空揣测，绝不绝对肯定，从不拘泥固执，绝不自以为是，能够欣赏他人身上的优点，"吾见其进也，未见其止也"。能够寄希望于未来，"后生可畏，焉知来者之不如今也！"

由此可见，在孔子那里，坚定立场与博采兼容并不矛盾，坚持信念与择善而从并不对立。因此，孔子敢于承认自己的不足，"吾有知乎哉？无知也，有鄙夫问于我，空空如也"；善于改进自己的学习，"法语之言，能无从乎？改之为贵"。这种从不自满，摒弃骄傲的态度，实在难能可贵，它是孔子追求完美的动力，也是孔子超越他人的缘由。

尤其值得注意的是，孔子对自己实现精神超越，完成文化使命始终怀有强烈的忧患意识，时不我待，机不再来，犹如无声的召唤，催促着孔子始终不敢有任何的懈怠，"子在川上曰：逝者如斯夫，不舍昼夜"。于是他反对坐而论道，而主张及时付诸行动，所谓："与其托之空言，不如见诸行事。""临渊羡鱼，不如退而结网。"孔子指出：在践行大道的过程中，最可忧虑的是浅尝辄止，画地为牢，半途而废，前功尽弃，"譬如为山，未成一篑，止，吾止也"。

孔子强调实现使命的强烈紧迫感，倡导忧患意识，无疑是非常正确的人生觉悟。这在今天仍有重要的启示意义。因为没有紧迫感，那就必然导致做事拖拉疲沓，三天打鱼，两天晒网，消磨掉自己进取的锐气,错失掉最佳的战略机遇,最后与胜利失之交臂;而缺乏忧患意识,则十分容易萌生、滋长骄傲自大的情绪,以致沾沾自喜,得意忘形,最后在阴沟里翻船,在顺境中毁灭。由此可见,人们在逆境中奋斗不易,但在顺境中奋斗更难。一个人,一个团体,一个国家真正的危险,往往不是发生在逆境之中,而更多的是出现在顺境之中。从这个意义上讲,"忧劳可以兴国,逸豫可以亡身","生于忧患,死于安乐",乃是千古不易的真理。

需要进一步指出的是,孔子在信念确立上,眼光是向上看的,他以完美的君子人格养成为最高目标;但是,在行动上,眼光则是朝下看的。因此,他绝不排斥普通的社会实践活动,恰恰相反,他是以从事最基本、最烦琐的社会实践活动作为树立信念、坚定意志、磨砺品格的基础。为此,他坦率承认曾做"鄙事"的人生经历,"吾少也贱,故多能鄙事";他也欣然表示以拥有"形而下"的技艺为光荣,"吾何执?执御乎?执射乎?""吾不试,故艺。"他更特别强调传承与弘扬文化的重要,"吾自卫反鲁,然后乐正,《雅》《颂》各得其所"。总之,套用一句社会上广泛流行的话来说,这就是"仰望星空,脚踏大地"。

总而言之,在孔子的身上,"内圣"与"外王"是达到和谐统一的,所体现的是完美君子人格的典范。这种君子人格,就是智、仁、勇的浑然一体。道理很简单,因为,有睿智,即可明辨是非,深谙取舍之道;有仁德,则能心底无私,宽厚海涵;有勇毅,乃可担当责任,一往无前。用孔子自己的话说,这就是"知者不惑,仁者不忧,勇者不惧"。

孔子的这种伟大人格魅力具有最大的感染力,拥有最大的号召力。在它面前,权势的威胁,无所施展;金钱的诱惑,黯然失色。这样的精神力量是永恒的,也是无敌的。相形之下,我们这些芸芸众生是那么的渺小卑微,那么的后知后觉。颜渊的感慨,可谓道出了千百年来所有为孔子伟大君子人格所鼓舞、所感动的人的共同心声:"仰之弥高,钻之弥坚,瞻之在前,忽焉在后!"

　　尽管如此,我们仍没有任何理由松懈自己的信念,放弃自己的追求,丧失自己的理想。大道不远,它本身就存在于我们的不懈追求过程之中,"未之思也,夫何远之有!"孔子的崇高境界固然无法企及,但是,"虽不能至,心向往之",更应该成为我们永恒的信念,成为我们永恒的愿景!

[原文]

　　子罕言[1]利,与[2]命与仁。

[译文]

　　孔子很少谈论利益,但认可天命,肯定仁德。

[注释] 1罕言:极少谈沦。罕,很少,稀罕。 2与:赞同,认可,肯定。按,此句句读多有分歧。译文仅取一说。

[原文]

　　达巷党人[1]曰:"大哉孔子! 博学而无所成名。"子闻之,谓门弟子曰:"吾何执[2]? 执御乎? 执射乎? 吾执御矣。"

[译文]

　　达巷地方的一个人说:"孔子多么伟大啊,知识十分渊博,但可惜没有可以成名的一技之长。"孔子听说这话后,对自己门下众弟子说:"我该掌握何种技艺呢? 是驾御车辆呢? 还是发射箭矢呢? 我还是驾车吧。"

[注释] 1达巷党人:达巷这个地方的居民。达巷,地名。党人,一定行政组织管辖下的居民。 2执:掌握,拥有。此处指掌握技术。

[原文]

　　子曰:"麻冕[1],礼也;今也纯[2],俭[3];吾

[译文]

　　孔子说:"礼冠用麻料制作,这是礼制;现在改用丝织,这比较省俭一些;我随俗从

从众。拜下⁴,礼也；今拜乎上⁵,泰⁶也；虽违众,吾从下。"

众。大臣见君主,先在堂下跪拜,再在堂上跪拜,这是礼制；现在省略为只在堂上跪拜,这是倨慢越礼之举；即使违犯众俗,但我仍主张堂下也要跪拜。"

【注释】 1 麻冕:古代用麻料制成的礼冠。《白虎通义·绋冕》:"麻冕者何?周宗庙之冠也。礼曰:'周冕而祭。'……所以用麻为之者,女功之始,亦不忘本也。" 2 纯:黑色的丝。 3 俭:省俭,节俭。按规定麻冕要用两千四百缕经线织成,费力费时,用丝织则比较省俭人工和时间成本。 4 拜下:臣谒见君主的礼节,先在堂下拜,然后再到堂上拜。 5 拜乎上:指臣子见君主时直接在堂上拜。 6 泰:过分,过度。此处指越礼。

【原文】

子绝四:毋意¹,毋必²,毋固³,毋我⁴。

【译文】

孔子杜绝四种毛病:不凭空揣测,不绝对肯定,不拘泥固执,不自以为是。

【注释】 1 意:同"臆",臆度、猜想。《礼记·少仪》:"毋测未至。"注云:"测,意度也。" 2 必:绝对,必定。 3 固:拘泥,固执。 4 我:自以为是,唯我独尊。

【原文】

子畏于匡¹,曰:"文王²既没,文不在兹³乎?天之将丧斯文也,后死者⁴不得与⁵于斯文也；天之未丧斯文也,匡人其如予何?"

【译文】

孔子被围困在匡地,他表示:"自周文王去世以后,古代文化不都保存在我这里吗?如果上天要毁灭葬送这些文化,那我也就不可能掌握这些文化了；如果上天不愿毁灭这些文化,那么匡人又能把我怎么样?"

【注释】 1畏于匡:畏,使害怕、吓唬,此处指拘囚。按,畏,疑系"围"之误,被包围。匡,地名,在今河南长垣西南。《史记·孔子世家》:"或谮孔子于卫灵公……去卫。将适陈,过匡,颜刻为仆,以其策指之曰:'昔吾入此,由彼缺也。'匡人闻之,以为鲁之阳虎。阳虎尝暴匡人,匡人于是遂止孔子,孔子状类阳虎,拘焉五日。" 2文王:周文王姬昌。在位期间改良政治、发展经济、任用贤能、整治军备,为其子武王伐纣灭商奠定了基础。3兹:这里,指孔子自己。 4后死者:孔子自称。 5与:参与,拥有。此处指传授。

【原文】

太宰¹问于子贡曰:"夫子圣者与?何其多能也?"子贡曰:"固天纵²之将圣,又多能也。"子闻之,曰:"太宰知我乎?吾少也贱³,故多能鄙事⁴。君子多乎哉?不多也。"

【译文】

太宰问子贡说:"孔夫子是圣人吗?为什么这样多才多艺呢?"子贡回答说:"这本来是上天要使他成为圣人,又让他多才多艺的。"孔子听到这话,说:"太宰哪里知道我呢?我年轻的时候很贫贱,所以学会了许多卑贱的技艺。君子会有这么多的技艺吗?不会的呀。"

【注释】 1太宰:官名,主掌国君或卿大夫家内外事务。 2纵:使,让。此处有造就的意思。《淮南子·主术训》:"孔子之通,智过于苌弘,勇服于孟贲,足蹑郊菟,力招城关,能亦多矣。" 3贱:贫贱,社会地位低下。4鄙事:卑贱的事。

【原文】

牢¹曰:"子云:'吾不试¹,故艺。'"

【译文】

子牢说:"老师他说过:'我没有被起用做官,所以学会了许多技艺。'"

[注释] 1 牢：一般认为是子牢，孔子弟子。 2 试：试用，此处引申为从政做官。

[原文]

子曰："吾有知乎哉？无知也。有鄙夫[1]问于我，空空如也。我叩[2]其两端[3]而竭[4]焉。"

[译文]

孔子说："我有知识吗？我没有知识。曾有一个乡下人求教于我，我其实对所问之事一无所知，但我对那个问题的正反两方面加以询问，便能尽量告诉他答案。"

[注释] 1 鄙夫：鄙陋浅薄之人，此处指乡下人。 2 叩：叩问，询问。 3 两端：两头，指问题正反、上下等两个方面。 4 竭：尽量。

[原文]

子曰："凤鸟[1]不至，河不出图[2]，吾已矣夫！"

[译文]

孔子叹息道："凤凰没有飞来，黄河中也不再出现图画，我这一生怕是完结了。"

[注释] 1 凤鸟：传说中的一种神异飞禽，它是吉祥、太平的象征，它的出现，表示天下太平，盛世来临。 2 河不出图：河，黄河。图，传说圣人受命，黄河就出现类似八卦的图画，预示天下太平。

[原文]

子见齐衰[1]者、冕衣裳[2]者与瞽[3]者，见之，虽少，必作[4]；过之，必趋[5]。

[译文]

孔子看见穿丧服的人、着礼帽官服的人以及瞎了眼的人，即使对方年轻，相见时，也一定从座位上站起来；在他们面前走过时，一定要快走几步［，以表示敬意］。

注释 1 齐衰(zīcuī)：古代丧服,用熟麻布制成,以其缉边,故称齐衰,此处用作动词,泛指穿丧服,服丧礼。 2 冕衣裳：穿礼服戴礼冠,喻指当官者。冕,古代大夫以上贵族所戴礼帽。衣,上衣。裳,下服。 3 瞽(gǔ)：盲人。 4 作：起立,起身。 5 趋：小步快走,以表示恭敬。

原文

颜渊喟然[1]叹曰："仰之弥[2]高,钻[3]之弥坚[4],瞻[5]之在前,忽焉在后。夫子循循然[6]善诱人,博我以文,约我以礼,欲罢不能。既竭吾才,如有所立卓尔[7],虽欲从之,末由[8]也已。"

译文

颜渊感叹道："〔老师的道德文章,〕越仰望越觉得伟大,越钻研越感到深奥,看着好似已在眼前,忽然又觉得远远落在后面。老师善于有步骤地诱导教育人,他用文献丰富我的知识,用礼节规范我的行为,使我想停止也办不到。我已经用尽了我的才能,好像有一个高大的目标在前面,尽管希望攀登上去,但找不到适当的途径。"

注释 1 喟(kuì)然：叹气貌。 2 弥：更加,越来越。 3 钻：钻研。 4 坚：坚固,坚硬。此处喻指学问的深奥。 5 瞻：往前看。 6 循循然：有步骤,按部就班。 7 卓尔：高高地直立。 8 由：途径,此处指办法。《庄子·田子方》："颜渊曰：'夫子步亦步,夫子趋亦趋,夫子驰亦驰,夫子奔逸绝尘,而回瞠若乎后矣。'"

原文

子疾病,子路使门人为臣[1]。病间[2],曰："久矣哉,由之行诈也! 无臣而为有臣。吾谁欺? 欺天乎? 且

译文

孔子病得很重,子路便让孔子的学生充当家臣。孔子病情有所好转,说道："仲由做这种欺诈的事情实在长久了! 我没有家臣而冒充有家臣。我

予与其死于臣之手也，无宁死于二三子之手乎！且予纵不得大葬[3]，予死于道路乎！"

欺骗谁呢？欺骗上天吗？我与其死在家臣的手中，宁可死在学生们的手中啊！况且我即使不能按照大夫的规格来隆重安葬，我难道会死在路上〔无人收殓〕吗！"

【注释】 1 臣：家臣。按规定，卿大夫家中才有家臣。孔子此时已不是大夫，故没有家臣。子路让孔子的学生充当家臣，是想在孔子死后按照大夫的规格举办葬礼。 2 间：间隙，这里指情况好转。 3 大葬：按大夫之礼举行隆重葬礼。

【原文】

子贡曰："有美玉于斯，韫椟[1]而藏诸？求善贾[2]而沽[3]诸？"子曰："沽之哉！沽之哉！我待贾者也！"

【译文】

子贡说："有一块美玉在这里，是放到匣子里收藏起来呢？还是寻求识货的商人把它卖出去？"孔子说："把它卖掉！把它卖掉，我就是在等待识货的人来收购哩。"

【注释】 1 韫椟(yùndú)：韫，藏。椟，匣子。成语有"买椟还珠"。 2 善贾(gǔ)：识货的商人。贾，停留在固定地点做生意的商人。 3 沽：出售，卖出。

【原文】

子欲居九夷[1]。或曰："陋[2]，如之何？"子曰："君子居之，何陋之有？"

【译文】

孔子想到边远的九夷之地居住。有人说："那地方太落后，怎么能安居呢？"孔子说："有君子居住在那里，怎么还会落后不开化呢？"

【注释】 1九夷:古代东方少数民族聚居地。《说文解字·羊部》:"唯东夷从大,大,人也。夷俗仁,仁者寿,有君子不死之国。" 2陋:简陋,这里是落后、未开化的意思。

【原文】

子曰:"吾自卫反鲁[1],然后乐正[2],《雅》《颂》[3]各得其所。"

【译文】

孔子说:"我从卫国返回鲁国,然后使乐曲得到整理和订正,属于《雅》和《颂》的乐曲各得到合理的分类。"

【注释】 1自卫反鲁:鲁哀公十一年(484),孔子从卫国返回鲁国,结束了长达十四年的周游列国的生活。反,通"返"。 2正:此处是整理、订正的意思。 3《雅》《颂》:为《诗经》中的两部分。按古制,不同类型的诗配有不同的乐曲,这里的《雅》《颂》应是指乐曲。《史记·孔子世家》:"古者《诗》三千余篇,及至孔子,去其重,取可施于礼义,上采契后稷,中述殷周之盛,至幽、厉之缺,始于衽席。故曰:'《关雎》之乱以为《风》始,《鹿鸣》为《小雅》始,《文王》为《大雅》始,《清庙》为《颂》始。'三百五篇,孔子皆弦歌之,以求合《韶》《武》《雅》《颂》之音,礼乐自此可得而述,以备王道,成六艺。"

【原文】

子曰:"出则事公卿,入则事父兄,丧事不敢不勉[1],不为酒困[2],何有于我哉?"

【译文】

孔子说:"出外就侍奉公卿,在家就侍奉父兄,操办丧事不敢不尽心竭力,不因饮酒过度而耽误事情,这些事我做到了哪一些呢?"

【注释】 1勉:尽力,竭力。 2困:意谓因酗酒而误事。

[原文]

子在川上曰："逝者如斯¹夫！不舍²昼夜。"

[译文]

孔子站在大河边上感叹道："消逝的时光就像这河水一样啊！日夜不停地奔流而去。"

[注释] 1 斯：这个，此指河中流水。《孟子·离娄下》："徐子曰：'仲尼亟称于水，曰："水哉，水哉！何取于水也？"'孟子曰：'原泉混混，不舍昼夜，盈科而后进，放乎四海，有本者如是，是之取尔。苟为无本，七八月之间雨集，沟浍皆盈，其涸也，可立而待也。故声闻过情，君子耻之。'" 2 舍：止息，停留。《荀子·宥坐》："孔子曰：'夫水，遍与诸生而无为也，似德；其流也埤下，裾拘必循其理，似义；其洸洸乎不淈尽，似道；若有决行之，其应佚若声响，其赴百仞之谷不惧，似勇；主量必平，似法；盈不求概，似正；淖约微达，似察；以出以入就鲜洁，似善化；其万折也必东，似志；是故君子见大水必观焉。'"

[原文]

子曰："吾未见好德如好色者也！"

[译文]

孔子说："我没有见过喜爱道德就像喜爱美色的人啊！"

[原文]

子曰："譬如为山，未成一篑¹，止，吾止也。譬如平地，虽覆²一篑，进，吾往也。"

[译文]

孔子说："好比堆土成山，只差一筐土便要成功之际，但停止下来，我仍堆不成山。好比用土平地，虽然只倒上一筐土，但坚持下去，我就能平整土地。"

[注释] 1 篑(kuì)：盛土的筐子。 2 覆：倒土。

【原文】

　　子曰:"语之而不惰[1]者,其回也与!"

【译文】

　　孔子说:"同他讲话而用心倾听始终不懈怠的,大概只有颜回一个人吧。"

【注释】　1惰:懈怠,松懈。

【原文】

　　子谓颜渊曰:"惜乎!吾见其进[1]也,未见其止[2]也。"

【译文】

　　孔子谈到颜渊时说:"真可惜啊〔,他短命死了〕! 我只看见他不断进步,从没有看见他止步不前。"

【注释】　1进:前进,进步。　2止:指止步不前。

【原文】

　　子曰:"苗而不秀[1]者有矣夫,秀而不实[2]者有矣夫。"

【译文】

　　孔子说:"庄稼长出了苗,但没有开花的是有的吧! 开了花,但没有结成果实的也是有的吧!"

【注释】　1秀:指植物吐穗开花。　2实:果实,种子,此处名词用作动词,意谓结成果实。《牟子·理惑论》:"颜渊有不幸短命之记,苗而不秀之喻。"弥衡《颜子碑》:"亚圣德,蹈高踪……秀不实,振芳风。"

【原文】

　　子曰:"后生[1]可畏,焉[2]知来者之不如今也? 四十、五十而无闻[3]焉,

【译文】

　　孔子说:"年轻人是值得敬畏的,怎么知道后来的人不如现在的人呢? 一个人到了四五十岁还是默默无闻的话,这

斯亦不足畏也已。" ‖ 也就没有什么可畏的了。"

[注释] 1 后生:年轻人,后来者。 2 焉:怎么,哪里。 3 无闻:默默无闻,泯然为极普通之人。《大戴礼记·曾子立事》:"三十、四十之间而无艺,即无艺矣;五十而不以善闻矣。"

[原文]

子曰:"法语之言[1],能无从乎?改之为贵。巽与之言[2],能无说乎?绎[3]之为贵。说而不绎,从而不改,吾末如之何也已矣。"

[译文]

孔子说:"对于合乎礼仪的规劝之言,能不听从吗?改正错误才可贵。对于顺从赞许的话,能不高兴吗?分析判断才可贵。盲目高兴而不加分析,表面听从而不加改正,我真是拿他没有办法了。"

[注释] 1 法语之言:指合乎礼仪原则的规劝之言。法,合乎礼法规范。2 巽(xùn)与之言:谦恭顺耳的言辞。巽,谦逊,恭敬。与,顺从,赞许。3 绎(yì):抽丝,引申为分析。

[原文]

子曰:"主忠信,毋友不如己者,过则勿惮改。"[1]

[译文]

孔子说:"做人以忠心诚实为主,不要和不如自己的人交朋友,有了过错则不要害怕改正。"

[注释] 1 这段话系重出,见《学而》篇。

【原文】

子曰:"三军可夺¹帅也,匹夫²不可夺志也。"

【译文】

孔子说:"一国军队,可以使它丧失主帅;一个男子汉,却不能使他被剥夺意志。"

【注释】 1 夺:剥夺,丧失。《礼记·缁衣》:"子曰:'言有物而行有格也,是以生则不可夺志,死则不可夺名。'" 2 匹夫:指普通男子。

【原文】

子曰:"衣敝缊袍¹,与衣狐貉²者立,而不耻者,其由也与!'不忮不求,何用不臧?'³"子路终身诵之。子曰:"是道也,何足以臧?"

【译文】

孔子说:"穿着破旧的丝棉袍,和穿着狐皮、貉皮袍子的人站在一起,而不以为是耻辱的,恐怕只有仲由能做到吧!'既不嫉妒,又不贪求,这怎么会不好呢?'"子路便翻来覆去地朗诵着这两句诗。孔子又说:"仅仅做到这一点,哪里就足够好了呢?"

【注释】 1 衣敝缊袍:衣,名词作动词,穿。敝,破旧。缊袍,丝棉做的袍子。 2 狐貉:用狐、貉之毛皮制作的袍子。 3 不忮(zhì)不求,何用不臧(zāng):忮,嫉妒。求,贪求。臧,美好。按,这二句诗出自《诗经·邶风·雄雉》篇。《淮南子·诠言训》:"利则为害始,福则为祸先。唯不求利者为无害,唯不求福者为无祸。侯而求霸者,必失其侯;霸而求王者,必丧其霸。故国以全为常,霸王其寄也;身以生为常,富贵其寄也;……不知道者,释其所已有,而求其所未得也。苦心愁虑以行曲,故福至则喜,祸至则怖。神劳于谋,智遽于事,祸福萌生,终身不悔。"

原文

子曰:"岁寒,然后知松柏之后凋¹也。"

译文

孔子说:"季节寒冷,才知道松树、柏树是最后凋谢落叶的。"

注释 1 凋:凋零,凋谢。《淮南子·俶真训》:"夫大寒至,霜雪降,然后知松柏之茂也。据难履危,利害陈于前,然后知圣人之不失道也。"

原文

子曰:"知者不惑,仁者不忧,勇者不惧。"

译文

孔子说:"智慧的人不会迷惑,仁德的人不会烦忧,勇敢的人不会畏惧。"

原文

子曰:"可与¹共学,未可与适²道;可与适道,未可与立³;可与立,未可与权⁴。"

译文

孔子说:"可以在一起学习的人,未必可以一起达到得道的境界;可以一起得道的人,未必可以一起成就事业;可以一起成就事业的人,未必可以一起通权达变。"

注释 1 与:相与,在一起。 2 适:往,去,此处是到达、学习、分享的意思。 3 立:安身立命,有所建树。 4 权:权变,通权达变,便宜从事。

原文

"唐棣之华,偏其反而。岂不尔思? 室是远而。"¹子曰:"未之思也,夫何远之有?"

译文

"唐棣树上的花儿,随风翩翩地飘摇。难道不想念你吗? 我的家住得太遥远了。"孔子评论道:"那是没有想念呀,〔如果真的想念,〕又有什么遥远呢?"

【注释】 1"唐棣之华"四句：这四句诗的出处已无从查考，当为先秦逸诗。唐棣，又作棠棣，树名。华，同"花"。偏，通"翩"，随风翩翩摆动。室，居住之处。

乡党第十

导读

　　本篇现按传统的意见,可划分为二十七节,在《论语》二十篇中比较特殊,该篇很少记录孔子的言论,主要记录孔子的行为举止,即孔子按照礼制的规定,在各种场合践行礼乐的做法,是孔子"立于礼"的形象写照,反映了孔子"克己复礼"的不懈努力。同时,本篇的有关内容对于我们研究先秦礼制亦不无裨益。

　　孔子说:"立于礼。"本篇可以看作是"立于礼"的范本。篇中所记皆孔子本人平时举止、容色、神态、气度之类,但这些揖让举止都是循"礼"而行,是"礼"的具体践行。《说文解字》有云:"礼者,履也。"孔子在本篇中的一举一动正合乎"礼"的这一基本要求,是其对"礼"的身体力行,也是最直接的现身说法。

　　守"礼"是为"仁"的基础,一个人若是不能恪守"礼节",那么就无法想象他能够真正"志于道,据于德,依于仁,游于艺"。然而,"礼"不是空泛的概念,而是有自己具体的细目,甚至到繁文缛节的地步。儒家普遍认为,孔子的"圣人之道"并不神秘莫测,高不可攀,乃是存在于人伦日用之间,而"中乎礼"的践履恰恰是体现人伦日用之"道"的重要途径。朱熹《四书章句集注》在本篇题注中引用宋儒杨时之言云:"圣人之所谓道者,不离乎日用之间也。"又引宋儒尹焞之言云:"圣人岂拘拘而为之者哉? 盖盛德之至,动容周旋,自中乎礼耳!"凡此等等,皆揭示了践履"礼仪"在为仁修德之道的过程中的地位与作用。总之,"礼"固然更多地反映为形式,但是,倘若摒弃了这些形式,那么,所谓的内圣也就无所附丽,为仁修德也就无从谈起。从这个意义上讲,《乡党》篇自有其重要性,我们切不可因其纷繁琐碎而轻忽之。

本篇有关孔子践履"礼仪"的内容很杂碎,甚至可以说烦琐细苛。但是,我们透过这些具体的现象,至少可以领会到三条基本精神,它们才是我们今天读本篇时所应该认真把握,充分借鉴的。

第一,行"礼"必须具备恭敬之心。要发乎内心去认同、皈依于"礼",用最恭敬的态度去践行、落实"礼节"所赋予的使命与要求。这方面,《乡党》篇有大量的记载,如:"虽疏食菜羹,必祭,必齐如也。""君命召,不俟驾行矣。""见齐衰者,虽狎,必变。见冕者与瞽者,虽亵,必以貌。凶服者式之。式负版者。有盛馔,必变色而作。迅雷风烈必变。"总之,以敬畏之心恪守大"礼",向上天表示敬畏,向君主表示敬畏,向大自然的赐予表示敬畏,向一切应该给予恭敬尊重的人与事表示敬畏。"战战兢兢,如临深渊,如履薄冰",怀着最大的敬意去践行"礼"之道,这样,"礼"的践履就有了基本的保证。"人在做,天在看",态度决定立场,没有敬畏的态度去对待"礼乐",则再多的形式也无济于事。这是《乡党》篇孔子践"礼"所作所为给我们提供的第一个启示。

第二,行"礼"必须注重具体细节。常言道"细节决定成败",只有注重细节,妥善处理好细节问题,才能确保大事不糊涂,"临大节而不可夺也","礼"是大纲,同时也是细节,只有在细微处下功夫,才能真正体验与把握"礼"的真实精神。孔子对此是有深切体认的,也在日常的一举一动中努力加以贯彻与落实。《乡党》篇在这方面有充分的反映。如在饮食上,"食不厌精,脍不厌细","君赐食,必正席先尝之。君赐腥,必熟而荐之。君赐生,必畜之。侍食于君,君祭,先饭"。在坐立起居上,做到"席不正,不坐","食不语,寝不言","齐,必有明衣,布。齐必变食,居必迁坐"。在朝会上,做到"执圭,鞠躬如也,如不胜。上如揖,下如授。勃如战色,足蹜蹜如有循"。凡此等等,不一而足。这些看上去似乎显得拘泥,显得烦琐,其实乃是"礼"的践履过程中不可或缺的环节。因为只有在细节问题上做到毫无瑕疵,尽善尽美,才能够在重大原则上做到立场坚定、旗帜鲜明。否则,平时不养成注重细节的良好习惯,则必然会关键时刻掉链子。这是《乡党》篇孔子践"礼"给我们提供的第二个启示。

第三,行"礼"必须强调区别对待。辩证法告诉我们,事物性质千差万别,不同质的矛盾,必须用不同质的方法加以解决。这在行礼上同样是必不可少的要求,《司马法》有云:"国容不入军,军容不入国。军容入国则民德废,国容入军则民德弱。"在不同的环境与条件下,"礼"的践履应针对不同的对象、不同的时机,而有区别性的对待,千万不宜拿同一个模式去套用,以致南辕北辙,事与愿违。这一点,在《乡党》篇中同样有很好的体现。如孔子在不同的场合中,其举止言谈会明显有别:"于乡党,恂恂如也,似不能言者。其在宗庙朝廷,便便言,唯谨尔。"针对不同的谈话对象,其态度容止一样大不相同:"朝,与下大夫言,侃侃如也;与上大夫言,訚訚如也。君在,踧踖如也,与与如也。"诸如此类,不胜枚举。应该说这是"礼"的践履上所体现的大智慧,唯有如此,区分对象以便用不同的礼仪应对,分隔事物各施其宜,在实际生活中行"礼"才具有最大的圆融性,才可以收到事半功倍的成效。这是《乡党》篇孔子践"礼"给我们提供的第三个启示。

应该指出的是,孔子行"礼"践"礼"固然注重细节、区分对象、强调敬诚,但是,其实深层次中依然饱含着厚重纯真的人文关怀:"厩焚,子退朝,曰:'伤人乎?'不问马。"这个细节,就充分体现了孔子这种极其可贵的人文关怀精神,就是因为孔子的"礼"学之中蕴含着这样的人文关怀精神,其"礼"学才是富有内在生命力的,才会得到人们的普遍认同与积极追随。

【原文】

孔子于乡党¹,恂恂²如也,似不能言者。其在宗庙朝廷,便便³言,唯谨尔。

【译文】

孔子在家乡,态度恭敬谦逊,好像很不善于谈吐。他在宗庙里、朝廷上,显得很健谈,只是谨慎而不放肆。

【注释】 1乡党:乡与党均为古代的居民组织,据《周礼》等文献记载,一万二千五百户为一乡,五百户为一党。此处引申为家乡。 2恂恂:谨慎恭顺之貌。《艺文类聚》卷二十三引张奂《诫兄子书》:"恂恂者,恭谦之貌也。" 3便便:同"辩辩",善于言谈。

【原文】

朝,与下大夫¹言,侃侃²如也;与上大夫言,訚訚³如也。君在,踧踖⁴如也,与与⁵如也。

【译文】

上朝的时候,同下大夫交谈,神态自若,从容不迫;同上大夫交谈,和颜悦色,恭敬有礼。国君在场时,他显得局促不安、小心谨慎。

【注释】 1下大夫:大夫中的一级,与上大夫(相当于卿位)相对。《礼记·王制》:"王者之制禄爵,公、侯、伯、子、男凡五等。诸侯之上大夫卿、下大夫、上士、中士、下士,凡五等。" 2侃侃:从容不迫,泰然自若。 3訚(yín)訚:和颜悦色之貌。 4踧踖(cùjí):恭敬顺从、局促不安的样子。 5与与:小心谨慎之貌。

【原文】

君召使摈¹,色勃如²也,足躩³如也。揖所与立,左右手,衣

【译文】

当鲁君召他接待宾客时,脸色马上变得矜持庄重,脚步也加快起来。向站立两旁的人左右不停地作揖拱手,衣襟裙摆向

前后,襜如⁴也。趋进,
翼如⁵也。宾退,必复
命曰:"宾不顾⁶矣。"

前或向后摆动着,小步快速地向前走,就
像鸟儿展翅前行一样。宾客辞别后,一定
向君主回报说:"客人们已经不回头了。"

注释 1 摈:同"傧",接待宾客的官员,此处用作动词,接引宾客。《穀
梁传·定公十年》:"颊谷之会,孔子相焉。" 2 色勃如:脸色变得庄重起
来。色,指脸色、神态。 3 躩(jué):快步走。 4 襜(chān)如:衣裙摆动
的样子。 5 翼如:如同鸟儿展翅般。 6 顾:回头看。

原文

入公门,鞠躬如¹也,
如不容。立不中门,行不
履阈²。过位³,色勃如也,
足躩如也,其言似不足
者。摄齐升堂⁴,鞠躬如
也,屏气⁵似不息者。出,
降一等⁶,逞颜色⁷,怡怡
如⁸也。没阶⁹,趋进¹⁰,
翼如也。复其位,踧踖如
也。

译文

孔子走进朝廷大门,恭敬谨慎,好像
没有容身之地。站,不站在门的中间;行
走,脚不踏踩到门槛。当经过国君的座位
时,脸色变得十分庄重,脚步也加快起来,
言语也好像中气不足。提起衣服下摆上
堂时,矜持谨慎,屏住呼吸,就像是不呼吸
似的。出来后,走下一级台阶,脸色便放
松,显出轻松自如的样子。走完台阶,快
步向前,就像鸟儿展翅似的。回到自己的
位置,仍是一副局促不安的样子。

注释 1 鞠躬如:此处是形容恭敬谨慎的样子。 2 阈(yù):门槛。
3 过位:指经过君主的座位。 4 摄齐升堂:提起衣摆走上堂去,此处表
示恭谨有礼。 5 屏气:憋住气,抑住呼吸。 6 降一等:指走下一级台
阶。 7 逞颜色:面色舒展,神态放松。 8 怡怡如:怡然自得之貌。
9 没阶:下完台阶。 10 进:原文无"进"字,据《论语集解义疏》增补。

【原文】

执圭[1]，鞠躬如也，如不胜[2]。上如揖，下如授。勃如战色[3]，足蹜[4]蹜如有循[5]。享礼[6]，有容色。私觌[7]，愉愉如[8]也。

【译文】

〔孔子出使邻国，举行聘问典礼时〕拿着玉走，恭敬谨慎，好像拿不动一样。向上举好像是在作揖，向下拿好像是在给人，神色庄重肃穆如同作战一般，脚步紧凑，就如沿着直线向前走。在举行享献礼时，露出和悦的神色。私下会面时，显得轻松愉快。

【注释】　1 圭：帝王、诸侯及卿大夫在举行朝会、祭祀等典礼时所拿的一种玉器，上圆或作剑头形，下方。　2 胜：能承受，能承担。《礼记·曲礼下》："凡执主器，执轻如不克。"　3 勃如战色：谓脸色肃穆庄重如同在作战一般。　4 蹜(sù)：指步幅紧凑。《礼记·曲礼下》："执主器，操币圭璧，则尚左手；行不举足，车轮曳踵。"　5 如有循：好像沿着直线向前走。 6 享礼：指使臣向对方进献所带礼物的仪式。享，供献。　7 觌(dí)：相见。　8 愉愉如：心情舒坦愉快的样子。

【原文】

君子不以绀緅饰[1]，红紫不以为亵服[2]，当暑，袗绤绤[3]，必表而出之。缁[4]衣，羔裘[5]；素[6]衣，麑[7]裘；黄衣，狐裘。亵裘长，短右袂[8]。必有寝衣[9]，长一身有半。狐貉之厚以

【译文】

君子不用深青透红和黑中透红颜色的布做镶边，不用红色和紫色的布做平时家居穿的便服。夏天时，穿细麻布或粗麻布制作的单衣，但一定是穿在外面〔，里面要加内衣〕。黑色单衣，配羔羊皮袍；白色单衣，配小鹿皮袍；黄色单衣，配狐狸皮袍。家常穿的皮袍比较长，但右边的袖子要做得短一些，一定要有睡觉用的小被子，其长度是身长的一倍半。用狐貉的厚毛皮做坐垫。丧期服满了以后，

居¹⁰。去丧无所不佩。
非帷裳¹¹，必杀之¹²。
羔裘玄冠不以吊。吉
月¹³，必朝服而朝。

什么东西都可以佩带。不是〔上朝或祭祀
时穿的〕衣服，一定要裁去多余的布料。
羔羊皮袍和黑色礼帽都不穿戴着去吊丧。
每月初一，必定穿着上朝的礼服去朝贺。

注释 1 绀緅(gànzōu)饰：绀，深青透红的颜色。緅，黑中透红的颜色。饰，
镶边，缘边。 2 亵服：便服，平常在家穿的衣服。 3 袗绤绤(zhěnchīxì)：袗，
单衣，此处用作动词。绤，细葛布。绤，粗葛布。 4 缁：黑颜色。 5 羔裘：
羔羊皮袍，呈黑色。 6 素：没有染色的丝绸布帛，此处指白色。 7 麑(ní)：
小鹿，其毛为白色。 8 短右袂(mèi)：右边袖子截短以便做事。袂，袖
子。 9 寝衣：睡觉盖的小被子，与衾(大被子)相对，一说指睡衣。
10 居：坐，此处指座垫。 11 帷裳：古代上朝和祭祀时穿用的衣物，用整
块布制作，多余的布折叠起来缝上，不裁掉。 12 杀之：裁掉多余的布。
杀，减去，省减。 13 吉月：每月初一日。

原文

齐¹，必有明衣²，
布。齐必变食³，居必
迁坐⁴。

译文

斋戒时一定有浴衣，它由麻布制作。
一定要改变平时的饮食，居住一定要迁移
卧室。

注释 1 齐：通"斋"，斋戒。 2 明衣：浴衣。 3 变食：改变平时的饮食，
指斋戒期间不饮酒，不食荤。 4 居必迁坐：指斋戒期间从内室迁到外室
居住，不与妻妾同房。《礼记·玉藻》："将适公所，宿齐(斋)戒，居外寝。"
又《大戴礼记·明堂》："此天子之路寝也，不齐(斋)，不居其屋。"

原文

食不厌¹精，脍²不

译文

粮食不嫌舂得精，鱼和肉不嫌切得

厌细。食馑而餲³,鱼馁⁴而肉败⁵,不食。色恶,不食。臭⁶恶,不食。失饪⁷,不食。不时⁸,不食。割不正,不食。不得其酱,不食。肉虽多,不使胜食气⁹。惟酒无量,不及乱¹⁰。沽酒市脯¹¹,不食。不撤姜食,不多食。

细。粮食腐败变质,鱼和肉腐烂发臭,不吃。食物颜色不新鲜,不吃。食物气味难闻,不吃。烹调不到火候,不吃。不到该进食的时候,不吃。肉切割得不方正,不吃。调味的酱不合适,不吃。肉虽然多,但吃的量不能超过主食的量。只有酒不限量,以不酗酒迷乱为度。从市场上买来的酒和熟肉,不吃。每次进餐不可缺了姜,但不多吃。

[注释] 1 厌:嫌,满足于。 2 脍:细切的肉、鱼。《礼记·少仪》:"牛与羊、鱼之腥,聂而切之为脍。" 3 馑(yì)而餲(ài):指食物放得长久而变味腐臭。 4 馁:鱼腐烂,不新鲜。《尔雅·释器》:"食馑谓之餲……肉谓之败,鱼谓之馁。" 5 败:肉变质变味。 6 臭(xiù):气味。 7 失饪:烹调不当。饪,烹调,烹饪。 8 时:应时,适时。 9 胜食气:超过饭量。胜,超过。气,"饩"的古字,粮食。 10 乱:指醉酒迷乱误事。 11 脯:干肉。

[原文]

祭于公,不宿肉¹。祭肉²不出三日。出三日,不食之矣。

[译文]

参加国家祭祀典礼,带回来的肉不放过夜。祭祀用过的肉存放不超过三天,超过三天,就不再吃它。

[注释] 1 不宿肉:不使肉过夜。 2 祭肉:指祭祀用过的肉。

[原文]

食不语,寝不言。

[译文]

吃饭的时候不交谈,睡觉的时候不说话。

[原文]

虽疏食菜羹[1],必[2]祭,必齐如[3]也。

[译文]

即使是糙米饭、蔬菜汤,也一定得先祭一下,而且一定要像斋戒那样毕恭毕敬。

[注释] 1 疏食菜羹:疏食,粗糙的米饭。菜羹,用菜做的汤。此指饮食简陋。 2 必:有传本作"瓜",亦通。 3 齐如:像斋戒时一样虔诚恭敬。

[原文]

席[1]不正,不坐。

[译文]

座席摆放的方向不正〔,不合礼制〕,不坐下。

[注释] 1 席:座席,席子。按,古代没有椅凳,都坐在铺于地上的席子。《新序·节士》:"县名为胜母,曾子不入;邑号朝歌,墨子回车。故孔子席不正不坐,割不正不食,不饮盗泉之水,积正也。"

[原文]

乡人饮酒[1],杖者[2]出,斯出矣。

[译文]

在举行乡饮酒礼之后,要等挂拐杖的老人出去了,自己才走出去。

[注释] 1 乡人饮酒:指先秦的乡饮酒礼。 2 杖者:挂拐杖的老人。《礼记·王制》:"五十杖于家,六十杖于乡,七十杖于国,八十杖于朝。"

[原文]

乡人傩[1],朝服而立于阼阶[2]。

[译文]

同乡民众举行迎神驱鬼的仪式上,〔孔子〕穿着朝服站立在东边的台阶上。

[注释] 1 傩(nuó):古代一种迎神驱疫鬼的风俗仪式。《周礼·春官·占

梦》:"季冬……遂令始难驱疫。"郑玄《注》:"故书难或为傩,其字当作傩。"
2 阼阶:东边的台阶,为各种仪式上主人所站立之处。

〖原文〗

问[1]人于他邦,
再拜[2]而送之。

〖译文〗

托人向其他国家的朋友问候时,对受托者拜上两次然后才送走。

〖注释〗 1 问:问候,问讯,慰问。 2 再拜:拜两次,表示礼节隆重。拜,一种表示恭敬的礼节。

〖原文〗

康子馈[1]药,拜而
受之,曰:"丘未达[2],
不敢尝。"

〖译文〗

季康子送来药品,孔子拜谢之后接受,说:"我对这药的药性不够了解,不敢试服。"

〖注释〗 1 馈:赠送。 2 达:通晓,熟知。

〖原文〗

厩[1]焚,子退朝,曰:
"伤人乎?"不问马。

〖译文〗

马棚失火,孔子退朝回来,问道:"伤到人了吗?"没有问马的情况。

〖注释〗 1 厩:马棚。

〖原文〗

君赐食,必正席
先尝之。君赐腥[1],

〖译文〗

国君赏赐食物,一定摆正座席先尝一尝。国君赏赐生肉,一定煮熟了先进供祖先。国必熟而荐²之。君赐生，必畜之。侍食于君，君祭，先饭³。

君赏赐活物，一定畜养起来。侍奉国君吃饭，当君主行饭前祭礼时，自己先尝一口饭。

注释 1腥：生肉。 2荐：进献。此处指对自己祖先上供、进奉。 3先饭：先尝一下。《仪礼·士相见礼》："君赐之食，则君祭先饭，遍尝膳饮而俟。君命之食，然后食。若有将食者，则俟君之食，然后食。"

原文

疾，君视之，东首，加朝服，拖绅¹。

译文

孔子生病了，国君前来探望他，孔子把头转向东方〔，以示迎接〕，将官服加盖在身上，并将官服上的绅带也照样摆好。

注释 1绅：古代士大夫束在腰间的大带子。

原文

君命召，不俟¹驾行矣。

译文

国君下令召见，不等待车马备好，便立刻步行前去。

注释 1俟(sì)：等候，等待。《荀子·大略》："诸侯召其臣，臣不俟驾，颠倒衣裳而走，礼也。"

原文

入太庙，每事问。¹

译文

孔子进入太庙，对每件事都要询问。

注释 1"入太庙"句：系重出，见《八佾》篇。

原文

朋友死,无所归[1],曰:"于我殡[2]。"

译文

朋友去世,无人料理其丧事,孔子就说:"由我来负责收殓安葬吧。"

注释 1 无所归:指无人负责收殓。归,归宿。 2 殡:停放灵柩。此指办理丧事。《白虎通义·三纲六记》:"朋友者,何谓也? 朋者,党也;友者,有也。《礼记》曰:'同门曰朋,同志曰友。'朋友之交……货则通而不计,共忧患而相救。生不属,死不托。"

原文

朋友之馈,虽车马,非祭肉,不拜。

译文

朋友赠送的礼品,即使贵重如车或马,只要不是祭肉,也不行拜礼。

原文

寝不尸[1],居不容[2]。

译文

睡觉不像死尸一样直挺挺的,在家闲居不像在礼仪场合那样一本正经。

注释 1 尸:像死尸一样直挺挺躺着。 2 容:容貌,仪态,此指正式场合上的严肃正经神态。容,一作"客"。

原文

见齐衰[1]者,虽狎[2],必变。见冕者与瞽者,虽亵[3],必以貌。凶服者式[4]之。式

译文

孔子见到服丧者,即使平时关系亲密,也一定会严肃端庄起来。见到当官的和盲人,即使彼此熟悉,也一定彬彬有礼。在乘车时遇到穿丧服的人,总是手扶车前横木身体前倾〔,以示同情〕。见到背着国家档案、图书的人,也一样手扶车前横木身体

负版⁵者。有盛馔⁶，必变色而作⁷。迅雷风烈必变。

前倾，表示敬意。遇上丰盛的宴席，一定改变神色站立起身〔，以示对主人的尊重〕。遇到打响雷、刮大风，一定改变神色〔，以示对上天的敬畏〕。

注释　1 齐衰：泛指身穿孝服者。　2 狎：亲近而随便。　3 亵：熟悉，贴近。　4 式：通"轼"，车辆前的横木，供扶手用，此处用作动词，指手扶横木，身体微向前倾，以示恭敬或同情。　5 版：刻有国家图籍的方形木板。　6 盛馔：丰盛的宴席。　7 作：站立起来，起身。

原文

升车，必正立，执绥¹。车中，不内顾，不疾言，不亲指²。

译文

上车时，一定端正站立，拉住扶手的带子。在车中，不回头朝里看，不快速地讲话，不用手指指点点。

注释　1 绥(suí)：车上控御驾马的绥绳。　2 亲指：用自己的手指指点点。

原文

色斯举矣，翔而后集。曰："山梁雌雉¹，时哉！时哉！²"子路共³之，三嗅⁴而作。

译文

〔孔子与弟子在山谷中行走，望见一群野鸡，〕他神色一动，野鸡便飞向天空，盘旋了一阵子，又都降落在一处。孔子说："山梁上的母野鸡呀，正得其时啊！正得其时啊！"子路对着它们拱拱手，野鸡又振振翅膀鸣叫着飞走了。

注释　1 雌雉：野母鸡。　2 时哉，时哉：正得其时啊，正得其时啊！意谓野母鸡时运好，能够自由飞翔，海阔天空。　3 共："拱"的本字，拱手。　4 嗅：当作"狊"，鸟张两翅之貌。一说，嗅当作"嘎"，鸟的长叫声。

先进第十一

　　本篇共二十六章,比较集中地记载了孔子对其主要弟子如颜渊、子路、冉有、闵子骞、子张、子夏等人德行才能的评价,画龙点睛式地指出了各人的优缺点和性格特征,从中可以看到孔子衡量人物以德为先、以礼为准的价值取向,以及他"因材施教",终成一代教育大师的风貌神采。

　　自本篇至《尧曰》篇等十篇文字,通常被学者称为《论语》的"下编"。和"上编"的十篇相比较,"下编"十篇中有关孔子的称谓体例不一,文字风格也有一定的变化,涉及的某些背景性史料则不无可疑之处。缘是之故,在辨伪之风炽烈、疑古之论风靡的情形之下,一些学者对"下编"的真实性、可靠性程度曾有所怀疑,如梁启超在其《中国历史研究法补编》中,就持这样的态度。我们认为,这样的看法多少失之偏颇,"下编"十篇的价值应该与"上编"等同视之,不可偏废。

　　本篇的重点,如同前面的《公冶长》《雍也》诸篇,依然是在品题人物,其品题的对象,主要是孔子门下那些具有代表性的弟子,例如颜渊、冉有、子路、闵子骞、子夏、子张诸人。从"从我于陈、蔡者,皆不及门也","有颜回者好学,不幸短命死矣"等言辞来看,这里的人物品题大多应该是孔子晚年的看法。经过时间的沉淀,这时孔子对其弟子优缺点的认识就相对更为清醒,据之而作的评价也相对更为公允与准确。

　　孔门弟子禀性各有差异,特长各有不同,成就各有分别,大抵可区分为四个大类,即所谓"孔门四科"。四科中各有其标志性人物,如"德行"

以颜渊、闵子骞、冉伯牛、仲弓为代表；"言语"以宰我、子贡为典型；"政事"以冉有、子路为首选；"文学"以子游、子夏为楷模。不过从"德行"居于"四科"之首的排序来看，"以德为先"，即道德品质优先是孔子衡量人物的主要标准。所谓"进于礼乐"，最核心的内涵就是品行的砥砺、道德的养成。这样我们就能理解为什么本篇中孔子论及的弟子中，与颜渊有关的内容会占最大的比重。在孔子看来，颜渊立志好学、锲而不舍，日以修身进德为务，这是孔门其他弟子无法企及的，也是真正的儒者之大业。也正是因为这个缘故，颜渊的夭亡会让孔子如此肝肠寸断、痛彻心扉，"颜渊死，子哭之恸"，顿足悲恸、泣不成声："噫！天丧予！天丧予。"在孔子心目中，颜渊是自己精神生命的延续与寄托，没有其他学生可以取代颜渊的地位。

但令人钦佩的是，孔子对学生爱之能识其不足，不以百善而掩盖其欠缺，即使是颜渊这样的第一门徒，在这方面也不曾有任何例外。在孔子眼里，颜渊固然十分优秀，几近完美，但是并不是毫无瑕疵，十全十美。他对颜渊的最大遗憾，是颜渊在老师面前百依百顺，一味迎合，个性不够鲜明，言行缺乏独立，"回也非助我者也，于吾言无所不说"，这种"无所不说"的弟子之道，在某种程度上会妨碍"教学相长"的效果，不利于弟子自身的成长。由此可见，孔子品题人物是坚持两分法的，既充分肯定其优点，也如实指出、批评其存在的不足。这种态度与做法无疑是正确的，它避免了人物评价上一味拔高或一笔抹杀式的偏颇，所得出的看法比较公允、合理。

孔子对学生的评价善于从日常细节中去认识品题对象的本质属性。南容"三复白圭"，孔子据此而判断南容内心善良，注重自身修养，这样的人自然可以信任与依赖，于是孔子就将其兄长的女儿下嫁给南容。闵子骞在鲁国长府修建问题上的一句评论，让孔子从中看到了闵子骞的识见不凡，于是孔子倍加激赏，称道不已："夫人不言，言必有中。"很显然，孔子对人物的评价往往是从大处着眼，从细节切入，能做到一针见血，恰到好处。这种人物评价上的能力,其实就是孔子"知人论世"睿智的体现。

孔子有关学生优劣高下的评议,还蕴含了孔子"因材施教"的基本精神。学生提同样的问题,孔子的回答可能会截然不同。如对子路,孔子敦促他遇事要三思而后行;对冉求,孔子则鼓励他遇事应当机立断,即刻行动。之所以同样的问题孔子给予不同的答复,原因就在于子路与冉求在个性上有极大的差异,子路性格鲁莽,所以要适时挫挫他的锋芒,让其在行动之前能经过深思熟虑,避免犯轻勇冒进的错误;相反,冉求遇事谨慎退缩,这时就需要积极鼓励他,帮助他克服畏葸踟躇、患得患失的缺点,敢于挺身而出,敢作敢当。从这个意义上讲,"中庸"适度的精神同样体现在孔子的人物品题上,在孔子的心目中,自己的学生在为人处世上,都应该把握好一个"度",做到平和恰宜,防止过分张扬或过分低调,"过犹不及"。

孔子有些时候对学生是相当严厉的,批评指责可谓是不假辞色。如他批评自己的弟子高柴愚笨,曾参迟钝反应太慢,颛孙师偏激独行,子路鲁莽不成熟;又如他厌恶冉求充当季氏搜刮敛财的急先锋,扬言并威胁断绝师生之谊,"(冉求)非吾徒也。小子鸣鼓而攻之可也";再如他指责子路巧嘴利舌、强词夺理,"是故恶夫佞者",等等,就是这方面的生动事例。但这其实反映了孔子非常在乎自己学生的表现,急于希望看到自己学生走正道,做正事的努力,所谓"爱之深而责之切"。孔子对冉求等人某些行为表示不满,更多的是"恨铁不成钢"心理的驱使。应该说,这是对学生真正负责的态度。如果不严格要求,对学生身上的局限与毛病睁一只眼闭一只眼,不讲是非,单纯地包含纵容,放任自流,那么,这就是放弃做老师应尽的责任,对学生的成长进步没有任何的好处,没有丝毫的帮助。从这个意义上来讲,孔子对学生的严格要求是真正践履为师之道的具体表现。

尤其难能可贵的是,孔子的理想追求无处不在,这在和学生一起"言志"时有同样的体现,并且成为他品题人物的一个重要环节。在本篇"子路、曾皙、冉有、公西华侍坐"章中,孔子认同并向往曾皙"言志"中所提及的境界:"莫春者,春服既成,冠者五六人,童子六七人,浴乎沂,风乎舞雩,咏而归。"在这里,孔子展现了其洒脱、自由的心态与风貌。他没有丝毫的矫揉造作,没有任何的矜持严肃,而只有彻底的精神超越与情感流露。这看上去似乎与孔子平常在学生面前的形象截然不同,似乎与孔子平常评论学生的做法迥然有别,但实际上这也是孔子评论弟子的另一种方式,只是它已经进入更高的层面,即生活中不是只有一种色调,在绝对的"礼乐"规范遵循之上,还有绝对的精神超越与心灵解放!

原文

子曰:"先进于礼乐[1],野人[2]也;后进于礼乐,君子[3]也。如用之,则吾从先进。"

译文

孔子说:"先学习礼乐然后再做官的人,是那些一般的民众;后学习礼乐却先行当官的人,是那些卿大夫的子弟。如果要我选用人才,那么我主张选用先学习礼乐的人。"

注释 1 先进于礼乐:意谓先学习礼乐然后再做官的人。 2 野人:指普通民众。 3 君子:此处指有地位的卿大夫子弟。按,此章历来解说纷纭,莫衷一是,至傅斯年先生之考证方才真正揭破谜底。该说认为野人者,殷商被征服之族也,其礼乐文明起源更早,要高于周人,是谓"先进";君子者,周族征服者也,其文化发展程度原本低于殷族,是谓"后进"。

原文

子曰:"从我于陈、蔡[1]者,皆不及门[2]也。"

译文

孔子说:"当年跟着我在陈、蔡等国吃苦受罪的人,现在都不在我的身边了。"

注释 1 陈、蔡:诸侯国名,在今河南一带。孔子周游列国时曾在这一带受包围,断粮七天,陷入困境。当时跟随他受困于陈、蔡之地的人后来或出仕为官,或英年早逝,这时候均已不在孔子身边了。 2不及门:不在跟前受教。

原文

德行:颜渊、闵子骞、冉伯牛、仲弓。言语[1]:宰我、子贡。政事[2]:冉有、季路。文学[3]:子游、子夏。

译文

德行操守优秀的有:颜渊、闵子骞、冉伯牛、仲弓。能说会道、擅长辞令的有:宰我、子贡。善于处理政务的有:冉有、季路。熟悉古代文献,知识渊博的有:子游、子夏。

注释 1言语:指口才出众,擅长辞令,善于演说或谈判。 2政事:聪明睿智,具备从政能力,精于为官之道。 3文学:谓熟悉文献、知识渊博,具有很优秀的文化素养。

原文

子曰:"回也非助我者也,于吾言无所不说[1]。"

译文

孔子说:"颜回呀,不是对我有所帮助的人,因为他对我讲的话从来都是唯唯诺诺地接受。"

注释 1说(yuè):"悦"的古字,喜欢,心悦诚服。

原文

子曰:"孝哉!闵子骞。人不间[1]于其父母昆弟[2]之言。"

译文

孔子说:"闵子骞这个人真是孝顺啊!人家对于他父母兄弟称赞他的话无可挑剔。"

注释 1 不间:离间。此处是挑剔、找毛病的意思。 2 昆弟:兄弟。

原文

南容三复白圭¹,孔子以其兄之子²妻之。

译文

南容反复诵念有关白圭的诗句,孔子便把自己哥哥的女儿嫁给了他。

注释 1 白圭:玉器,国君与大臣行礼时拿在手中。此处指《诗经·大雅·抑》中的诗句:"白圭之玷,尚可磨也;斯言之玷,不可为也。"意谓白圭的污点,还可以磨掉;言语中的错误,无法收回。 2 子:子女,此指女儿。

原文

季康子问:"弟子孰为好学?"孔子对曰:"有颜回者好学,不幸短命死矣,今也则亡¹。"

译文

季康子问孔子说:"你的学生中谁热爱学习?"孔子回答说:"有一个叫颜回的热爱学习,不幸的是他短命死了,现在就没有这样好学的人了。"

注释 1 亡:无,没有。按,此章与《雍也》中鲁哀公与孔子的问答内容相似。

原文

颜渊死,颜路¹请子之车以为之椁²。子曰:"才不才³,亦各言其子也。鲤⁴也死,有棺而无椁。吾不徒行⁵以为之椁,以吾从大夫之后⁶,

译文

颜渊死了,颜路请求孔子卖掉车子替颜渊置办外椁。孔子说:"有才华的和没有才华的,都是自己的儿子啊!我的儿子孔鲤死了,也只有内棺而没有外椁。我不能卖掉车子徒步行走来替他买外椁,因为我曾经做过大夫,是不可以徒步不可徒行也。" ‖ 行走的。"

[注释] 1 颜路：颜渊的父亲，名无繇(yóu)，字路，也是孔子的弟子。
2 椁(guǒ)：外棺，古代棺材有两层，里层为棺，外层为椁。 3 才不才：才，
有才华，此指颜渊。不才，没有才华，此指孔鲤。 4 鲤：孔鲤，字伯鱼，孔
子的儿子。 5 徒行：徒步行走。 6 从大夫之后：跟随大夫行列的后面。
意思是曾当过大夫，虽已去职，但仍当依大夫之礼行事。此处，后人会萌
生孔子过分拘礼，不通人情之感。但是，这恰好从一个侧面反映了孔子
恪守礼制，不让人情压倒礼制的坚定立场。

[原文]

颜渊死。子曰："噫！
天丧予[1]！天丧予！"

[译文]

颜渊死了。孔子悲叹道："哎呀！老
天要我的命啊！老天要我的命啊！"

[注释] 1 予：我。《春秋繁露·随本消息》："颜渊死，子曰：'天丧予！'
子路死，子曰：'天祝予！'西狩获麟，曰：'吾道穷，吾道穷！'三年身随而
卒。天命成败，圣人知之。有所不能救，命矣夫！"

[原文]

颜渊死，子哭之恸[1]。
从者曰："子恸矣。"曰：
"有恸乎？非夫人[2]之为
恸而谁为！"

[译文]

颜渊去世，孔子哭得十分悲伤。跟
去的人说："您哭得太伤心了！"孔子说：
"我哭得太伤心了吗？我不为这样的人
悲痛还为谁悲痛呢！"

[注释] 1 恸：极度悲哀，痛不欲生。马融注："恸，哀过也。"《论衡·问孔》：
"夫恸，哀之至也。哭颜渊恸者，殊之众徒，哀痛之甚也。" 2 夫人：此人，
指颜渊。

原文

颜渊死,门人¹欲厚葬之。子曰:"不可。"门人厚葬之。子曰:"回也视予犹父也,予不得视犹子也。非我也,夫²二三子也。"

译文

颜渊去世,孔子的学生们想隆重地安葬他。孔子表示:"这不可以。"但学生们还是很隆重地安葬了颜渊。孔子说:"颜回呀,他看待我就像父亲一样,可我却做不到像看待儿子一样看待他。这不是我的过错,是那些弟子这样干的。"

注释 1 门人:孔子的弟子,也即颜渊的同学。 2 夫:那。

原文

季路问事鬼神。子曰:"未能事人,焉能事鬼?"曰:"敢¹问死。"曰:"未知生,焉知死?"

译文

子路询问服事鬼神的方法。孔子说:"没能好好侍奉活人,怎么能去侍奉鬼神?"子路又说:"我大胆地请问,死是怎么回事?"孔子说:"还没能知道生,怎么能知道死?"

注释 1 敢:副词,表示恭敬,斗胆、胆敢之意。《盐铁论·论邹》:"近者不达,焉能知瀛海? 故无补于用者,君子不为;无益于治者,君子不由。"

原文

闵子侍侧,訚訚¹如也;子路,行行²如也;冉有、子贡,侃侃³如也。子乐。"若由也,不得其死然。"

译文

闵子骞侍立在孔子的一旁,样子温和而恭顺,子路的样子刚强而正直,冉有、子贡则是从容不迫、言谈自如的样子。孔子很高兴。不过他又说:"若像仲由这样,恐怕是难以善终呀。"

[注释] 1 訚訚(yín)：恭敬和顺貌。 2 行行(hàng)：刚强正直的样子。
3 侃侃：谈吐自如、从容不迫的样子。

[原文]

鲁人¹为长府²。闵子骞曰："仍旧贯³，如之何？何必改作？"子曰："夫人不言，言必有中⁴。"

[译文]

鲁国执政者改建叫长府的国库。闵子骞指出："照老样子下去，又会怎么样？何必要改建呢？"孔子说："这个人一般不说话，但一说话总是能击中要害。"

[注释] 1 鲁人：此处指鲁国的执政大臣。 2 为长府：为，做，治理，此处指翻修改建。长府，鲁国的国库。 3 仍旧贯：仍，因袭，沿袭。贯，通"惯"，习惯，此处指老样子。意谓不必唱什么"创新"之类的高调，搞得朝令夕改，出尔反尔，使下面的人无所适从。 4 中：击中目标，这里指讲话切中肯綮，抓住要害。

[原文]

子曰："由之瑟¹，奚为²于丘之门？"门人不敬子路。子曰："由也升堂矣，未入于室也。"³

[译文]

孔子说："仲由弹瑟，为什么弹奏到我门口来了呢？"孔子的其他学生对子路的态度就不怎么恭敬了。孔子见状便说："仲由呀，已经上了正堂了〔，学问已经不错了〕，只是还没有进入内室〔，不够精深罢了〕。"

[注释] 1 瑟(sè)：一种与琴相似的弦乐器，有二十五根弦。 2 为：做，这里是弹奏的意思。 3 升堂、入室：这里是比喻，喻指子路学问已经不错(升堂)，但还不够精深(入室)。

【原文】

子贡问:"师与商[1]也孰贤?"子曰:"师也过,商也不及。"曰:"然则师愈[2]与?"子曰:"过犹不及。"

【译文】

子贡问道:"颛孙师和卜商哪一位好一些?"孔子回答:"颛孙师做事多有过头,卜商做事常不到位。"子贡说:"那么,颛孙师是不是要强些?"孔子说:"做过头与做不到位是一样的。"

【注释】 1 师与商:师,颛孙师,字子张。商,卜商,字子夏。两人均为孔子的得意弟子。 2 愈:胜过,超过,比较优秀。

【原文】

季氏富于周公[1],而求也为之聚敛[2]而附益[3]之。子曰:"非吾徒也。小子[4]鸣鼓[5]而攻之可也!"

【译文】

季氏比周公还富有,可是冉求还帮助他搜刮,增加他的财富。孔子说:"冉求已不是我的学生了,你们可以鸣锣击鼓去攻打他!"

【注释】 1 周公:此处指周天子的卿士,周公旦的子孙。一说,指周公旦之子,鲁国开国君主伯禽。 2 聚敛:指搜刮钱财。《论衡·答佞》:"损上益下,忠臣之说也;损下益上,佞人之义也。" 3 附益:增加,增多。 4 小子:指门人弟子。 5 鸣鼓:击鸣钟鼓,以示声讨。

【原文】

柴[1]也愚,参也鲁[2],师也辟[3],由也喭[4]。

【译文】

高柴愚笨,曾参迟钝,颛孙师偏激,仲由鲁莽。

【注释】 1 柴:即高柴,字子羔,孔子的弟子,少孔子三十岁。 2 鲁:反应慢,迟钝。 3 辟:偏,偏激。 4 喭(yàn):鲁莽、莽撞的意思。

【原文】

子曰:"回也其庶[1]乎,屡空[2]。赐不受命,而货殖[3]焉,亿[4]则屡中。"

【译文】

孔子说:"颜回的道德修养当是差不多了吧,可是他却常常贫困受穷。端木赐不听天由命,而去经营生意,猜测市场行情,居然常常猜中。"

【注释】 1庶:差不多。 2空:空空如也,喻指困穷。 3货殖:经商,聚积财货,经营买卖。 4亿:通"臆",主观揣测。《汉书·货殖传》:"子贡既学于仲尼,退而仕卫,发贮鬻财曹、鲁之间,七十子之徒,赐最为饶。而颜渊箪食瓢饮,在于陋巷。子贡结驷连骑,束帛之币,聘享诸侯。所至,国君无不分庭与之抗礼。然孔子贤颜回而讥子贡。"

【原文】

子张问善人之道。子曰:"不践迹[1],亦不入于室。"

【译文】

子张问孔子成为善人的要领。孔子说:"不踩着前人的脚印走,就不能进入内室〔,道德学问就不能修炼到家〕。"

【注释】 1践迹:踩着别人的足迹走。

【原文】

子曰:"论笃是与[1],君子者乎? 色庄者乎?"

【译文】

孔子说:"赞许说话诚实的人,但要看他是真正的君子呢? 还是仅仅外表庄重的人呢?"

【注释】 1论笃是与:这是"与论笃"的倒装形式。论笃,指言论笃实之人。与,赞许。

【原文】

子路问:"闻斯行诸[1]?"子曰:"有父兄在,如之何其闻斯行之?"冉有问:"闻斯行诸?"子曰:"闻斯行之。"公西华曰:"由也问:'闻斯行诸?'子曰:'有父兄在。'求也问:'闻斯行诸?'子曰:'闻斯行之。'赤也惑,敢问。"子曰:"求也退[2],故进[3]之;由也兼人[4],故退之。"

【译文】

子路问:"听到应做的事就马上去实行它吗?"孔子回答:"有父兄在,怎么能听到了就马上去做?"冉有问道:"听到应做的事就马上去实行它吗?"孔子回答:"听到了就马上去做。"公西华说:"仲由发问:'听到该做的就马上去做吗?'您回答:'有父兄在,〔怎么可以这样呢?〕'冉求问:'听到该做的就马上去做吗?'您回答:'听到了就马上去做。'我听了后感到困惑,想大胆地请教一下其中的缘故。"孔子说:"冉求遇事谨慎退缩,所以鼓励他前进;仲由鲁莽喜欢胜过别人,所以要挫挫他的锋芒。"

【注释】 1闻斯行诸:意谓听到了应当做的事马上就去实行。斯,指应做的事。行,实行。 2退:指性格保守,遇事畏缩不前。 3进:使……前进,即鼓励、鞭策。 4兼人:胜人。谓子路好胜心强,喜欢胜过他人。

【原文】

子畏于匡,颜渊后[1]。子曰:"吾以女为死矣。"曰:"子在,回何敢死?"

【译文】

孔子在匡地遭到囚禁〔,师生走散〕,颜渊最后一个赶上队伍。孔子说:"我还以为你遭难死了呢。"颜渊答话:"老师在,我怎么敢死呢?"

【注释】 1后:指落后、落单、最后一个逃出来。

【原文】

季子然¹问："仲由、冉求可谓大臣与？"子曰："吾以子为异²之问，曾³由与求之问。所谓大臣者，以道事君，不可则止。今由与求也，可谓具臣⁴矣。"曰："然则从之⁵者与？"子曰："弑父与君，亦不从也。"

【译文】

季子然问道："仲由、冉求可以算是大臣吗？"孔子说："我以为您是在问别的人，原来竟是在问仲由和冉求呀。所谓的大臣，是按仁德的理想和原则侍奉君主，如果这样行不通，就辞职不干。现在的仲由和冉求这两个人，可以说是凑凑数的臣僚吧。"季子然又问："那么，他们会一切顺从上级吗？"孔子答道："像杀父亲和君主这类事情，他们是不会顺从的。"

【注释】 1季子然：当为季孙氏的同族人。 2异：指他人、别人。 3曾：竟然，居然。 4具臣：有能力而无坚定信仰的一般大臣。 5之：此处代指季孙氏。

【原文】

子路使子羔为费宰。子曰："贼¹夫人之子。"子路曰："有民人焉，有社稷²焉，何必读书，然后为学？"子曰："是故恶夫佞³者。"

【译文】

子路让子羔去做费地的行政长官。孔子知道此事后表态说："这是坑害了别人的儿子。"子路说："那儿有老百姓，有权力机构，为什么一定要读书，才算是学习呢？"孔子说："所以我最讨厌那些卖弄口舌、善于狡辩的家伙。"

【注释】 1贼：害，坑害。 2社稷：土地神（社）与谷神（稷），后喻指国家政权机器。 3佞：能说会道，巧嘴利舌。

原文

子路、曾皙[1]、冉有、公西华侍坐。

子曰："以吾一日长乎尔，毋吾以也[2]。居则曰：'不吾知也！'如或[3]知尔，则何以哉？"

子路率尔[4]而对曰："千乘之国，摄[5]乎大国之间，加之以师旅，因之以饥馑，由也为之，比及[6]三年，可使有勇，且知方[7]也。"

夫子哂[8]之。"求，尔何如？"

对曰："方六七十，如五六十，求也为之。[9]比及三年，可使足民。如[10]其礼乐，以俟君子。"

"赤，尔何如？"

对曰："非曰能之，愿学焉。宗庙之事[11]，如会同[12]，端章甫[13]，

译文

子路、曾皙、冉有、公西华等四人陪孔子坐着。

孔子说："不要因为我的年纪比你们来得大，由此而不敢回答我的话。你们平日闲居时常常说：'人家不了解我呀！'如果有人了解你〔并加以任用〕，那你们准备怎么办呢？"

子路不假思索，轻率地回答说："拥有一千辆兵车的中等国家，被夹在大国的中间，外面有别国军队侵犯它，国内又不断闹饥荒，如让我去治理的话，等到三年之后，便能使人人变得勇敢，而且懂得礼义道理。"

孔子不置可否地笑了一笑。转问道："冉求，你会怎么样？"

冉求回答说："方圆六七十里地或五六十里地的诸侯国，由我去治理，等到三年之后，可以使民众富足，至于修明礼乐，那只有等待贤人君子了。"

孔子又问："公西赤，你会怎么样？"

公西赤答道："不是说我有能力做到，只是愿意这样学习：在宗庙祭礼大典上，或者在诸侯会盟时，我愿意穿着礼服，戴着礼帽，做一个小小的司仪。"

孔子又问："曾点，你怎么样？"

愿为小相 [14] 焉。"

"点，尔何如？"

鼓瑟希 [15]，铿尔 [16]，舍瑟而作，对曰："异乎三子者之撰 [17]。"

子曰："何伤乎？亦各言其志也。"

曰："莫春 [18] 者，春服既成，冠者 [19] 五六人，童子 [20] 六七人，浴乎沂 [21]，风乎舞雩 [22]，咏而归。"

夫子喟然叹曰："吾与点也！"

三子者出，曾皙后。曾皙曰："夫三子者之言何如？"

子曰："亦各言其志也已矣。"

曰："夫子何哂由也？"

曰："为国以礼，其言不让 [23]，是故哂之。"

"唯求则非邦也与？"

"安见方六七十如五六十而非邦也者？"

"唯赤则非邦也与？"

曾皙弹瑟正到尾声，这时铿的一声结束乐曲，然后放下琴瑟站起来回答道："我的志向和他们三位所说的不同。"

孔子说："这有什么关系呢？也不过是各自谈谈自己的志向而已。"

曾皙便说："暮春三月时节，穿着轻便舒适的春季衣服，我和五六个成年人及六七个少年，一起到沂水里沐浴洗澡，再到舞雩台上去吹吹凉风，然后唱着歌走回来。"

孔子长叹一声说："我啊，赞同曾皙的做法！"

子路等三人先行告退，曾皙留在最后。曾皙说："那三位讲的话怎么样？"

孔子说："也不过是各人谈谈自己的志向罢了。"

曾皙问："您为什么对仲由发笑呢？"

孔子回答："治理国家要讲求礼让，可是仲由说话一点不谦让，所以我笑他。"

曾皙又问："那冉求所讲的就不是国家吗？"

孔子答道："怎么见得方圆六七十里地或方圆五六十里地的大小就不够是一个国家？"

曾皙再问："难道公西赤所讲的不是国家吗？"

"宗庙会同,非诸侯而何? 赤也为之小,孰能为之大?"

孔子道:"有宗庙祭祀,有列国盟会,这不是国家又是什么? 如果公西赤只能做小司仪,那又有谁能当大司仪呢?"

[注释] 1 曾皙:名点,字子皙,曾参的父亲,孔子弟子。 2 毋吾以也:此语解说历来有分歧,笔者认为可理解为:不要以我的意见为准则。 3 或:有人。 4 率尔:轻率、不加思考脱口而出。 5 摄:迫近。 6 比及:等到。 7 知方:遵守道义,遵规守矩。方,方向,即道义的方向。 8 哂(shěn):带有不以为然意味的微微一笑。 9 方六七十,如五六十:方圆六七十里或者五六十里的小诸侯国。方,方圆。如,或者。 10 如:至于,若是。 11 宗庙之事:指诸侯在宗庙中祭祀祖先的隆重礼典仪式。 12 如会同:如,或者。会,诸侯会盟。同,诸侯共同觐见天子。会同,这里指两国国君相见。 13 端章甫:端,古代礼服名。章甫,古代礼帽名。此处两者均名词用作动词,意谓穿着礼服,戴着礼帽。 14 相:傧相,在礼典仪式上主持赞礼和司仪的人。 15 希:用同"稀",意谓声音接近尾声。 16 铿(kēng)尔:铿的一声,指结束乐曲时最后一声。 17 撰:具备,具有,指以上三人所表述的才能志向。 18 莫春:暮春,指三月。莫,"暮"的本字。 19 冠者:成年人。古时男子到二十岁,须行冠礼,以作成年的标志。 20 童子:年龄小于二十岁的少年。 21 沂:水名,发源于山东南部,流经江苏北部入海。此处的"沂"为沂水支流,在今山东曲阜南。 22 舞雩:鲁国祭天求雨的地方,在今山东曲阜东面。 23 让:谦让,礼让。

颜渊第十二

《颜渊》篇共计二十四章,主旨是孔子通过与弟子以及鲁国统治者的答问,扼要揭示"仁"的本质属性及其意义,系统阐说以仁为本的为政理念,比较集中地反映了孔子崇尚"仁"德的基本立场和提倡"德政"的政治主张。

在孔子看来,尚"仁"是推行"德政"的基本前提。宅心仁厚,才会知所进退,懂得收敛;谦和包容,才会为政得体,民胞物与。否则,欲望就会无限膨胀,"二,吾犹不足,如之何其彻也";管治就会事与愿违,"子为政,焉用杀"。唯有从根本上基于"仁"的立场,方可切中肯綮,得其要领。缘此可见,"德政"能否确立,能否推行,关键在于是否"依于仁",这乃是标本兼治之道。本篇孔子的种种说法,实有其深意存焉。

孔子是伟大的教育家,深谙"因材施教"的道理。同样是回答学生有关"仁"的问题,他能根据学生的天赋、资质、品行的差异,而予以不同的提示,其阐说的重点均有各自的侧重。对第一高足颜渊,他激励其"克己复礼";对仲弓,他勉励其"己所不欲,勿施于人";对司马牛,他告知其要做到言语谨慎,"其言也讱",同时能内心反省检查,凡事无愧于心,从而"不忧不惧";对樊迟,他点拨其"仁"在"爱人","仁"在得众。这中间的道理其实也简单。樊迟鲁钝"未达",孔子就告知其"仁"的起码要求,即应该懂得关心爱护他人;司马牛容易产生感伤情绪,性格不怎么豁达开朗,他曾自怨自艾不像他人那样拥有众多兄弟,"人皆有兄弟,我独亡"。

故孔子有针对性地告诫司马牛要能做到"不忧不惧";仲弓或许有较强的使命感,有时就不免有好为人师之患,孔子就提醒他要稳重恭敬,注意不要将自己的意志强加于他人。颜渊最能领悟孔子的思想精髓,孔子就对他寄予重振礼乐的殷切期望,希望颜渊真正做到"克己复礼",为他人之表率,从而造就"天下归仁"的崭新局面,实现儒家的崇高政治理想。

在孔子那里,"仁"不是一个空泛、抽象的概念,而是有其切切实实的内容与具体可行的形式,是内容与形式的有机统一,正如子贡所指出的那样,乃是"文犹质也,质犹文也"。具体而言,"仁"必须借助于"礼"这个形式才能有所成立。为此,"仁"反映为个人人格的修养,是必须始终不渝按照"礼"的要求去修身养性,做到"知书达礼",即所谓"非礼勿视,非礼勿听,非礼勿言,非礼勿动"。体现为国家政治秩序的建构,是君臣父子各安其位,各尽其职,不能混淆特定的角色,不可逾越合理的界限,即所谓"君君、臣臣、父父、子子"。有了"礼"这个标准的规范与约束,"仁"就有所依托,有所落实,用子夏的话说,就是"君子敬而无失,与人恭而有礼"。

孔子的理想是"吾从周",即致力于恢复与重建西周的"礼乐"文明。基于这样的追求,孔子崇"礼"修"仁",其根本宗旨是为了将"仁"的精神落实到政治实践的层面。正是由于这个原因,本篇在阐说"仁"的主旨之同时,还用相当大的篇幅来讨论"为政"的基本要领与具体方法。这些原则与方法概括而言,大致有以下几个方面:

第一,"为政"首先要有正确的态度。即要以虔诚的态度,专注的精力,全身心投入治国安邦的事业,孜孜不倦,不敢有丝毫的懈怠,"居之不倦,行之以忠"。在孔子看来,理政治人,态度是否恭敬严肃,精力是否专注投入,关系到社稷的兴衰存亡,民众的生死忧乐,责任之所在,使命之所赋,是绝对不可有得过且过的苟安心理的。必须做到勤于任事,勇于任事,忠诚尽心,恪守职责。这一点,显然是正确的。做任何事,若要有所成功,达到自己预期的目标,首先取决于态度的端正,取决于真正将"诚""敬"两字贯彻落实到自己的行为之中。"为政治人",同样没有例外,毛泽东曾经说过:"世界上怕就怕'认真'二字。"这的确是不少人的通病。一旦克服了这种人性上的弱点,那么,人们就能够牢牢把握自己的命运,立于不败之地,在事业上有所建树。孔子这里提出"为政"的态度,其实就是指出了"为政"的出发点,所谓"格调决定高度,态度决定境界!"

第二,"为政"要有重点的选择与把握。"为政"治人,头绪繁多,事涉系统,切不可平均使用力量,不分主次轻重,不分轻重缓急,眉毛胡子一把抓,西瓜芝麻随地捡。这样做,表面上看起来是方方皆足、面面俱到,实际上却没有中心、没有重点,结果是顾此失彼、捉襟见肘。因为道理很浅显,面面俱到往往会面面俱不到,什么都是重点就意味着没有重点。孔子毕竟是伟大的思想家,他的睿智,他的高明,表现为他在"为政"治人的问题上,提倡抓大放小,纲举目张。这从本篇他回答子贡"为政"之道的提问时,指出"为政"三纲领中可窥一斑:"足食,足兵,民信之矣。"这里,"足食",是繁荣和发展经济,是"富国富民";"足兵",是建设强大国防,是走"强兵之路";而"民信",是确立诚信政治,争取到民众对国家的认同与拥护,赢得民心的归附,实现政治生活的高度和谐。按照孔子的观点,"为政"做到了富国强兵、民心所向,国家就有前途,就有希望。当然,重点之中还有重点,在三大纲目之中,"民信"尤为关键,不可须臾忽略,在迫不得已需要有所选择取舍的情况下,"富国""强兵"可以暂时缓行,即所谓"去兵""去食",但要牢牢守住"民信"的底线,"自古皆有死,民无信不立!"

第三,"为政"成功与否,取决于统治者能否率先垂范,以身作则。统治者是"为政"的主体,在"为政"方向的选择、原则的确立、政策的制定、行动的实施过程中居于中心与主导地位,决定着"为政"的成败得失。所谓"子欲善,而民善矣。君子之德风,小人之德草,草上之风,必偃",因此,孔子认为,在"为政"问题上,统治者发挥带头作用乃是义不容辞、责无旁贷。这种带头作用具体而言，就是统治者自己要以身作则，率先垂范，成为民众效仿的榜样与楷模："政者，正也。子帅以正，孰敢不正？"与之相应，统治者要克制自己的欲望，收敛低调，节制剥削，让利于民，给民众以最基本的生存条件，"苟子之不欲，虽赏之不窃"，也即要懂得大河有水小河满的道理，明白"藏富于民"与国运强盛之间的内在关系，杜绝做横征暴敛，"杀鸡取卵"的蠢事，不要为眼前的利益所诱惑，而损害自己长远而根本的利益："百姓足，君孰与不足？百姓不足，君孰与足？"同时，统治者在人才选拔与任用上，则要"亲贤人，远小人"，将正直的人提拔任用起来，"举直错诸枉"，营造良好的社会氛围，树立正确的治理导向，"使枉者直"，从而为"为政"治人提供必要的保证。

[原文]

颜渊问仁。子曰："克己复礼[1]，为仁。一日克己复礼，天下归仁[2]焉。为仁由己，而由人乎哉？"颜渊曰："请问其目[3]？"子曰："非礼勿视，非礼勿听，非礼勿言，非礼勿动。"颜渊曰："回虽不敏，请事[4]斯语矣。"

[译文]

颜渊问什么是仁。孔子道："克制自己，使言行都合于礼，这就是仁。一旦做到了克制自己，使言行都合乎礼，那么天下之人就会称许你是仁人了。实行仁德，要靠自己，难道能依赖别人吗？"颜渊又说："我想请问一下为仁的具体细节？"孔子说："不合礼的东西不看，不合礼的言论不听，不合礼的话语不说，不合礼的事情不做。"颜渊讲："我虽然不够聪敏，但请允许我照着您的话去做。"

[注释] 1 复礼：使言行合乎于礼。复，相合，重复，这里是符合、一致的意思。《春秋繁露·天道施》："夫礼，体情而防乱者也。民之情不能制其欲，使之度礼。目视正色，耳听正声，口食正味，身行正道，非夺之情也，所以

安其情也。" 2归仁：赞许、认可这就是仁。归，归附，此指赞许。 3目：
鱼网上的眼，与"纲"相对，引申为具体内容。 4事：从事，照着去干。

[原文]

仲弓问仁。子曰：
"出门如见大宾[1]，使民
如承大祭[2]。己所不欲，
勿施于人。在邦无怨，
在家无怨。"仲弓曰：
"雍[3]虽不敏，请事斯
语矣。"

[译文]

仲弓询问什么是仁。孔子回答："出
门办事如同去接待贵宾一样郑重，役使民
众就像承办重大祭典一样严肃。自己不喜
欢的，不要强加给别人。在朝为官没有怨
恨不平，在家闲着也没有怨恨不平。"仲弓
说："我冉雍虽然不够聪明，但请允许我按
照您的话去做。"

[注释] 1大宾：贵宾，尊贵的客人。 2使民如承大祭：役使民众有如
承办重大祭礼一样严肃郑重。承，承受，承办。《左传·僖公三十三年》：
"白季使，过冀，见冀缺耨，其妻馌之，敬，相待如宾。与之归，言诸文公曰：
'敬，德之聚也，能敬必有德，德以治民，君请用之。臣闻之，出门如宾，承
事如祭，仁之则也。'" 3雍：仲弓名冉雍。

[原文]

司马牛[1]问仁。子
曰："仁者，其言也讱[2]。"
曰："其言也讱，斯谓之
仁已乎？"子曰："为之
难，言之得无讱乎？"

[译文]

司马牛问什么是仁。孔子回答："所
谓的仁，就是指说话缓慢而又谨慎。"司
马牛又问："说话缓慢谨慎，这样就可算是
仁了吗？"孔子说："做起来很艰难，说起
来能不迟钝谨慎吗？"

[注释] 1司马牛：孔子的弟子，姓司马，名耕，字子牛。 2讱(rèn)：说

话语速缓慢,态度谨慎。《中庸》:"庸德之行,庸言之谨。有所不足,不敢不勉;有余不敢尽。言顾行,行顾言,君子胡不慥慥尔。"

原文

司马牛问君子。子曰:"君子不忧不惧。"曰:"不忧不惧,斯谓之君子已乎?"子曰:"内省不疚[1],夫何忧何惧?"

译文

司马牛问怎样才算是君子。孔子说:"所谓君子,指的是既不担忧什么,又不惧怕什么的人。"司马牛问道:"做到不担忧不惧怕,这样就可以算是君子了吗?"孔子说:"扪心自问而没有感到痛苦惭愧,那还有什么可忧虑或惧怕的呢?"

注释 1内省不疚:意谓内心反省检查,凡事无愧于心。疚,内心痛苦不安,即有愧于心。《中庸》:"故君子内省不疚,无恶于志,君子所不可及者,其唯人之所不见乎。"

原文

司马牛忧曰:"人皆有兄弟,我独亡。"子夏曰:"商[1]闻之矣:'死生有命,富贵在天。'君子敬而无失[2],与人恭而有礼,四海之内皆兄弟也。君子何患乎无兄弟也?"

译文

司马牛忧心忡忡地说:"人家都有兄弟,单单我没有。"子夏劝慰他说:"我听说过这样的话:'死生听从于命运,富贵由老天安排。'作为君子,凡事恭敬认真而不犯过错,待人接物谦恭有礼貌。普天之下,人人都可以成为兄弟啊!君子何必要担忧没有兄弟呢?"

注释 1商:卜商,即子夏。 2失:过失、差错的意思。

原文

子张问明[1]。子曰:"浸润之谮[2],肤受之愬[3],不行焉,可谓明也已矣。浸润之谮,肤受之愬,不行焉,可谓远也已矣。"

译文

子张请教如何才能做到明智。孔子说:"点滴而来、暗中流行的谗言,切肤之痛、直截了当的诬告,在你这里都行不通,这就可以称得上是明智了。点滴而来、暗中流行的谗言,切肤之痛、直截了当的诬告,在你这里都行不通,这就可以称得上是有远见了。"

注释 1 明:明智,明白事理,英明。 2 浸润之谮(zèn):像水一样一点一滴渗透进来的谗言。谮,暗中说坏话诬陷别人。 3 肤受之愬(sù):好像肌肤所受疼痛那样的诬告,即直接的诽谤。愬,诉说,此处意谓诬告。

原文

子贡问政。子曰:"足食[1],足兵[2],民信之[3]矣。"子贡曰:"必不得已而去[4],于斯三者何先?"曰:"去兵。"子贡曰:"必不得已而去,于斯二者何先?"曰:"去食。自古皆有死,民无信不立。"

译文

子贡请教如何治理政事。孔子说:"使粮食充足,使军备充足,使民众对朝廷抱有信心。"子贡问道:"如果迫不得已要舍弃一项,在这三项之中该先舍弃掉哪一项?"孔子答:"舍弃军备。"子贡又问:"如果迫不得已还要舍弃,在留下来的这两项中先舍弃哪一项?"孔子回答:"舍弃粮食。自古以来谁都免不了一死,而老百姓如果对政府失去信心,这个政府必定完蛋。"

注释 1 足食:使粮食(也指财富)充足。足,使动用法,使……足。《尚书·洪范》:"八政,一曰食。"《尚书大传》:"八政何以先食?传曰:'食者,万物之始,人事之本也。'故八政先食。" 2 兵:兵器,此处可理解为军备。

《左传·襄公二十七年》："子罕曰：'……天生五材，民并用之，废一不可，谁能去兵？兵之设久矣，所以威不轨而昭文德也。圣人以兴，乱人以废。废兴存亡，昏明之术，皆兵之由也。'" 3 民信之：民众信任国家政权机器。 4 去：舍弃，放弃。

【原文】

棘子成[1]曰："君子质而已矣，何以文为？"子贡曰："惜乎！夫子之说君子也！驷不及舌[2]。文犹质也，质犹文也。虎豹之鞟[3]犹犬羊之鞟。"

【译文】

棘子成说："君子只要内在本质好就可以了，何必讲究外在的文采？"子贡说："您这样谈论君子真是太遗憾了。一言既出，驷马难追啊！文采和本质一样重要。要是没有色彩斑斓的毛，虎豹的皮就和犬羊的皮一个模样了。"

【注释】 1 棘子成：卫国的大夫。 2 驷不及舌：犹常言之"一言既出，驷马难追"。驷，四匹马拉的车子。舌，此处指说出的话。《春秋繁露·玉杯》："质文两备，然后其礼成；文质偏行，不得有我尔之名。俱不能备而偏行之，宁有质而无文。" 3 鞟(kuò)：去了毛的兽皮。

【原文】

哀公问于有若曰："年饥，用不足[1]，如之何？"有若对曰："盍彻[2]乎？"曰："二[3]，吾犹不足，如之何其彻也？"对曰："百姓足，君孰与不足？百姓不足，君孰与足？"

【译文】

鲁哀公向有若询问道："年成不好，国家财用不够，应该怎么办呢？"有若回答说："为何不实行十分抽一的税率呢？"鲁哀公说："十分抽二，我还嫌不够，怎么能十分抽一呢？"有若说："普通百姓富足了，君主您怎么会不富足呢？普通百姓不富足，君主您又怎么能富足呢？"

[注释] 1用不足:指国家的财用开支有缺口。 2盍彻:盍,何不。彻,
周代田税制度,十分抽一的税率。《孟子·滕文公上》:"夏后氏五十而贡,
殷人七十而助,周人百亩而彻,其实皆什一也。"此处用作动词。 3二:
谓十分抽二的税率。

[原文]

子张问崇德辨
惑[1]。子曰:"主忠信,
徙义[2],崇德也。爱
之欲其生,恶之欲其
死,既欲其生,又欲
其死,是惑也。'诚不
以富,亦祇以异。'[3]"

[译文]

子张问孔子怎样才能提高品德和辨清迷
惑。孔子回答:"以忠诚信实为主,向正义靠
拢,就能提高品德。〔对一个人,〕喜欢起来就
想让他长生不老,厌恶起来就想叫他马上去
死,又想要他活着,又想他死掉,这便是迷惑。
《诗经》上说:'诚然不算是嫌贫爱富,也是属
于喜新厌旧。'"

[注释] 1崇德辨惑:崇,增长,提高。惑,迷惑,不分是非。 2徙义:向
义靠拢。徙,迁徙,迁移。 3诚不以富,亦祇以异:《诗经·小雅·我行其野》
中的诗句,原为一个女子对丈夫喜新厌旧行为的愤慨斥责。孔子引用,
其意不详,故宋代程子认为是错简。

[原文]

齐景公[1]问政于
孔子。孔子对曰:"君
君[2],臣臣,父父,子
子。"公曰:"善哉!
信如君不君,臣不
臣,父不父,子不子,

[译文]

齐景公向孔子请教治国纲领。孔子回
答道:"为君主的,要恪尽君道;为臣子的,要
恪尽臣道;做父亲的,要做父亲该做的;做儿
子的,要做儿子该做的。"齐景公说:"说得太
好了! 如果做君主的不尽君道,做臣子的不
尽臣道,做父亲的不尽父道,做儿子的不尽

虽有粟,吾得而食诸?" | 子道,即使是有粮食,我能吃得到吗?"

[注释] 1 齐景公:春秋时期齐国国君,前 548—前 490 年在位。 2 君君:前一"君"字,是名词,即为君者。后一"君"字,用作动词,意谓恪尽君道。以下"臣臣""父父""子子"结构同。《大学》:"为人君,止于仁;为人臣,止于敬;为人子,止于孝;为人父,止于慈。"

[原文]

子曰:"片言可以折狱[1]者,其[2]由也与?"子路无宿诺。

[译文]

孔子说:"根据一方的言辞就可以断案的,人概只有仲由(子路)能做到吧?"子路从不拖延所许的诺言。

[注释] 1 折狱:处理诉讼案件,判决官司。 2 其:语气词,表示估计、揣测、大概、也许。

[原文]

子曰:"听讼[1],吾犹人也,必也使无讼乎!"

[译文]

孔子说:"审理诉讼案件,我跟别人差不多。一定要使诉讼事件不发生才好。"

[注释] 1 听讼:审理诉讼案件。听,处理,判决,与"垂帘听政"之"听"义同。讼,官司,诉讼。《大戴礼记·礼察》:"礼者,禁于将然之前;而法者,禁于已然之后。是故法之用易见,而礼之所为生难知也。"

[原文]

子张问政。子曰:"居[1]之无倦,行[2]之以忠。"

[译文]

子张问怎样治理政务。孔子回答说:"在现职岗位上不要懈怠偷懒,执行政令要忠诚尽心。"

注释　1居:在位,任职。　2行:执行政令,落实政策。

原文

　　子曰:"博学于文,约之以礼,亦可以弗畔矣夫。"[1]

译文

　　孔子说:"广博地学习文化知识,用礼数大节来约束自己,这样也就可以做到不离经叛道了。"

注释　1此段重出,见《雍也第六》。

原文

　　子曰:"君子成人之美,不成人之恶[1]。小人反是。"

译文

　　孔子说:"君子成全别人的好事,不促成别人的坏事。至于小人,正和这相反。"

注释　1恶:坏事,做坏事。

原文

　　季康子问政于孔子。孔子对曰:"政者,正也。子帅[1]以正,孰敢不正?"

译文

　　季康子向孔子请教怎样执政。孔子回答说:"所谓政治,就是正直端正。您自己为人表率行正道,那还有谁敢不行正道呢?"

注释　1帅:带头,以身作则。《孟子·离娄上》:"君仁莫不仁,君义莫不义,君正莫不正。一正君而国定矣。"

原文

　　季康子患[1]盗,问于孔

译文

　　季康子为小偷太多所苦恼,向孔

子。孔子对曰："苟子之不欲[2]，虽赏之不窃。"

子请教对策。孔子回答说："如果您自己不贪求太多的财富，即使是奖励偷窃，也不会有人来干。"

注释 1 患：忧虑，为……所苦恼。 2 欲：欲望，此处指贪财。

原文

季康子问政于孔子曰："如杀无道[1]，以就[2]有道，何如？"孔子对曰："子为政，焉用杀？子欲善，而民善矣。君子之德风，小人之德草，草上之风，必偃[3]。"

译文

季康子向孔子请教为政之道时说："如果杀掉无道德的坏人，亲近有道德的好人，怎么样？"孔子回答说："您当政，哪里用得着杀人？您如果向仁行善，那么民众也会向仁行善。君子的道德作风像风，小人的道德作风像小草。风向哪边吹，草就向哪边倒。"

注释 1 无道：指为非作歹、十恶不赦之徒。 2 就：接近，亲近。 3 偃：倒下，倒卧。

原文

子张问："士何如斯可谓之达[1]矣？"子曰："何哉，尔所谓达者？"子张对曰："在邦必闻[2]，在家必闻。"子曰："是闻也，非达也。夫达也者，质直而好

译文

子张问孔子："士要怎么样才能够说是通达了？"孔子反问道："你所说的通达是什么呢？"子张回答说："在诸侯的封国里一定有名望，在大夫的封地里一定有名望。"孔子说："这是有名气，而不是通达。那通达的人，本质正直而爱好道义，善于分析别人的言辞，观察别人的脸色，时常想着

义,察言而观色,虑以下人³。在邦必达,在家必达。夫闻也者,色⁴取仁而行违,居之不疑。在邦必闻,在家必闻。"

对人谦恭有礼。这种人,在诸侯的封国一定通达,在大夫的封地一定通达。那些所谓有名望者,表面主张仁德,可实际行为却违背仁德,以仁人自居而感觉良好。他们在诸侯的封国里一定有名望,在大夫的封地里一定有名望。"

注释 1达:通达事理。 2闻:有声誉,有名气。 3下人:甘心居人之下,此指对人谦恭有礼。《庄子·徐无鬼》:"以贤临人,未有得人者也;以贤下人,未有不得人者也。" 4色:脸色,表情。此处指外表、表层。

原文

樊迟从游于舞雩之下,曰:"敢问崇德、修慝¹、辨惑。"子曰:"善哉问! 先事后得,非崇德与? 攻其²恶,无攻人之恶,非修慝与? 一朝之忿³,忘其身,以及其亲,非惑与?"

译文

樊迟跟随孔子在舞雩台下游览,说:"我想大胆请教怎样提高品德,改正错误,辨明迷惑。"孔子说:"问得很好! 做事在先,得利在后,这不就是提高品德吗? 批评自己的过错,而不去攻击其他人的短处,这不就是修正错误吗? 因一时的愤怒便忘却自身的安危,乃至累及亲人,这不就是犯迷惑吗?"

注释 1修慝:改正邪恶。修,治理,此处是改正、去掉的意思。慝,邪恶。 2其:代词,指自己。 3忿:愤怒。

原文

樊迟问仁,子曰:"爱

译文

樊迟问什么是仁,孔子回答:"爱

人。"问知,子曰:"知人。"樊迟未达[1]。子曰:"举直错诸枉[2],能使枉者直。"樊迟退,见子夏,曰:"乡[3]也,吾见于夫子而问知,子曰:'举直错诸枉,能使枉者直。'何谓也?"子夏曰:"富哉言乎!舜有天下,选于众,举皋陶[4],不仁者远矣。汤[5]有天下,选于众,举伊尹[6],不仁者远矣。"

别人。"樊迟又问什么是智慧,孔子回答:"了解别人。"樊迟不能够理解孔子的话。孔子便补充道:"提拔正直的人,把他们放在奸邪的人之上,这能够使奸邪的人也变得正直。"樊迟告辞退出,遇见子夏,便说:"刚才我去见老师向他请教什么是智慧,老师他说:'提拔正直的人,把他们放在奸邪的人之上,这能够使奸邪的人也变得正直。'这是什么意思呀?"子夏说:"这是多么富于深意的话啊!虞舜拥有了天下,在众人当中选用人才,提拔了皋陶,结果那些不仁德的人就躲得远远的了。成汤拥有了天下,在众人当中选用人才,提拔了伊尹,结果那些不仁德的人就躲得远远的了。"

[注释] 1达:明白,通晓,理解。 2举直错诸枉:将正直之士提拔出来置于邪恶之徒之上。错,通"措",放,放置。《申鉴·政体》:"教化之废,推中人而坠于小人之域;教化之行,引中人而纳于君子之涂。" 3乡:通"向",以前,此处是刚才、前不久的意思。 4皋陶(gāoyáo):传说为虞舜的贤臣,主掌刑狱法律。 5汤:成汤,商王朝的开创者。 6伊尹:商汤的贤臣,曾辅佐商汤兴商灭夏,号称一代名相。

[原文]

子贡问友。子曰:"忠告而善道[1]之,不可则止,毋自辱[2]焉。"

[译文]

子贡询问朋友之间相处之道。孔子说:"出于忠心而劝告他,出于善意而引导他,他不听从,那也就算了,不要自取其辱。"

注释 1道:通"导",引导,劝导。 2自辱:自讨没趣,自取其辱。

原文

曾子曰:"君子以文会友,以友辅[1]仁。"

译文

曾子说:"君子用文章学问来结交朋友,用朋友来帮助自己培养仁德。"

注释 1辅:佐助,帮助,增加。《礼记·学记》:"独学而无友,则孤陋而寡闻。"《说苑·说丛》:"贤师良友在其侧,《诗》《书》《礼》《乐》陈于前,弃而为不善者,鲜矣。"

子路第十三

导读

《子路》篇共三十章,究其主要内容,可知是承袭前篇《颜渊》而来,即围绕"为政"这个中心命题,从不同角度、不同侧面、不同层次阐述孔子的政治理想及其相应的行为要领。其强调"为政由己",修身为"从政"之本等,与《颜渊》篇的思想观点一脉相承。两篇对照比勘,可使我们对孔子的"为政"理念有较为系统、完整的把握与认识。

在本篇中,孔子对有关"为政"的要义作出更加细致、具体的阐说。具体地说,这包含以下几个方面:其一,"为政"要讲名分,讲秩序,做到名实相副,实至名归,所谓:"名不正则言不顺,言不顺则事不成,事不成则礼乐不兴,礼乐不兴则刑罚不中,刑罚不中则民无所措手足。"

应该说,孔子的这番见解从一个重要的方面揭示了"政治"的基本属性。没有规矩就无法成其方圆,政治的合法性、合理性通常建立在名义的正确性、普遍性基础之上。民能"措其手足",遵纪守法,顺从统治者的意志而行动;刑罚合适恰当,合理"中矩";"礼乐"重振复兴,德泽流布;言行顺乎天理,合乎本性等,都以"名分"正确明了,"纲常"规范具体为基本的前提。"唯名与器,不可以假人",名分规定了人们可以做什么,不可以做什么,也显示了事物究竟是合理的,抑或是反常的。正是在这个意义上,孔子把"正名"视为"为政"的先决条件,以"名分"为标尺,来衡量"为政"的成败得失;以"名分"为准绳,来判断"为政"的优劣正误。在孔子看来,如果没有"正名"作保证,"为政"必然失去方向,是非必然混淆错乱,价值必然颠倒扭曲,社会必然无序动荡。由此可见,孔子说"为政"优先考虑"正名",乃是把握住了关键的环节,懂得了基本的顺序,其政治上的睿智深刻于此可见一斑。

其二,"为政"要从自己做起,以榜样的力量带动一般人修身求善,遵道而行。孔子这一思想在《颜渊》篇中已有阐说,本篇孔子又多处加以强调,如言:"上好礼,则民莫敢不敬;上好义,则民莫敢不服;上好信,则民莫敢不用情。""其身正,不令而行;其身不正,虽令不从。""苟正其身矣,于从政乎何有? 不能正其身,如正人何?"凡此种种,不一而足。由此可见孔子在"为政"问题上对以身作则、率先垂范重要性的肯定与认同。这显然是非常正确的认识,"威信"一词,说明统治者若要有威望,必须以"信"为前提,无"信"则无"威",有"信"方有"威",而这种"信"的体现标志,乃是甘为人先、做出榜样,这样,一般人才会心里服气而行动相随。人们所瞧不起的是那种"以己昏昏,使人昭昭"的做法,所厌恶反感的是那种"满嘴仁义道德,一肚子男盗女娼"的行径。说实在的,老百姓通常都不傻,他们不会被当政者的口号所迷惑,而只会以当政者的行为作判断。即使一时受骗上当,也迟早会觉悟。这正如林肯所言:"你可以在一段时间里欺骗所有的人,也可以在所有时间里欺骗一部分人,但你决不可能在所有时间里欺骗所有的人。"即使在今天,那些主政者与其口吐莲花、唾沫横飞唱高调,不如态度谦卑、脚踏实地、率先垂范做实事。这是孔子的警示,也是"为政"成功的要诀。

其三,"为政"要积极践履,把美德转化为实际的行动,而不能流于空泛,要防止理想与实际相脱节。孔子指出,从善如流,崇德尚仁,其道理也许不少人都懂得,但是要在实际生活中加以贯彻落实却不是那么容易。"为政"成功的要义,在于能够做到把理想追求转化为实际能力,言行一致,知行合一。否则,最好的初衷也是镜里花、水中月,是画饼充饥、望梅止渴,于事无补,劳而无功,更有甚者,会"南辕北辙",适得其反,"诵《诗》三百,授之于政,不达;使于四方,不能专对;虽多,亦奚以为?"应该说,孔子的观点在今天依然有其警示意义,一些人就品质而言,是善良的;就志向而言,是远大的;就理想而言,是高尚的。然而,却没有使自己的正确观念与美好理想转化为具体可行的实践能力,"迂远而阔于事情",这于其个人而言,是一种遗憾;于社会而言,则是一种损失。由此可见,德性与能力的一致,理论与实践的结合,乃是"为政"治人走向成功的不可或缺的重要条件。

其四,"为政"要有具体的纲目,保证"仁德"落到政务的实处,使广大民众切实感受到"德政"的恩惠,享受到政治和谐带来的实际利益。这在"为政"态度上,是敬业投入,所谓"先之,劳之","无倦","先有司","居处恭,执事敬,与人忠"。在人才任用上,是"赦小过,举贤才"。在"德政"推行上,是惠泽四方,做到"近者说,远者来"。在人际关系处理上,是做到兼容并包,海涵一切,求同存异,即所谓"君子和而不同"。在节操砥砺与为人处世上,是弘扬"士"的基本精神,为人表率,"行己有耻,使于四方不辱君命","宗族称孝","乡党称弟","言必信,行必果"。在德性培育上,是提倡保持恒心,做到泰然自若、荣辱皆忘,"南人有言曰:'人而无恒,不可以作巫医。'善夫!'不恒其德,或承之羞。'""君子泰而不骄。"在"为政"步骤上,是善于从长处着眼,从根本着眼,不汲汲于眼前的利益,不追求暂时的政绩,懂得欲速则不达的道理,做到稳妥有序,循序渐进,"无欲速,无见小利。欲速,则不达;见小利,则大事不成"。

尤其值得重视的是,孔子在本篇讨论"为政"具体纲目时,提出了"先富后教"的重要原则。孔子认为,"富"而不"教",是"为政"的大忌,"以不教民战,是谓弃之"。只有在"为政"过程中注入"教化"这个关键性的要素,才能确保"为政"的正确方向,才是"为政"最终所要达到的宗旨,正所谓"建国君民,教学为先!"

孔子有关"先富后教"的观点,在他回答弟子冉有的提问时有集中的体现。孔子认为一个国家要繁荣昌盛,首先要增加人口,"庶矣哉",因为人口繁滋,意味着社会生产力核心要素的充足;在此基础上,要保证民众拥有自己的财富,丰衣足食,安居乐业,即所谓"富之"。但是,仅仅如此还是不够的,当民众解决了温饱生存的问题后,当务之急是让他们明白做人的道理,知礼义,识廉耻,这样,"教化"就提到了关键的位置,成为"为政"的核心主题,即"教之"。孔子指出,在"既富而教"的基础上,国家的强盛就有了坚定的保证,统治的前景就有了美好的未来:"善人教民七年,亦可以即戎矣。"孔子"为政"的主旨,于此而得到真正的揭示。

原文

子路问政。子曰:"先之¹,劳之²。"请益,曰:"无倦。"

译文

子路问怎样治理政事。孔子回答说:"带头给民众做榜样,吃苦耐劳走在前面。"子路请求再多讲一些,孔子说:"不要懈怠偷懒。"

注释 1 先之:先带头做。《大戴礼记·子张问入官》:"欲政之速行也者,莫若以身先之也。……故不先于身,虽行必邻也。" 2 劳之:把劳苦之事主动承担起来。朱熹《集注》云:"凡民之行,以身先之,则不令而行;凡民之事,以身劳之,则虽勤不怨。"

原文

仲弓为季氏宰,问政。子曰:"先有司¹,赦小过,举贤才。"曰:"焉知贤才而举之?"子曰:"举尔所知。尔所不知,人其舍诸?"

译文

仲弓出任季氏家族的总管,他向孔子请教怎样治理政务。孔子说:"给各主管部门的官吏带头,放过人家的小过错,拔擢任用贤能的人才。"仲弓又问:"怎么去识别贤良的人才并把他们提拔起来呢?"孔子答道:"提拔你所了解的。你所不了解的,别人难道就会埋没他们吗?"

注释　1先有司:为办理具体事务的普通官吏带头做榜样。先,引导,教导,此处指率先垂范。有司,有关职能部门,此指承办具体事务的官吏。

原文

子路曰:"卫君[1]待子而为政,子将奚先?"子曰:"必也正名[2]乎!"子路曰:"有是哉,子之迂[3]也!奚其正?"子曰:"野哉,由也!君子于其所不知,盖阙如[4]也。名不正则言不顺,言不顺则事不成,事不成则礼乐不兴,礼乐不兴则刑罚不中,刑罚不中则民无所措手足[5]。故君子名之必可言也,言之必可行也。君子于其言,无所苟[6]而已矣。"

译文

子路说:"卫国的国君等着您去治理国政,您打算首先做什么?"孔子说:"一定是严格称谓,端正名分吧?"子路说:"您的迂腐竟然到了这种地步,为什么要去端正名分呢!"孔子说:"仲由,你真是头脑够简单的了!君子对于他所不知道的事情,大概都采取存疑的态度,〔你怎么乱说一气呢?〕名分不正,言语就不能顺理成章;言语不顺理成章,具体事务就不能办好;具体事务不能办好,礼乐制度就不能兴立起来;礼乐制度不能兴立,实施刑罚就不能恰当适中;刑罚不能恰当适中,普通民众就会觉得手足无措。所以君子定下一个名分就一定能言之成理,而说出一个道理也就一定可以实行。君子对于自己所说的话,从来不曾有随便、马虎的地方。"

注释　1卫君:此处指卫出公蒯辄。　2正名:端正名分,分清身份。名,名分,名称。《尹文子·大道》:"大道无形,称器有名。名也者,正形者也。形正由名,则名不可差。"　3迂:远,此处指不合时宜,迂阔可笑。即所谓:"迂远而阔于事情。"　4阙如:存疑,缺而不论。阙,同"缺"。　5无所措手足:没有安放手脚的地方,意即不知该怎样是好。措,安置。《吕氏春秋·审分》:"夫名多不当其实,而事多不当其用者,故人主不可以不审名分也。……今有人于此,求牛则名马,求马则名牛,所求必不得矣;而因用威怒,有司必诽怨矣,牛马必扰乱矣。百官,众有司也;万物,群牛马也。不正其名,不分其职,而数用刑罚,乱莫大焉!……故名不正则人主忧劳勤苦,而官职烦乱悖逆矣。" 6 苟:苟且,随便,不严肃。

[原文]

樊迟请学稼[1],子曰:"吾不如老农。"请学为圃[2],曰:"吾不如老圃。"樊迟出。子曰:"小人哉,樊须也!上好礼,则民莫敢不敬;上好义,则民莫敢不服;上好信,则民莫敢不用情[3]。夫如是,则四方之民襁[4]负其子而至矣,焉用稼?"

[译文]

樊迟请求学种庄稼,孔子说:"我不如老农民。"又请求学种蔬菜,孔子说:"我不如老菜农。"樊迟退出后,孔子说:"樊迟真是个没出息的人啊!统治者讲究礼节,那么老百姓就没有人敢不恭敬;统治者注意办事合理,那么老百姓就没有人敢不服从;统治者讲究信用,那么老百姓就没有人敢不尽心用情。如果能做到这样,四面八方的老百姓都会背负着小孩来归附,哪里用得着自己种庄稼!"

[注释] 1 稼:耕种,种田。 2 圃:种植瓜果蔬菜的园子,此处名词用作动词,指种植蔬菜瓜果。 3 情:献真情,尽心。 4 襁:包婴儿用的被子。

[原文]

子曰:"诵《诗》三百,授之以政,不达[1];使于四方,不能专对[2];虽多,亦奚以为?"

[译文]

孔子说:"熟读《诗经》三百篇,交代他去办理政务,却不能胜任;让他出使各国,也不能独立地去交涉谈判;这样虽然读得很多,可又有什么用场呢!"

[注释] 1达：通达，通晓，此处指胜任工作，恪尽职责。 2专对：指在列国外交场合上能够做到独立交涉应对，不卑不亢，从容沉着，不辱国格，不辱使命。

[原文]

子曰："其身¹正²，不令而行；其身不正，虽令不从。"

[译文]

孔子说："统治者自身行为正派，不发命令老百姓也会跟着去做；统治者自身行为不正派，即使是三令五申老百姓也不会听命服从。"

[注释] 1其身：自己本身的行为方式。 2正：端正，正派。《后汉书·第五伦传》："其身不正，虽令不行。以身教者从，以言教者讼。"

[原文]

子曰："鲁、卫之政¹，兄弟也。"

[译文]

孔子说："鲁国和卫国的政治关系，就如同兄弟一般。"

[注释] 1鲁、卫之政：鲁、卫分别为周公旦和卫康叔的封国，从历史渊源讲，周公旦与康叔皆为周文王姬昌之子，彼此是兄弟。从现实讲，当时鲁、卫两国关系密切，治国的理念与具体做法多有相近之处，如同兄弟一般。

[原文]

子谓卫公子荆¹："善居室²。始有，曰：'苟合³矣。'少有，曰：'苟完矣。'富有，曰：'苟美矣。'"

[译文]

孔子谈到卫国公子荆时说："他善于居家理财过日子，刚有一点，便说：'差不多够用了。'稍增加了一点，便说：'差不多完备了。'到了富裕之时，就说：'差不多是十全十美了。'"

注释 1 公子荆:卫国大夫,字南楚,卫献公之子。 2 善居室:善于管理家业。居室,谓积蓄家业,居家度日。 3 苟合:苟,马虎,苟且。合,凑合。

原文

子适卫,冉有仆[1]。子曰:"庶矣哉[2]!"冉有曰:"既庶矣,又何加焉?"曰:"富[3]之。"曰:"既富矣,又何加焉?"曰:"教之。"

译文

孔子来到卫国,冉有替他驾御车子。孔子感叹道:"这里的人真是多呀!"冉有问:"人口已经多了之后,应当再做些什么?"孔子答道:"使老百姓们富足起来。"冉有又问:"百姓已经富足之后,应当再做些什么?"孔子回答:"那就教育他们。"

注释 1 仆:驾御车马。 2 庶矣哉:人口真繁多啊。庶,众,意谓人多。3 富:使动用法,使……富裕起来。《管子·治国》:"凡治国之道,必先富民,民富则易治也,民贫则难治也。……民富则安乡重家,安乡重家,则敬上畏罪,敬上畏罪,则易治也。民贫则危乡轻家,危乡轻家,则敢陵上犯禁,陵上犯禁,则难治也。"

原文

子曰:"苟有用我者,期月[1]而已可也,三年有成[2]。"

译文

孔子说:"假若有人任用我主持国政,一年时间便可有所改观,三年就必然大有成效。"

注释 1 期(jī)月:一周年。 2 有成:谓有大成,取得极大成功。

原文

子曰:"'善人为邦

译文

孔子说:"'善人治理国家一百年,就

百年,亦可以胜残去杀[1]矣。'诚哉! 是言也。"

可以战胜残暴,免除杀戮了。'这话说得一点不错啊!"

【注释】 1胜残去杀:战胜残暴,免却杀戮。按,此处孔子是引用古人之语。《汉书·刑法志》:"如有王者,必世而后仁。善人为国百年,可以胜残去杀矣。言圣王承衰拨乱而起,被民以德教,变而化之,必世然后仁道成焉。至于善人,不入于室,然犹百年胜残去杀矣。此为国者之程式也。"

【原文】

子曰:"如有王者,必世[1]而后仁。"

【译文】

孔子说:"倘若有圣王兴起,一定需要治理三十年才能使仁政得到实现。"

【注释】 1世:古代以三十年为一世。

【原文】

子曰:"苟正其身矣,于从政乎何有[1]? 不能正其身,如正人何?"

【译文】

孔子说:"如果端正了自身的言行,治理国政又会有什么困难呢? 连自身的言行都不能端正,又怎么去端正他人呢?"

【注释】 1何有:有何问题,有什么困难。

【原文】

冉子退朝[1],子曰:"何晏[2]也?"对曰:"有政。"子曰:"其事也。如有政,虽不吾以[3],

【译文】

冉有从办公场所回来,孔子问道:"为什么回来得这么晚呢?"冉有回答:"有政务。"孔子说:"那只是普通的事务罢了。如果是有政务,虽然我已不被任用了,但我也吾其与⁴闻之。" ‖ 是会知道的。"

注释 1 退朝:罢朝返回,此处指从季氏办公地点返回。 2 晏:晚,迟。 3 以:任用。 4 与:参与。

原文

定公¹问:"一言而可以兴邦²,有诸?"孔子对曰:"言不可以若是,其几³也。人之言曰:'为君难,为臣不易。'如知为君之难也,不几乎一言而兴邦乎?"曰:"一言而丧邦⁴,有诸?"孔子对曰:"言不可以若是,其几也。人之言曰:'予无乐乎为君,唯其言而莫予违⁵也。'如其善而莫之违也,不亦善乎?如不善而莫之违也,不几乎一言而丧邦乎?"

译文

鲁定公问道:"一句话可以使国家兴盛,有这样的情况吗?"孔子回答说:"话是没有这样的话,但相近的话还是有的。有人这么说:'做君主很难,当臣子也不容易。'如果真正懂得当君主的艰难,这不近乎于用一句话使国家兴盛吗?"鲁定公又问:"一句话而使国家灭亡,有这样的情况吗?"孔子答道:"话是没有这样的话,但相近的话还是有的。有人这么说:'我做国君没有什么乐趣可言,只是我所讲的话没有人敢违抗。'如果国君的话是正确的而没有人违抗,这不是很好吗?但如果国君的话不正确而没有人违抗,这不是接近于一句话使国家灭亡吗?"

注释 1 定公:鲁定公,鲁国国君,前 509—前 495 年在位。 2 兴邦:使国家兴旺强盛。 3 几:将近,接近。 4 丧邦:丧失政权,颠覆国家。 5 违:违抗,违背。

【原文】

叶公问政。子曰："近者说[1]，远者来[2]。"

【译文】

叶公请教该如何治理政务。孔子说："使境内的民众高兴拥护，使境外的民众前来归附。"

【注释】 1 说："悦"的古字，喜悦，拥护。 2 来：此处是归附的意思。《墨子·耕柱》："叶公子高问政于仲尼，曰：'善为政者若之何？'仲尼对曰：'善为政者，远者近之，而旧者新之。'"

【原文】

子夏为莒父[1]宰，问政。子曰："无欲速[2]，无见小利[3]。欲速，则不达[4]；见小利，则大事不成。"

【译文】

子夏出任莒父那个地方的行政长官，他向孔子请教怎样治政。孔子说："不要追求速见成效，不要贪图眼前小利。企图迅速成功反而达不到目的，着眼小利就办不成大事。"

【注释】 1 莒(jǔ)父：鲁国的城邑名，在今山东莒县境内。 2 无欲速：办事不要企图迅速成功。 3 无见小利：指眼光不要短视，为蝇头小利所迷惑。《吕氏春秋·慎大览·权勋》："利不可两，忠不可兼。不去小利，则大利不得；不去小忠，则大忠不至。故小利，大利之残也；小忠，大忠之贼也。" 4 不达：指达不到目的。

【原文】

叶公语孔子曰："吾党有直躬者[1]，其父攘[2]羊而子证[3]之。"孔子曰：

【译文】

叶公告诉孔子说："在我家乡有一个行为正直的人，他的父亲偷了羊，他作为儿子站出来告发。"孔子说："我家乡行为

"吾党之直者异于是:父为子隐,子为父隐,直在其中矣。"

正直的人却跟这不一样:父亲替儿子隐瞒,儿子替父亲隐瞒,所谓正直坦率就包含在这里面了。"

【注释】 1 直躬者:行为正直、道德高尚的人。《韩非子·五蠹》:"楚之有直躬,其父窃羊而谒之吏。令尹曰:'杀之'。以为直于君而曲于父,报而罪之。" 2 攘:偷盗,窃取。 3 证:举报,告发。

【原文】

樊迟问仁。子曰:"居处恭,执事敬,与人忠。虽之[1]夷狄[2],不可弃也。"

【译文】

樊迟问什么是仁。孔子说:"居家谦恭有礼,办事严肃认真,待人忠实诚信。即使到了夷狄所居的未开化地区,也不可放弃这三条。"

【注释】 1 之:前往,到。 2 夷狄:我国古代统治者及文人对少数民族的蔑称。此处指文化落后的边境地区。

【原文】

子贡问曰:"何如斯可谓之士矣?"子曰:"行己有耻,使于四方不辱君命[1],可谓士矣。"曰:"敢问其次?"曰:"宗族称孝焉,乡党称弟焉。"曰:"敢问其次?"曰:"言

【译文】

子贡问道:"怎样才可以算作士呢?"孔子答道:"对自己的言行保持羞耻的意识,出使诸侯列国能做到不辜负君主所赋予的使命,这样可以算作是士了。"子贡又问:"请问次一等的呢?"孔子答道:"宗族上下称赞他孝顺长辈,家乡民众称赞他敬爱兄长。"子贡再问:"请问再次一等的呢?"孔子答道:"说话一定守信,行动一定果断,

必信,行必果,硁硁然²小人哉! 抑亦³可以为次矣。"曰:"今之从政者何如?"子曰:"噫! 斗筲之人⁴,何足算也!"

这虽是浅薄而又固执的普通人,不过也可以算作是那次一等的了。"子贡问道:"那么现在那些执政者怎么样?"孔子叹道:"唉! 全是些器量狭小、才识浅陋的家伙,实在不值得一提。"

[注释] 1 不辱君命:意谓能维护君主和国家的尊严,不玷辱、辜负君主的重托。《大戴礼记·曾子制言上》:"君子不贵兴道之士而贵有耻之士也。……夫有耻之士,富而不以道,则耻之;贫而不以道,则耻之。" 2 硁(kēng)硁然:浅薄而又固执的样子。 3 抑亦:不过,也算。 4 斗筲(shāo)之人:指器量狭小、才识浅陋的人。斗,古代量器名,十升为一斗。筲,竹器,能容一斗二升。两者容量都很小。

[原文]

子曰:"不得中行¹而与²之,必也狂狷³乎! 狂者进取,狷者有所不为也。"

[译文]

孔子说:"找不到言行合乎中庸的人相结交,也一定要与激进、耿直的人相交往;激进的人积极进取,而耿直的人则不会做坏事。"

[注释] 1 中行:指言行合乎中庸之道。 2 与:相交,交往。 3 狂狷:狂,轻狂,激进。狷,狷介,性情耿直,不肯同流合污。

[原文]

子曰:"南人¹有言曰:'人而无恒,不可以作巫医。'善夫!

[译文]

孔子说:"南方人有句话说:'一个人如果没有恒心,那么就不可以充当巫医。'此话说得好呀!《易经》上说:'不能长久地保

'不恒其德，或承之羞。'" 子曰："不占³而已矣。"

持德操，便有可能会蒙受耻辱。'"孔子又说："这意思是讲没有恒心的人就不必去占卜了。"

〔注释〕 1南人：南方地区的人。 2不恒其德，或承之羞：此两句引自《易经·恒卦·九三》爻辞。 3占：占卜。古代用龟甲或蓍草推算吉凶的一种迷信行为。

〔原文〕

子曰："君子和¹而不同²，小人同而不和。"

〔译文〕

孔子说："君子相互协调、取长补短而不盲从附和、简单一致；小人盲从附和、简单一致而不相互协调、取长补短。"

〔注释〕 1和：指事物对立统一，和谐发展。 2同：指事物整齐划一，千篇一律。《国语·郑语》："夫和实生物，同则不继。以他平他谓之和，故能丰长而物归之。若以同裨同，尽乃弃矣。故先王以土与金、木、水、火杂，以成百物。"

〔原文〕

子贡问曰："乡人皆好之，何如？"子曰："未可也。""乡人皆恶之，何如？"子曰："未可也。不如乡人之善者好之，其不善者恶之。"

〔译文〕

子贡问孔子说："乡里的人都喜欢他，这个人怎么样？"孔子说："还不怎么样。"子贡又问："乡里的人都厌恶他，这个人怎么样？"孔子答道："也不怎么样。不如乡里的好人都喜欢他，而乡里的坏人都厌恶他。"

原文

子曰:"君子易事[1]而难说也。说之不以道,不说也;及其使人也,器之[2]。小人难事而易说也。说之虽不以道,说也;及其使人也,求备[3]焉。"

译文

孔子说:"君子容易相处共事,但难以讨他的欢喜,不用正当的方式去讨他的欢喜,他是不会欢喜的;然而等到他用人时却能做到量才而用。小人难以相处共事,但容易讨他的欢喜,用不正当的方式去讨他的欢喜,他也会欢喜的;然后等到他用人时却常常会求全责备。"

注释 1 易事:容易相处共事的意思。 2 器之:根据个人的才能而加以任用。器,此处作动词,衡量才能。 3 求备:求全责备、锱铢必较的意思。

原文

子曰:"君子泰[1]而不骄,小人骄而不泰。"

译文

孔子说:"君子安详平和而不骄横傲慢,小人骄横傲慢而不安详平和。"

注释 1 泰:安详、泰然自若的样子。

原文

子曰:"刚、毅、木[1]、讷[2],近仁。"

译文

孔子说:"刚强、坚毅、质朴、言语谨慎,这些品格都接近于仁德。"

注释 1 木:质朴,朴素。 2 讷:说话谨慎。《后汉书》:"汉为人质厚少文,造次不能以辞自达。邓禹及诸将多知之,数相荐举,及得召见,遂见亲信,常居门下。……论曰:吴汉自建武世常居上公之位,终始倚爱之亲,谅由质简而强力也。子曰:'刚、毅、木、讷,近仁。'斯岂汉之方乎!"

【原文】

子路问曰:"何如斯可谓之士矣?"子曰:"切切偲偲¹,怡怡如²也,可谓士矣。朋友切切偲偲,兄弟怡怡。"

【译文】

子路问孔子说:"怎样才能算作一位士呢?"孔子回答说:"互相勉励,和睦相处,这样就可以称作士了。朋友之间相互勉励,兄弟之间和睦相处。"

【注释】　1 切切偲偲(sī):互相勉励,相互进行善意的批评。　2 怡怡如:融洽和睦的样子。《大戴礼记·曾子立事》:"宫中雍雍,外焉肃肃,兄弟僖僖,朋友切切。远者以貌,近者以情,友以立其所能而远其所不能。苟无失其所守,亦可与终身矣。"

【原文】

子曰:"善人教民七年,亦可以即戎¹矣。"

【译文】

孔子说:"善人教育、训练民众七年,也就可以让他们去参军作战了。"

【注释】　1 即戎:参军打仗。即,走近、靠近,此处意为从事、参与。戎,打仗。《左传·成公十三年》:"国之大事,在祀与戎。"

【原文】

子曰:"以不教民¹战,是谓弃之。"

【译文】

孔子说:"让没有经过训练的民众上阵打仗,这叫草菅人命。"

【注释】　1 不教民:指未受过系统军事训练的民众。《汉书·刑法志》:"二伯之后,寖以陵夷。至鲁成公作丘甲,哀公用田赋,搜狩治兵大阅之事皆失其正。《春秋》书而讥之,以存王道。于是师旅亟动,百姓罢敝,无伏节死难之谊。孔子伤焉,曰:'以不教民战,是谓弃之。'"

宪问第十四

本篇共四十四章,内容比较繁杂,既有孔子对历史人物和当时代人士的评价,也有孔子关于个人修身养性、尊礼励仁的论述,还记载了一些有关孔子活动经历的情况。值得注意的是,本篇的一些内容曾散见于前面的篇章。梁启超在其《古书真伪及其年代》一书中指出,《论语》后十篇与前十篇风格稍有差异,从本篇看,梁氏之言是有道理的。但尽管如此,本篇的许多格言仍非常有价值,如"以直报怨,以德报德""古之学者为己,今之学者为人""有德者必有言,有言者不必有德"等。黄克剑认为:从首章"宪问耻"这一记述方式看,本篇的辑录者很可能是做过孔府家宰的孔子弟子原宪。(参见氏著《〈论语〉解读》)如果说《颜渊》《子路》诸篇重点是阐说"为政"之道,本篇的重点则侧重于"修己"之道。前者在某种程度上是孔子的"外王"理想之说明,后者一定意义上为孔子的"内圣"境界之阐释。对照阅读,可见《论语》编纂者的微妙之意存焉。

观摩全篇,"古之学者为己"之"为己"两字,可谓其中心命题。"为己"的核心是"有耻",作为士人,一个必不可少的品质是必须有羞耻之心,知荣辱,识羞耻。反之,如没有耻辱之心,则必定突破道德的底线,肆无忌惮,为所欲为,"内圣"既无从谈起,"外王"更无法企及。由此可见,孔子是把"行己有耻"作为"修己安人"的根本前提来对待的。"内圣"之道,在相当程度上就是一种耻感文化。

具体地说,"有耻"要求一个士人洁身自好,与恶俗的政治划清界限,保持清醒的头脑,坚守道德的立场,不与流俗同流合污,认同清明的政治,远离昏暗的现实,"邦有道,谷;邦无道,谷,耻也"。即使做不到完美无缺,也至少能保持独立的人格,拥有基本的觉悟,"见利思义,见危授命,久要不忘平生之言"。懂得收敛自己的锋芒,避免犯夸夸其谈、自命不凡的过错,即所谓"其言之不怍,则为之也难"。

"有耻"还要求士人谨言慎行,不贪图、留恋安逸的生活,能够经受得起各种磨难,各种挑战,不在逆境当中灰心丧气,自暴自弃,更不因顺境通达而忘乎所以,得意忘形。"士而怀居,不足以为士矣。""爱之,能勿劳乎? 忠焉,能勿诲乎?"根据形势的不同与环境的差异,采取不同的处世方法,直道而中行,外圆而内方,先正视和适应环境,在此基础上再积极改造环境,"邦有道,危言危行;邦无道,危行言孙"。

"有耻"更要求士人修身不倦,积极向上,有崇高的理想,有宽阔的胸襟,能够明辨是非,能够坚持原则,"君子上达,小人下达","不怨天,不尤人,下学而上达","修己以敬","修己以安人"。以直道侍奉君主,恪守做士人的基本准则,"勿欺也,而犯之","以直报怨,以德报德",注重自身的问题,拥有良好的心态,"不患人之不己知,患其不能也!"

显而易见,孔子所提倡的以"修己"为中心的耻感文化,其根本旨趣是培育谦逊而健全的君子人格,"君子耻其言而过其行"。强调德先才从,德主才辅,"骥不称其力,称其德也"。应该说,这是真正的士人的安身立命之本,在今天依然有其重要的启示意义。现在许多读书人,虽然也担负着"知识分子"的名义,但不同于"古之学者为己",他们当属"今之学者为人",不管其表面上如何光鲜亮丽,怎么冠冕堂皇,可实际上他们早已丧失了知识分子应有的风骨。换言之,他们并没有起码的担当精神,也不复存在应有的责任意识,或奴颜婢膝,臣服于权势集团,粉饰太平,歌功颂德,沾沾自喜,乐此不疲;或为虎作伥,依附于利益群体,指鹿为马、推波助澜,以期从中分得残羹冷炙。他们的堕落,原因虽各不相同,但有一点是具有共性的,即都丧失了起码的羞耻之心,唯利是图,将道义完全置于脑后,这就导致了他们突破道德的底线,最终沦落为一群行尸走肉。从这个意义上说,孔子所汲汲倡导的耻感文化,在今天仍没有过时,它就像一面镜子,照出了真假"士人"的真实面目,让人们得以明白"士人"的职责之所在,从而引以为戒,更好地"修己进德",来保证士人的风骨不至于被葬送,士人的人格不至于被扭曲!

本篇还有一个重要内容是孔子有关人物的评价。这些人物中,既有历史人物,也有一些与孔子同时代的人士。在相关的评价中,孔子同样寄托了自己的政治理念,表达了自己的价值取向。

孔子对历史人物与当时人物的评价,首先是注重于道德优劣的认同与臧否。齐桓公与晋文公均是"春秋五霸"中的佼佼者,然而,在孔子看来,齐恒公无疑要优于晋文公,理由无他,就是因为齐桓公品行端正,作风正派,而晋文公尽管有"取威定霸"的赫赫功业,可是性情狡诈,喜欢玩弄权谋手段,作风不正派。在齐桓公身上,体现的是一种凛然正气,在晋文公身上,反映的则是一种狡诈诡谲,"晋文公谲而不正,齐桓公正而不谲"。

但是,孔子毕竟是"圣之时者",他虽然主张对人物的评价首重道德,道德评价是人物评价上的最高标准,不过,他并不因此而忽略或抹杀功业大小在历史人物定位问题上的重要性。这也就是说,在人物评价上,他在优先考虑道德要素之外,还主张要关注人物的历史功业,把特定历史人物的功业建树也作为该人物历史定位过程中的重要参照系数。

这一点,在本篇孔子关于管仲的评价中有着鲜明的反映。在《论语》一书中,孔子曾多次批评指斥过管仲,说什么"管仲之器小哉",这不可谓不严厉。但是在本篇中,孔子对管仲的评价却相当正面,甚至可以说是推崇备至,不吝赞辞,称道管仲是"仁者"的楷模,"桓公九合诸侯,不以兵车,管仲之力也!如其仁!如其仁!""管仲相桓公,霸诸侯,一匡天下,民到于今受其赐。微管仲,吾其被发左衽矣",真可谓是极尽褒扬之能事。

既多处批评管仲器局狭小，"管仲之器小哉"，说管仲贪图享受，汲汲敛财，有所谓的"三归"，又毫无保留地肯定和推重管仲，对其许以"如其仁"这样的罕见褒扬。孔子在管仲评价问题上似乎显得自相矛盾，彼此牴牾。其实，这中间并没有真正的矛盾与对立，只是孔子在人物评价问题上所持的是两套不同的标准，即道德标准与历史标准。以道德标准来衡量，管仲的节操的确有一定的亏缺；但是若以历史标准来评估，管仲辅佐齐桓公在"南夷与北狄交，中国不绝若线"的情势下"尊王攘夷"，挽救和保存了华夏文明，有大功于华夏民族，这无疑值得充分肯定和积极表彰。而本篇中，孔子有关管仲的评价则主要是着眼于历史评价。正是因为这个缘故，孔子才对管仲褒扬有加，这充分反映了孔子本人在人物评价问题上所持观点的全面性与完整性，也给我们提供了"知人论世"方面的有益启迪！

原文

宪问耻，子曰："邦有道，谷¹；邦无道，谷，耻也。""克²、伐、怨、欲不行焉，可以为仁矣？"子曰："可以为难矣，仁则吾不知也。"

译文

原宪问什么是耻辱，孔子回答说："国家政治清明，当官领取俸禄；国家政治黑暗，仍然当官领取俸禄，这就是耻辱。"原宪又问："逞强好胜、自我夸耀、怨天尤人、私欲膨胀这四种毛病都克服了，是不是可算是达到仁的境界了？"孔子答道："能做到这一切是难能可贵的，至于是否已达到仁的境界，我就不知道了。"

注释 1 谷：谷物。此处喻指当官领取俸禄。 2 克：好胜，不让人，自以为是。

原文

子曰:"士而怀居[1],不足以为士矣。"

译文

孔子说:"身为士者而贪恋安逸的生活,那就算不得是士了。"

注释 1 怀居:贪恋安逸的生活,满足于现状,不思上进。怀,怀恋,热衷。居,安逸、舒适的生活。《左传·僖公二十三年》:"怀与安,实败名。"

原文

子曰:"邦有道,危[1]言危行;邦无道,危行言孙[2]。"

译文

孔子说:"国家政治清明,说话正直,行为也正直;国家政治黑暗,行为仍要正直,但说话要小心谨慎。"

注释 1 危:正直,端正。《广雅》:"危,正也。" 2 孙:同"逊",谦逊,指收敛锋芒,讲话小心翼翼。《管子·宙合》:"贤人之处乱世也,知道之不可行,则沉抑以辟罚,静默以侔免。辟之也,犹夏之就清,冬之就温焉,可以无及于寒暑之灾矣,非为畏死而不忠也。"又《荀子·臣道》:"迫胁于乱时,穷居于暴国,而无所避之,则崇其美,扬其善,违其恶,隐其败,言其所长,不称其所短,以为成俗。"

原文

子曰:"有德者必有言,有言者[1]不必有德。仁者必有勇,勇者不必有仁。"

译文

孔子说:"有道德的人一定会有精妙的言论,但能说精言妙语的人不一定有道德。仁爱的人一定勇敢,但勇敢的人不一定仁爱。"

注释 1 有言者:指夸夸其谈、信口开河,能说冠冕堂皇言辞的人。

〖原文〗

南宫适问于孔子曰："羿[1]善射，奡[2]荡舟，俱不得其死然。禹、稷[3]躬稼而有天下。"夫子不答。南宫适出，子曰："君子哉若人！尚德者若人！"

〖译文〗

南宫适问孔子说："后羿善于射箭，奡擅长陆地行舟，都不得好死。大禹、后稷亲自耕种，却最终得到了天下。"孔子没有回答。南宫适告辞退出之后，孔子感叹道："这个人真是一位君子啊！这个人真是崇尚道德啊！"

〖注释〗 1 羿(yì)：后羿，相传他是夏朝属国有穷国的君主，射技卓绝，曾篡夺夏太康王位，后为其臣寒浞所杀。 2 奡(ào)：一名浇，相传是夏寒浞之子，能陆地行舟，擅长水战，后为夏少康所攻灭。 3 稷(jì)：后稷，相传为周族的祖先，曾教授人民耕种庄稼。后被尊为谷神。《史记·周本纪》："周后稷名弃。……弃为儿时，屹如巨人之志，其游戏，好种树麻、菽、麻、菽美。及为成人，遂好耕农，相地之宜，宜谷者稼穑焉，民皆法则之。帝尧闻之，举弃为农师，天下得其利，有功。"

〖原文〗

子曰："君子而不仁者有矣夫，未有小人而仁者也。"

〖译文〗

孔子说："作为君子有时候不仁爱的情况是会有的，但是没有小人能够仁爱的情况。"

〖原文〗

子曰："爱之，能勿劳[1]乎？忠焉，能勿诲[2]乎？"

〖译文〗

孔子说："爱他，能不让他经受劳苦的考验吗？一个人虽然忠实，能不教诲、培育他吗？"

【注释】 1 劳:使动用法,使……劳,吃苦耐劳。《国语·鲁语》:"夫民劳则思,思则善心生;逸则淫,淫则忘善,忘善则恶心生。沃土之民不材,逸也;瘠土之民莫不向义,劳也。" 2 诲:教诲,诲导,教育。

【原文】

子曰:"为命¹,裨谌²草创³之,世叔⁴讨论⁵之,行人子羽⁶修饰之,东里子产⁷润色之。"

【译文】

孔子说:"郑国制定有关法令法规,由裨谌进行起草,世叔提出修改意见,外交官子羽加以修饰补充,最后由居住东里的子产润色确定。"

【注释】 1 为命:制定国家有关法令。 2 裨谌:人名,郑国的大夫。3 草创:草拟,起草。 4 世叔:郑国的大夫,名游吉,又称子太叔,子产去世后,继为郑相。 5 讨论:提批评意见。讨,研究。论,评论。 6 行人子羽:行人,主持外交的官员,伍子胥在吴国也曾任过此职。子羽,即公孙挥,郑国大夫。 7 东里子产:东里,地名,系子产所居住的地方。子产,郑国执政者。

【原文】

或问子产,子曰:"惠人也。"问子西¹,曰:"彼哉,彼哉!"²问管仲,曰:"人也。夺伯氏³骈邑⁴三百,饭疏食,没齿⁵无怨言。"

【译文】

有人问子产是怎样的人物,孔子回答说:"是宽厚慈惠的人。"又问子西是怎样的人物,孔子不屑一顾地说:"他呀!他呀!"再问管仲是怎样的人物,孔子答道:"是一个了不起的人才,他剥夺了伯氏在骈邑的三百户采地,使得伯氏只能吃粗茶淡饭,但伯氏到死一直没有任何怨言。"

[注释] 1 子西:楚国令尹(相国)。 2 彼哉,彼哉:他呀,他呀,含有不屑一提的轻蔑成分。 3 伯氏:齐国的大夫。 4 骈邑:齐国的地名,曾为伯氏的封地。 5 没齿:至死,死亡。

[原文]

子曰:"贫而无怨难,富而无骄易。"

[译文]

孔子说:"贫穷而能做到不怨愤比较困难,富贵而能做到不骄横相对容易。"

[原文]

子曰:"孟公绰[1]为赵、魏老[2]则优[3],不可以为滕、薛[4]大夫。"

[译文]

孔子说:"孟公绰去当晋国赵氏、魏氏的家臣,那是游刃有余的,但是不可以去做滕、薛等国的大夫。"

[注释] 1 孟公绰:鲁国大夫,性情寡欲无争,素为孔子所尊敬。 2 老:古代卿大夫的家臣称老,也称室老。 3 优:优裕,此指能胜任愉快。《汉书·薛宣朱博传》:"故或以德显,或以功举。" 4 滕、薛:鲁国附近的小国,均在今山东滕州境内。

[原文]

子路问成人[1],子曰:"若臧武仲[2]之知,公绰之不欲,卞庄子[3]之勇,冉求之艺,文[4]之以礼乐,亦可以为成人矣。"曰:"今之成人者何必然? 见利思义,见危授

[译文]

子路问孔子怎样才算是完美的人,孔子回答说:"像臧武仲那样的聪明睿智,孟公绰那样清心寡欲,卞庄子那样勇敢威武,冉求那样多才多艺,再加之以礼乐修养,这样就可以成为完美的人了!"孔子又补充说:"现在完美的人何必一定要这样? 只要看见利益而能想

命⁵,久要⁶不忘平生之言,亦可以为成人矣。"

到道义,面临危难而能付出生命,长久贫困而不忘记平生的诺言,就可以算作完美的人了。"

注释 1 成人:完美的人。 2 臧武仲:臧孙纥,鲁国大夫,以聪明睿智而著名,在齐国因预见到齐庄公将被杀而拒绝接受其封地,从而免受牵连。事见《左传·襄公二十三年》。 3 卞庄子:鲁国大夫,以勇敢多力著称。《荀子·大略》:"齐人欲伐鲁,忌卞庄子,不敢过卞。" 4 文:文饰,增添。 5 授命:贡献生命。 6 要:假借为"约",贫穷困厄的意思。

原文

　　子问公叔文子¹于公明贾²,曰:"信乎,夫子³不言、不笑、不取乎?"公明贾对曰:"以⁴告者过也。夫子时然后言,人不厌其言;乐然后笑,人不厌其笑;义然后取,人不厌其取。"子曰:"其然,岂其然乎?"

译文

　　孔子向公明贾打听公叔文子的情况,问道:"是真的吗?这位先生不说、不笑、不拿?"公明贾回答说:"这是由于传话的人说错了。这位先生到该说的时候才说,所以别人不厌恶他说;快乐的时候才笑,所以别人不厌恶他笑;合乎道义的才拿,所以别人不厌恶他拿。"孔子叹道:"是这样的吗,难道真的是这样的吗?"

注释 1 公叔文子:卫国大夫,卫献公之孙,名拔,"文"是其谥号。 2 公明贾:卫国人,姓公明,名贾,时为公叔文子的使臣。 3 夫子:对公叔文子的尊称。 4 以:由于,缘于。

【原文】

子曰："臧武仲以防求为后于鲁[1]，虽曰不要[2]君，吾不信也。"

【译文】

孔子说："臧武仲凭借他的封地防邑，请求鲁君册立自己的子弟为鲁国的卿大夫，虽然有人说他这不是要挟国君，但我是不相信的。"

【注释】 1 臧武仲以防求为后于鲁：事见《左传·襄公二十三年》。防，防邑，鲁国地名，在今山东费县东北，臧武仲的封地。以，凭借。后，后代，指臧氏子弟。 2 要：要挟。

【原文】

子曰："晋文公[1]谲[2]而不正，齐桓公[3]正而不谲。"

【译文】

孔子说："晋文公狡诈玩弄手段，作风不正派；齐桓公作风正派，不狡诈玩弄手段。"

【注释】 1 晋文公：姓姬，名重耳，晋国国君，早年曾流亡各国，察知民情，掌握诸侯国的战略动态，前636—前628年在位，其间任用贤能，发展经济，增强军备，在城濮之战中战胜强楚，"取威定霸"，成为春秋五霸之一。 2 谲(jué)：狡诈，诡谲。 3 齐桓公：姓姜，名小白，齐国国君，前685—前643年在位，在位期间，任用管仲等贤能之士，尊王攘夷，迁邢存卫，订立召陵之盟，南抑强楚，举行葵丘大会，团结中原诸侯，成为春秋五霸中的首霸。

【原文】

子路曰："桓公杀公子纠[1]，召忽[2]死之，管仲不死。"曰："未仁乎？"子曰："桓公九

【译文】

子路说："齐桓公〔逼迫鲁国〕杀死自己兄长公子纠，召忽为此自杀殉主，可是管仲却没有自杀。"他接着问："管仲不算是仁人吧？"孔子说："齐桓公多次主持诸侯

合³诸侯，不以兵车⁴，管仲之力也！如其仁！如其仁！"

的会盟，而没有使用武力，这都是管仲的功劳！这就是管仲的仁德！这就是管仲的仁德！"

注释 1 公子纠：齐襄公之子，齐桓公之兄，在争夺君位的斗争中败于齐桓公。　2 召忽：公子纠的谋士，公子纠死后，他自杀殉难。　3 九合：多次会合，与诸侯多次举行盟会。　4 不以兵车：意谓不凭借武力征伐而成为霸主。《春秋穀梁传·庄公二十七年》："桓会不致，安之也；桓盟不日，信之也。信其信，仁其仁。衣裳之会十有一，未尝有歃血之盟也，信厚也。兵车之会四，未尝有大战也，爱民也。"

原文

子贡曰："管仲非仁者与？桓公杀公子纠，不能死，又相¹之。"子曰："管仲相桓公，霸诸侯，一匡天下²，民到于今受其赐³。微⁴管仲，吾其被发左衽⁵矣。岂若匹夫匹妇之为谅⁶也，自经于沟渎⁷而莫之知也？"

译文

子贡说："管仲不能算是仁人吧？齐桓公杀死了公子纠，他不但没有自杀殉主，反而去辅佐齐桓公。"孔子说："管仲辅佐齐桓公，使齐桓公成为诸侯的霸主，使整个天下得到匡正，广大民众直到今天仍享受着他所带来的实惠。如果没有管仲，我们大概会披头散发，衣襟向左开〔成为夷狄的属民了〕。难道要他像普通男女那样固守小节小信，在小河沟里上吊自杀而没有人能知道吗？"

注释 1 相：辅弼，辅佐。　2 一匡天下：意谓使天下走上礼乐文明的正道。匡，端正，纠正。《春秋公羊传·僖公四年》："其言盟于师，盟于召陵，何？师在召陵也。……喜服楚也。何言乎喜服楚？楚有王者则后服，无王者则先叛。夷狄也,而亟病中国。南夷与北狄交,中国不绝若线。桓公救中国而攘夷狄,卒怙荆,以此为王者之事也。" 3 赐:这里是实惠、好处的意思。 4 微:假若没有。 5 被发左衽(rèn):被发左衽为北方少数民族的习俗,此处意谓中原地区沦陷于夷狄之手。被,同"披"。衽,衣襟。左衽,衣襟向左掩。 6 谅:诚实,守信用,这里指固守小节。 7 沟渎(dú):沟渠。

原文

公叔文子之臣大夫僎[1]与文子同升诸公[2]。子闻之,曰:"可以为'文'矣。"

译文

公叔文子的家臣大夫僎〔由于文子的举荐而〕和公叔文子一道参与国家政治的治理。孔子听说了这件事,表示:"这就够得上'文'这个称号了。"

注释 1 僎(xún):人名,卫国大夫,原为公叔文子的家臣,后经公叔文子的举荐,升为大夫。 2 同升诸公:意谓与公叔文子一起参与治理国政。公,公室,喻指国家政治。

原文

子言卫灵公之无道也。康子曰:"夫如是,奚而[1]不丧?"孔子曰:"仲叔圉[2]治宾客[3],祝鮀治宗庙,王孙贾治军旅。夫如是,奚其丧?"

译文

孔子谈到卫灵公种种昏庸无道的表现。季康子说:"既然如此,为什么没有败亡呢?"孔子说:"有仲叔圉主掌礼宾往来事务,有祝鮀主掌宗庙祭祀典礼,有王孙贾执掌军队。像这样,又怎么会败亡呢?"

注释 1 奚而:为何,为什么。 2 仲叔圉(yǔ):卫国大夫,即孔文子。 3 治宾客:主掌礼宾往来,也即主办外交事务。

【原文】

子曰:"其言之不怍¹,则为之也难。"

【译文】

孔子说:"一个人夸夸其谈而不感到惭愧,要他去做实际工作也实在太难了。"

【注释】 1 怍(zuò):惭愧。《逸周书·官人解》:"扬言者寡信。"又《老子》:"轻诺必寡信。"

【原文】

陈成子¹弑简公²。孔子沐浴而朝,告于哀公曰:"陈恒弑其君,请讨之。"公曰:"告夫三子³。"孔子曰:"以吾从大夫之后,不敢不告也。君曰:'告夫三子'者。"之⁴三子告,不可。孔子曰:"以吾从大夫之后,不敢不告也。"

【译文】

陈成子弑杀了齐简公。孔子斋戒沐浴后去朝见鲁哀公,告诉他说:"陈恒犯上作乱杀了他的国君,请出兵讨伐他。"哀公表示:"你去向三位大夫报告吧。"孔子退朝后说:"因为我曾经当过大夫,不敢不去报告此事。但国君对我说:'去向三位大臣报告吧。'"孔子又到三位大臣处报告此事,他们不同意孔子的建议。孔子说:"因为我曾经当过大夫,所以不敢不报告。"

【注释】 1 陈成子:陈恒,齐国上卿大夫,执政期间,施惠于民,收买人心,进一步扩张田氏势力,弑齐简公,后更自代为齐王。《左传·哀公十四年》:"甲午,齐陈桓弑其君壬于舒州。孔丘三日斋而请伐齐三。公曰:'鲁为齐弱久矣,子之伐之,将若之何?'对曰:'陈恒弑其君,民之不与者半。以鲁之众加齐之半,可克也。'公曰:'子告季孙。'孔子辞。退而告人曰:'吾以从大夫之后也,故不敢不言。'" 2 简公:齐简公,姓姜,名壬,厚敛于民,荒淫无道,结果为素有野心的陈恒乘机弑杀。 3 三子:指当时鲁国最有权势的三家大夫季孙氏、孟孙氏、叔孙氏。　4之：到，赴。

原文

　　子路问事君。子曰："勿欺也，而犯[1]之。"

译文

　　子路问应该怎样侍奉君主。孔子回答："不要欺骗哄瞒他，而要据理力争规谏他。"

注释　1犯：触犯，冒犯，这里引申为规谏。《礼记·檀弓上》："事君有犯而无隐。"

原文

　　子曰："君子上达，小人下达。"[1]

译文

　　孔子说："君子通达于高尚的仁义，小人通达于污下的财利。"

注释　1上达、下达：《淮南子·缪称训》："积薄为厚，积卑为高。故君子日孳孳以成恽，小人日怏怏以至辱。其消息也，离朱弗能见也。"古今关于它们的含义解释多有分歧，以皇侃《论语义疏》的解释较为合理。

原文

　　子曰："古之学者为己，今之学者为人。"

译文

　　孔子说："古代人们学习是为了自己长进，现在人们学习是为了装样子给别人看。"

原文

　　蘧伯玉[1]使人于孔子，孔子与之坐而问焉，曰："夫子[2]何为？"对曰："夫子欲寡[3]其过而未能也。"使者出，子曰："使乎！使乎！"

译文

　　蘧伯玉派人去拜望孔子，孔子请他入座，并问他说："他老人家在干什么呢？"使者回答说："他老人家想减少过错却还没能做到。"使者告辞离去后，孔子感叹道："好一位使者！好一位使者！"

注释 1蘧(qú)伯玉:名瑗,卫国大夫,孔子游历到卫国时,曾住过他家。 2夫子:对男子尊称,此指蘧伯玉。 3寡:形容词用作动词,减少。

原文

子曰:"不在其位,不谋其政。"[1] 曾子曰:"君子思不出其位。"

译文

孔子说:"不在那个工作岗位,就不考虑那方面的政务。"曾子说:"君子所考虑的不超出他的职权范围。"

注释 1此句重出,见《泰伯第八》。

原文

子曰:"君子耻[1]其言而过其行。"

译文

孔子说:"对于说的超过做的行径,君子感到羞耻。"

注释 1耻:意动用法,以……为耻。《礼记·表记》:"君子……耻有其辞而无其德,耻有其德而无其行。"

原文

子曰:"君子道者三,我无能焉:仁者不忧,知者不惑,勇者不惧。"[1] 子贡曰:"夫子自道也。"

译文

孔子说:"君子之道包括三个方面,可我都没能做到:仁爱的人不忧心忡忡,智慧的人不迷惑困疑,勇敢的人不畏葸恐惧。"子贡说:"这正是老师的自我表白呀!"

注释 1"仁者"三句:与《子罕第九》篇相同,唯"知者不惑"置于"仁者不忧"之前。《易经·系辞上》:"乐天知命,故不忧。"

原文

　　子贡方¹人。子曰："赐也贤乎哉? 夫我则不暇²。"

译文

　　子贡对他人品头论足。孔子批评说："端木赐你自己够贤明了吗? 我就没有这种闲工夫。"

注释　1方:衡量、比方的意思,此指品头论足,臧否人物。　2暇:空闲。

原文

　　子曰:"不患人之不己知,患其¹不能也。"

译文

　　孔子说:"不担心人家不了解自己,只担心自己没有能力。"

注释　1其:指自己。

原文

　　子曰:"不逆¹诈,不亿²不信,抑亦先觉者,是贤乎! "

译文

　　孔子说:"不预先怀疑别人欺骗,不凭空猜测别人不诚信,可是能先行觉察他人的所作所为,这样的人是贤人吧! "

注释　1逆:预先。　2亿:同"臆",揣度,猜测。《大戴礼记·曾子立事》:"君子不先人以恶,不疑人以不信。"

原文

　　微生亩¹谓孔子曰:"丘何为是栖栖²者与? 无乃为佞乎?"孔子曰:"非敢为佞也,疾固也。"

译文

　　微生亩对孔子说:"你孔丘为什么这样奔走忙碌呢? 难道是想表现你的口才?"孔子答道:"我不敢卖弄自己的口才,而是痛恨那些顽固不化的人啊。"

【注释】 1微生亩:人名,鲁国人,当为一位隐者。 2栖栖:忙忙碌碌,不得安宁的样子。《吕氏春秋·爱类》:"贤人之不远海内之路,而时往来乎王公之朝,非以要利也,以民为务故也。"

【原文】

子曰:"骥[1]不称其力,称其德也。"

【译文】

孔子说:"所谓好马,不是称赞它的力量,而是称赞它的品德。"

【注释】 1骥(jì):骏马。

【原文】

或曰:"以德报怨,何如?"子曰:"何以报德?以直[1]报怨,以德报德。"

【译文】

有人说:"用恩德来报答怨仇,怎么样?"孔子说:"那么用什么来报答恩德呢?应该用公平正直来报答怨仇,用恩德来报答恩德。"

【注释】 1直:公平正直。《礼记·表记》:"子曰:'以德报怨,则宽身之仁也;以怨报德,则刑戮之民也。"《礼记·曲礼上》:"父之仇,弗与共戴天;兄弟之仇,不反兵;交游之仇,不同国。"

【原文】

子曰:"莫我知也夫!"子贡曰:"何为其莫知子也?"子曰:"不怨天,不尤[1]人,下学而上达[2]。知我者其天乎!"

【译文】

孔子叹道:"没有人了解我呀!"子贡问道:"为什么没有人了解您呢?"孔子答道:"我既不怨恨天,也不怪罪于人,学习普通的知识但通晓深奥的道理,了解我的大概也只有苍天了!"

注释 1 尤：责怪，归罪。 2 下学而上达：皇侃《义疏》云："下学，学人事；上达，达天命。我既学人事，人事有否有泰，故不尤人。上达天命，天命有穷有通，故我不怨天也。"可作此语之确解。《周易·乾卦·文言》："夫大人者，与天地合其德，与日月合其明，与四时合其序，与鬼神合其吉凶。先天而天弗违，后天而奉天时。天且弗违，而况于人乎？况于鬼神乎？"

原文

公伯寮[1]诉[2]子路于季孙。子服景伯[3]以告，曰："夫子[4]固有惑志于公伯寮，吾力犹能肆诸市朝[5]。"子曰："道之将行也与？命也。道之将废也与？命也。公伯寮其如命何？"

译文

公伯寮向季孙氏诋毁子路。子服景伯把这件事告诉了孔子，并且表示："季孙氏已经被公伯寮迷惑住了，可我的力量还是能将公伯寮的尸体放在街头示众。"孔子说："我的主张将实现吗？这是命运。我的主张将被废弃吗？这也是命运。公伯寮对于天命又能怎么样呢？"

注释 1 公伯寮：人名，一说系孔子弟子，一说认为非孔子之弟子。 2 诉：诉说，告状，此处指低毁、诽谤。 3 子服景伯：名何，鲁国大夫。 4 夫子：指季孙氏。 5 肆诸市朝：将尸体放到市场等公共场所示众。

原文

子曰："贤者辟[1]世，其次辟地，其次辟色，其次辟言。"子曰："作者七人[2]矣。"

译文

孔子说："贤明的人避开整个社会，次一等的人避开某一个地方，再次一等的人避开某些人难看的脸色，又次一等的人避开某些人不中听的言辞。"孔子又说："这样做的人已经有七位了。"

【注释】 1 辟:通"避",躲避。《孟子·离娄上》:"伯夷辟纣,居北海之滨。……太公辟纣,居东海之滨。" 2 作者七人:这样做的人已有七人,指伯夷、叔齐、柳下惠等七人。一说,指桀溺、长沮等七人。

【原文】

子路宿于石门[1]。晨门[2]曰:"奚自?"子路曰:"自孔氏。"曰:"是知其不可而为之者与?"

【译文】

子路在石门过夜,守城门的人问他说:"你从哪里来?"子路回答说:"是从孔家来。"守城门的说:"是那位知道做不到却还要去做的人吗?"

【注释】 1 石门:鲁国都城的外门。一说,石门是地名,在今山东平阴县北。 2 晨门:掌管早晚开闭城门的人,即守门人。

【原文】

子击磬[1]于卫,有荷蒉[2]而过孔氏之门者,曰:"有心哉,击磬乎!"既而曰:"鄙哉!硁硁[3]乎!莫己知也,斯己而已矣。深则厉,浅则揭。[4]"子曰:"果哉!末之难矣。"

【译文】

孔子在卫国,一天正敲着磬,有一个挑着草筐子的人恰好从他门前走过,说道:"这个人敲磬可真是大有深意呀!"过了一会儿又说:"这个硁硁的敲磬声听上去真是庸俗!没有人了解自己,自己知道自己就行了。水深就不妨和衣而过,水浅就撩起衣服走过去。"孔子说:"说得好果断和决绝呀!如果真是这样就没有什么困难了。"

【注释】 1 磬(qìng):古代一种由石或玉制成的打击乐器。 2 蒉:草编的筐子。 3 硁硁:击磬发出的声音。 4 深则厉,浅则揭:出自《诗经·邶风·匏有苦叶》。意谓水深就和衣而过,水浅就撩起衣服过河。厉,不脱

208 | 论语

衣服涉水。揭,提起衣服过河。此处以水之深浅比喻社会黑暗之程度,以厉或揭来表示对待现实社会的不同态度。

原文

子张曰:"《书》[1]云:'高宗[2]谅阴[3],三年不言。'何谓也?"子曰:"何必高宗? 古之人皆然。君薨[4],百官总己以听于冢宰[5]三年。"

译文

子张说:"《尚书》上讲:'商代高宗居丧期间,三年没有说话。'这是什么意思?"孔子说:"何必是高宗一人而已,古时候的人都是如此。国君去世后,三年之内,文武百官均各理自己的职事而听命于冢宰。"

注释 1《书》:《尚书》。以下文字出自今本《尚书·无逸》篇。 2高宗:商王武丁。在位期间,任用傅说等贤人,征伐四夷,武功卓伟。 3谅阴:又作谅暗、亮阴,天子、诸侯居丧之谓。一说为居丧住的房子,即凶庐。4薨(hōng):死亡。 5冢(zhǒng)宰:先秦官名,总理全国政务之最高行政长官,相当于后来的宰相。

原文

子曰:"上好礼,则民易使也。"

译文

孔子说:"统治者爱好礼义,那么普通民众就容易听使唤了。"

原文

子路问君子。子曰:"修己以敬。"曰:"如斯而已乎?"曰:"修己以安人[1]。"曰:

译文

子路问怎样才能成为君子。孔子说:"以恭敬严肃的态度搞好自身的修养。"子路又问:"这样做就行了吗?"孔了回答:"搞好自身的修养并使周围的人得到安乐。"子路再

原文

"如斯而已乎?"曰:"修己以安百姓。修己以安百姓,尧、舜其犹病²诸!"

译文

问:"这样做就行了吗?"孔子答道:"搞好自身的修养并使广大民众都得到安乐。搞好自身的修养并使广大民众都得到安乐,要做到这一点,恐怕尧、舜这样的圣人都会感到困难的!"

注释 1人:此指自己所熟悉的周围的人。 2病:犯难、力不从心的意思。《论衡·宣汉》:"夫太平以治定为效,百姓以安乐为符。孔子曰:'修己以安百姓,尧、舜其犹病诸!'百姓安者,太平之验也。"

原文

原壤¹夷俟²。子曰:"幼而不孙弟³,长而无述⁴焉,老而不死,是为贼。"以杖叩其胫⁵。

译文

原壤叉开双腿坐在地上。孔子斥责他说:"幼小的时候不懂孝悌礼节,长大成人后又一事无成,老了还不死掉,你真是个害人的家伙。"一边说,一边用手杖敲打他的小腿。

注释 1原壤:人名,孔子的老熟人。 2夷俟(sì):夷,即箕踞,两腿叉开而坐,这在古代被认为是傲慢无礼的表现。俟,等待。 3孙弟:即"逊悌",指谦逊孝悌懂礼节。 4无述:没有什么可值得称述的作为。《大戴礼记·曾子立事》:"少称不弟焉,耻也;壮称无德焉,辱也;老称无礼焉,罪也。" 5胫:小腿。

原文

阙党¹童子将命²。或问之曰:"益者³与?"子曰:"吾见其居于位⁴

译文

阙党的一个少年来向孔子传话。有人问孔子说:"这少年是求上进的人吗?"孔子答道:"我看见他大模大样坐在位子也,见其与先生并行⁵也。非求益者也,欲速成者也。"

上,又见他同长辈并肩而行。这不是一个肯求上进的人,而是一个急于求成的人。"

注释 1 阙党:地名,今山东曲阜境内,时为孔子居住的地方。 2 将命:传命,传达宾主的话。 3 益者:追求上进,不甘沉沦的人。 4 居于位:未成年的人居于成人之位,这是违礼的行为。 5 并行:童子与成人并行,这也是违礼之举。《礼记·王制》:"父之齿随行,兄之齿雁行。"

｜卫灵公第十五｜

导读

《卫灵公》篇共四十二章,各章文字简短精悍,宏旨深远,是孔子有关君子人格阐释的又一重点篇章。在篇中,孔子就如何修养培育君子人格提出了自己的基本观点,"依于仁"是孔子心目中君子人格养成的关键之所在,"躬自厚而薄责于人"则是理想人格的最鲜明表征。

在孔子看来,理想人格的造就,首先在于自身修养的坚持,自身境界的提升,而自身修养的完善,基础是对自己的优劣短长有清楚的认识,能发现自己身上的不足,勤能补拙,孜孜不倦地学习。对此,孔子曾拿自己现身说法:"吾尝终日不食,终夜不寝,以思,无益,不如学也。"理由很简单,一个人之所以能超越平庸,完善人格,不能依赖于外力,而主要取决于自身的努力,"人能弘道,非道弘人"。用今天的哲学概念来表述,就是内因是变化的依据,外因是变化的条件,外因通过内因而起作用。然而内因并非一成不变的凝固之物,它是动态嬗变的,要促成这种动态性的嬗变,学习积累,改造自己的素质,提升自己的境界,乃是重要的环节,因此,勤奋学习是君子人格养成的重要基础,从基础做起,从根底夯实,则君子人格的养成就有了基本的保证。用孔子自己的话说,这就是"君子求诸己,小人求诸人""君子病无能焉,不病人之不己知也"。

理想人格的养成,其次在于一言一行之中都要贯彻践行儒家学说所提倡的基本原则,将儒学的精义真正加以融会贯通,使之成为自己生命中的自觉意识与行为准则。这在人生态度上,是要做到淡泊名利,超越世俗的羁縻，"谋道不谋食"，"忧道不忧贫"。孔子尽管也说"君子疾没世而名不称也"，但这里的"名"，乃是"仁"之"名"，并非世俗所理解的名誉地位。在面对自身的不足与过错时，要勇于改正，而切忌文过饰非，我行我素，"过而不改，是谓过矣"，"巧言乱德，小不忍则乱大谋"。在处理人际关系上，要做到襟怀坦荡，不党不私，据直道而行，虚心谦让，避免犯结党营私、党同伐异的过错，"君子矜而不争，群而不党"，强调指出"群居终日，言不及义，好行小慧，难矣哉"。在孔子看来，与人为善，"成人之美"，则普天之下的人就都是自己的朋友，反之，则所有的人都会成为敌人。在对待他人时，要听其言而观其行，评价他人要防止片面性，做到兼听则明，"众恶之，必察焉；众好之，必察焉"。实事求是，择善而从，客观公正，不受自己的主观好恶所左右，即所谓"不以言举人，不以人废言"，同时能够包容宽恕，不将自己的意志强加给别人，"其恕乎！己所不欲，勿施于人"。在面临困难，遭遇挫折的时候，能做到坚定自若，毫不动摇，坚持原则，守住底线，不随波逐流，不首鼠两端，"君子固穷，小人穷斯滥矣"，"一以贯之"。

在践行君子理想的过程中，要善于抓住关键，突出重点，把握要义，"言忠信，行笃敬"，防止出现枝蔓无绪、不得要领的情况，"辞达而已矣"。具体地说，就是强调"义、礼、孙、信"四个基本纲目："义以为质，礼以行之，孙以出之，信以成之。"在面对与解决复杂问题之时，要拥有智慧，明察秋毫，由表及里，去伪存真，恰到好处，进退裕如，"可与言而不与之言，失人；不可与言而与之言，失言。知者不失人，亦不失言"。能够见微知著，未雨绸缪，"人无远虑，必有近忧"，做到"贞而不谅"。

"仁"是孔子的核心价值观。孔子在提倡理想人格养成时，"仁"德的培育与弘扬，始终居于关键的地位。在孔子的心目中，君子理想人格的养成，不外乎是对"仁"的完全认同与不懈坚持。他遗憾当时人们见仁而不知进，见德而不知修，"民之于仁也，甚于水火。水火，吾见蹈而死者矣，未见蹈仁而死者也"；"已矣乎！吾未见好德如好色者也"。总而言之，是"知德者鲜矣"。正是因为绝大多数人无法企及这个高度，君子理想人格的养成中才有必要对"仁"的坚守予以特别的强调，加以最大的鼓励，"当仁，不让于师"。在孔子看来，"仁"的至高无上是毋庸置疑的，它的意义要超越生死，重于个人的生命，即所谓"志士仁人，无求生以害仁，有杀身以成仁"。很显然只有达到这样的生命境界，君子理想人格才算是真正得以养成，而有了这样完美人格的"儒之大者"，儒家的精神才有希望得以真正的弘扬，儒学的精义才有希望得以真正的贯彻。

毫无疑义，孔子有关养成君子理想人格的思想，对后世志士仁人的成长，曾产生过深远而广泛的影响。这在司马迁的身上，就是"究天人之际，通古今之变，成一家之言"；在杜甫的身上，就是"致君尧舜上，再使风俗淳"；在范仲淹的身上，就是"先天下之忧而忧，后天下之乐而乐"；在陆游的身上，就是"位卑未敢忘忧国"；在文天祥的身上，就是"孔曰成仁，孟曰取义，唯其义尽，所以仁至。读圣贤书，所学何事？而今而后，庶几无愧"；在顾炎武的身上，就是"天下兴亡，匹夫有责"。他们的遭遇或许有所不同，他们的言辞或许各有侧重，但其精神是一脉相承的，其灵魂是息息相通的，而这中间，支撑他们"当仁，不让于师"的基础，就是孔子所倡导的君子理想人格。具备了这样的人格，自然能视荣华富贵如敝屣，视威胁恐吓如无物，志存高远，行为高洁，真正做到孟子所说的"富贵不能淫，贫贱不能移，威武不能屈！"

在当下，物欲横流、世风日下、人心不古已经成了常态，精神侏儒、文化异化、斯文扫地已经变为现实。在这样的环境下，重温孔子有关君子理想人格的论述尤其显得必要与迫切，重振士风，激浊扬清，是任何一位良知尚存的读书人义不容辞的职责。我们认为，在今天重振国学，重点就在于找回失落殆尽的君子理想人格："为天地立心，为生民立命，为往圣继绝学，为万世开太平！"否则，重振国学，只会导致《弟子规》《二十四孝》等封建意识的沉渣泛起，只会造成《三十六计》《厚黑学》等"文化"的风靡天下，到头来，重复历史的劫难，走向失败的深渊！

[原文]

卫灵公问陈[1]于孔子,孔子对曰:"俎豆之事[2],则尝闻之矣;军旅之事,未之学也。"明日遂行。

[译文]

卫灵公向孔子请教有关用兵布阵方面的事情,孔子回答说:"祭祀礼仪方面的事务,我曾经知道一些;至于军事方面的事情,我从来不曾学过。"第二天,他便离开了卫国。

[注释] 1 陈:"阵"的古字,名词用作动词,意指排兵布阵、指挥作战。2 俎豆之事:指礼仪祭典方面的事务。俎,古代祭祀、设宴时用以载牲的礼器;豆,盛装干物的器皿,均为古代宴礼、朝聘、祭祀所用的礼器。《新序·杂事五》:"昔卫灵公问陈,孔子言俎豆,贱兵而贵礼也。"

[原文]

在陈绝粮,从者病,莫能兴[1]。子路愠见曰:"君子亦有穷乎?"子曰:"君子固[2]穷,小人穷斯滥[3]矣。"

[译文]

孔子在陈国断炊绝粮,跟随的人都饿病了,不能站立行走。子路恼怒地来见孔子说:"君子也有困窘的时候吗?"孔子回答道:"君子能够安守于困窘,小人一困窘便会乱来。"

[注释] 1 兴:起来,这里指站立行走。 2 固:安于、安守的意思。 3 滥:过度,无节制,为所欲为。《史记·孔子世家》:"孔子迁于蔡,三岁,吴伐陈,楚救陈,军于城父。闻孔子在陈、蔡之间,楚使人聘孔子。孔子将往拜礼。陈、蔡大夫谋曰:'孔子,贤者,所刺讥皆中诸侯之疾。今者久留陈、蔡之间,诸大夫所设行皆非仲尼之意。今楚,大国也,来聘孔子。孔子用于楚,则陈、蔡用事大夫危矣。'于是乃相与发徒役,围孔子于野,不得行,绝粮,从者病,莫能兴。孔子讲诵弦歌不衰。"

原文

子曰:"赐也,女以予为多学而识[1]之者与?"对曰:"然,非与?"曰:"非也,予一以贯之。"

译文

孔子说:"端木赐呀!你以为我是广泛学习而又能记住各种知识的人吗?"子贡回答说:"是的,难道不是这样吗?"孔子说:"不是的,我是始终如一坚持基本原则而已。"

注释 1 识:通"志",记,掌握。

原文

子曰:"由,知德者鲜[1]矣。"

译文

孔子说:"仲由呀!懂得'德'的人太少了。"

注释 1 鲜:稀少,稀罕。

原文

子曰:"无为而治[1]者,其舜也与?夫[2]何为哉?恭己正南面[3]而已矣。"

译文

孔子说:"无所作为而使得天下大治的,大概就是虞舜吧?他做了什么呢?不过是修身正己,然后脸朝南安坐在王位上罢了。"

注释 1 无为而治:不刻意作为却能使天下太平。 2 夫:代词,指虞舜。 3 南面:古代以坐北朝南为尊位。这里指王位,也可理解为统治天下。《尚书大传》:"女以为明主为劳乎?昔者舜左禹而右皋陶,不下席而天下治。"

【原文】

子张问行。子曰："言忠信,行笃敬,虽蛮貊[1]之邦,行矣。言不忠信,行不笃敬,虽州里[2],行乎哉?立则见其参[3]于前也,在舆[4]则见其倚于衡[5]也,夫然后行。"子张书诸绅[6]。

【译文】

子张请教怎样做才能使自己在社会上行得通。孔子说:"说话忠诚老实,行为严肃恭敬,即使到了未开化的蛮夷之邦,也行得通。说话不忠诚老实,行为不严肃恭敬,就是在自己的家乡,能行得通吗?站立的时候,就好像看见'言忠信,行笃敬'几个字出现在面前;乘车的时候,就好像看见它们刻在车前的横木上,这样才能到处行得通。"子张便把这些话写在自己的衣带上。

【注释】 1 蛮貊(mò):古代统治者对南方与东北部少数民族带污辱性的称呼,可理解为未开化的落后民族。 2 州里:此指本乡本土。 3 参:见,显。 4 舆:车厢。 5 衡:车辕前面的横木。 6 绅:宽大的衣带。《说苑·敬慎》:"颜回将西游,问于孔子曰:'何以为身?'孔子曰:'恭敬忠信,可以为身。恭则免于众,敬则人爱之,忠则人与之,信则人恃之。人所爱,人所与,人所恃,必免于患矣,可以临国家,何况于身乎?'"

【原文】

子曰:"直哉,史鱼[1]!邦有道,如矢[2];邦无道,如矢。君子哉,蘧伯玉!邦有道,则仕;邦无道,则可卷而怀之[3]。"

【译文】

孔子说:"好一个刚毅正直的史鱼啊!国家政治清明,他像箭一样笔直;国家政治黑暗,他也像箭一样笔直。蘧伯玉真是一位君子啊!国家政治清明,就出来就官;国家政治黑暗,他就收藏才能,隐居起来。"

【注释】 1 史鱼:即史鰌,卫国大夫,以公正刚直、敢于犯颜直谏著称。《说苑·杂言》："仲尼曰:'史鳍有君子之道三:不仕而敬上,不祀而敬鬼,直能曲于人。'" 2矢:箭。 3卷而怀之:收藏才能,不参与政治,洁身自好。

原文

子曰:"可与言而不与之言,失人¹;不可与言而与之言,失言²。知者不失人,亦不失言。"

译文

孔子说:"可以同他谈话而没有同他谈话,那是错过了人才;不可以同他谈话而同他谈话,那是白费了口舌。有智慧的人既不错过人才,也不白费口舌。"

注释 1失人:指失去人才,错过人才。 2失言:指浪费言语,白费口舌。《管子·形势》:"毋与不可,毋强不能,毋告不知。与不可,强不能,告不知,谓之劳而无功。"

原文

子曰:"志士仁人,无求生以害¹仁,有杀身以成仁²。"

译文

孔子说:"志士仁人,不会为了贪求生存而损害仁德,只会牺牲自身而成全仁德。"

注释 1害:妨碍,损害。 2成仁:成全道义,成就仁德。《大戴礼记·曾子制言》:"富以苟,不如贫以誉;生以辱,不如死以荣。辱可避,避之而已矣;及其不可避也,君子视死若归。"

原文

子贡问为仁。子曰:"工欲善¹其事,必先利其器。居是邦也,事其大夫之贤者,友其士之仁者。"

译文

子贡请教该怎样培养仁德。孔子说:"工匠要做好他的工作,一定要先使他的工具锋利合用。住在这个国家,就应该侍奉大夫当中贤明的人,结交士人当中仁爱的人。"

【注释】 1善：做好，搞好。

【原文】

颜渊问为邦。子曰："行夏之时¹，乘殷之辂²，服周之冕³，乐则《韶》舞⁴。放郑声⁵，远佞人。郑声淫，佞人殆。"

【译文】

颜渊问怎样治理国家。孔子回答说："实行夏代的历法，乘坐殷代的车子，戴周代的礼帽，音乐就选择《韶》舞。排斥郑国的俗乐，疏远花言巧语的小人。郑国的音乐淫荡，花言巧语的小人危险。"

【注释】 1行夏之时：实行夏历。时，此处指历法。夏历以建寅之月（正月）为岁首，便于农业生产，较殷历、周历为善。至今所用的农历，仍为夏历。《周易乾凿度》："故三王之郊，一用夏正，所以顺四时，法天地之道也。" 2辂(lù)：车子。 3冕：礼帽。 4《韶》舞：相传是古代歌颂虞舜的一种乐舞。《左传·襄公二十九年》："吴公子札来聘，……见舞韶箾者，曰：'德至矣哉！大矣！如天之无不帱也，如地之无不载也。虽甚盛德，其蔑以加于此矣！'"按，有人将"舞"释为《武》，不确。详见黄朴民《说"乐则〈韶〉舞"》，载《东岳论丛》1987年3期。 5放郑声：排斥郑地的俗乐。放，驱逐，这里是排斥、舍弃的意思。郑声，古代郑地的俗乐，音调与雅乐不同，类似于今天的流行音乐。《礼记·乐记》："郑、卫之音，乱世之音也，比于慢矣。"

【原文】

子曰："人无远虑，必有近忧。"

【译文】

孔子说："一个人没有长远的打算，就一定会有眼前的忧患。"

【原文】

子曰:"已矣乎! 吾未见好德如好色者也。"

【译文】

孔子说:"算了吧! 我没有见过喜爱道德就像喜爱美色的人。"

【原文】

子曰:"臧文仲[1]其窃位者与? 知柳下惠[2]之贤而不与立[3]也。"

【译文】

孔子说:"臧文仲大概是个只当官却不负责任的人吧? 他明明知道柳下惠贤能但不给他官位。"

【注释】 1 臧文仲:臧孙辰,鲁国大夫,曾历仕庄、闵、僖、文四朝。《左传·文公二年》:"仲尼曰:'臧文仲,其不仁者三,不知者三:下展禽,废六关,妾织蒲,三不仁也。作虚器,纵逆祀,爱居,三不知也。'" 2 柳下惠:姓展,名获,字禽,鲁国贤人,以恪守礼节、坐怀不乱著名。柳下是其食邑,"惠"是其私谥之号。 3 立:位,官位,职位。

【原文】

子曰:"躬自厚[1]而薄责于人,则远[2]怨矣。"

【译文】

孔子说:"多责备自己而少责备别人,那么就能避开怨恨了。"

【注释】 1 躬自厚:即躬自厚责,多责备自己。《中论·修本篇》:"孔子之制《春秋》也,详内而略外,急己而宽人。故于鲁也,小恶必书;于众国也,大恶始笔。夫见人而不自见者谓之蒙,闻人而不自闻者谓之聩,虑人而不自虑者谓之瞀,故明莫大乎自见,聪莫大乎自闻,睿莫大乎自虑。" 2 远:远离,躲开,避免。

【原文】

子曰:"不曰'如之何、

【译文】

孔子说:"不想一下'怎么办、怎

如之何'者[1],吾末如之何也已矣。"

么办'的人,我对他也不知道该怎么办了。"

注释 1 不曰'如之何、如之何'者:意谓不动脑筋,浑浑噩噩打发时间。

原文

子曰:"群居[1]终日,言不及义,好行小慧[2],难矣哉!"

译文

孔子说:"整天聚集在一起,说话不合道理,喜欢卖弄小聪明,这种人要生存下去,实在也太困难。"

注释 1群居:凑在一起,聚集在一块儿。 2小慧:卖弄心机,耍小聪明。

原文

子曰:"君子义以为质[1],礼以行之,孙[2]以出[3]之,信以成之。君子哉!"

译文

孔子说:"君子以道义为根本,用礼仪去实行它,用谦逊的言辞去表达它,用诚实的态度去完成它,这真是君子啊!"

注释 1 质:根本,本质。 2 孙:通"逊",谦逊。 3 出:表述,表达。

原文

子曰:"君子病[1]无能焉,不病人之不己知也。"

译文

孔子说:"君子只担心自己没有能力,而不担心别人不了解自己。"

注释 1 病:忧虑,担心,苦于。

原文

子曰:"君子疾¹没世²而名不称³焉。"

译文

孔子说:"君子痛恨自己直到死去而名声不被他人所称述。"

注释 1疾:痛心,厌恶。 2没世:去世,死亡。 3称:称颂,称道。《史记·孔子世家》:"子曰:'弗乎弗乎,君子病没世而名不称焉,吾道不行矣,吾何以自见于后世哉?'乃因史记作《春秋》,上至隐公,下讫哀公十四年。"

原文

子曰:"君子求诸己,小人求诸人。"

译文

孔子说:"君子要求自己,小人要求别人。"

原文

子曰:"君子矜¹而不争,群而不党²。"

译文

孔子说:"君子端庄自重不去争权夺利,与人相处融洽合群但不结党营私。"

注释 1矜:矜持,端庄严肃。《荀子·尧问》:"君子力如牛,不与牛争力;走如马,不与马争走;知如士,不与士争知。" 2党:结党营私,党同伐异。

原文

子曰:"君子不以¹言举人,不以人废言。"

译文

孔子说:"君子不根据言论来提拔任用某人,也不因为某人人品不好而鄙弃他所说的话。"

注释 1以:依据、凭借的意思。《管子·明法解》:"明主之择贤人也,言勇者试之以军,言智者试之以官。试于军而有功者则举之,试于官而事治者则用之。故以战功之事定勇怯,以官职之治定愚智,故勇怯愚智之见也,如白黑之分。乱主则不然,听言而不试,故妄言者得用。"

原文

子贡问曰:"有一言而可以终身行之者乎?"子曰:"其¹恕乎! 己所不欲,勿施于人。"

译文

子贡问道:"有没有可以一辈子奉行遵循的话?"孔子回答:"大概就是恕吧! 自己所不想要的东西,不要强加给别人。"

注释 1其:语气词,表示推测、揣度,大概、恐怕的意思。

原文

子曰:"吾之于人也,谁毁谁誉? 如有所誉者,其有所试¹矣。斯民也,三代²之所以直道而行也。"

译文

孔子说:"我对于别人,诋毁过谁? 又称赞过谁? 如果对某人有所赞誉,那也一定是经过验证,有事实依据的。就是因为有这样的人,才使得三代能够正道而行。"

注释 1试:试验,测试,此处是考验、验证的意思。 2三代:指夏、商、周三代。三代是儒家人物所向往的小康理想社会。《新书·大政下》:"王者有易政而无易国,有易吏而无易民。故因是国也而为安,因是民也而为治。故汤以桀之乱氓为治,武王以纣之北卒为强。"

原文

子曰:"吾犹及史¹之阙文²也,有马者借

译文

孔子说:"我还能够看得到史书中为存疑而空缺的文字内容,有马的人,借给人乘之,今亡矣夫!" ‖ 别人乘骑。这种情况今天已经没有了!"

注释　1 史:史书,史官。　2 阙文:阙疑不书或遗漏之文。

原文　　　　　　　译文

　　子曰:"巧言乱德,　　　　孔子说:"花言巧语败坏道德,小事情
小不忍¹则乱大谋。"　　　不忍耐便会败坏大事情。"

注释　1 忍:忍耐,忍受。《逸周书·命训解》:"惠而不忍人,人不胜害,
害不如死。"

原文　　　　　　　译文

　　子曰:"众恶之,　　　　孔子说:"大家都厌恶他,这时一定要加
必察¹焉;众好之,　　　以考察分辨;大家都喜爱他,这时也一定要加
必察焉。"　　　　　　以考察分辨。"

注释　1 察:考察、分辨的意思。《管子·明法解》:"乱主不察臣之功劳,
誉众者则赏之;不审其罪过,毁众者则罚之。如此者,则邪臣无功而得赏,
忠臣无罪而有罚。……如此,则悫愿之人失其职,而廉洁之吏失其治。"

原文　　　　　　　译文

　　子曰:"人能弘¹道,　　　　孔子说:"人能够弘扬道德,而不是
非道弘人。"　　　　　由道德来弘扬个人。"

注释　1 弘:弘扬、扩充、光大的意思。

原文

子曰:"过[1]而不改,是谓过矣。"

译文

孔子说:"有了过错而不加改正,这就是真正的过错了。"

注释 1 过:犯过错,有过失。

原文

子曰:"吾尝[1]终日不食,终夜不寝,以思[2],无益,不如学也。"

译文

孔子说:"我曾经整天不吃,整夜不睡,去冥思苦想,但没有什么益处,还不如学习。"

注释 1 尝:曾经。 2 以思:去思考,冥思苦想。《韩诗外传》卷六:"子曰:'不学而好思,虽知不广矣。'"

原文

子曰:"君子谋道不谋食。耕也,馁[1]在其中矣;学也,禄[2]在其中矣。君子忧道不忧贫。"

译文

孔子说:"君子追求道义而不追求衣食。耕田种庄稼,常常会挨饿;学习求道义,却可以做官得俸禄。君子所担忧的是没有道义而不担忧贫穷困乏。"

注释 1 馁:饥饿,饿肚子。 2 禄:功名利禄。

原文

子曰:"知[1]及之,仁不能守之,虽得之,必失之。知及之,仁

译文

孔子说:"聪明才智足以得到它,但仁德不能守住它,这样即使得到了,也一定会失去的。聪明才智足以得到它,仁德也能

能守之,不庄以莅[2]
之,则民不敬。知及
之,仁能守之,庄以
莅之,动之不以礼,
未善也。"

守住它,但不用庄重严肃的态度去治理百姓,
那么百姓就不会有敬畏之心。聪明才智足以
得到它,仁德也能守住它,并用庄重严肃的态
度治理百姓,但如果行动不合乎礼仪,这仍然
不是完善的。"

注释 1 知:同"智",才智,智慧。 2 莅:到,临,此处指居高临下实施
统治。

原文

子曰:"君子不可
小知[1]而可大受[2]也,
小人不可大受而可小
知也。"

译文

孔子说:"对于君子,不可要求他去了解
和处理琐事杂务,但可要求他去承担重任。
对于小人,不可让他去承担重任,而可让他
去了解和处理琐事杂务。"

注释 1 小知:指了解和处理细枝末节的事务。 2 大受:指接受和承
担成败攸关的重任。《淮南子·主术训》:"是故有大略者不可责以捷巧,
有小智者不可任以大功。人有其才,物有其形,有任一而太重,或任百而
尚轻。是故审豪厘计者,必遗天下之大数;不失小物之选者,惑于大数之
举。譬犹狸之不可使搏牛,虎之不可使捕鼠也。"

原文

子曰:"民之于仁
也,甚于水火。水火,
吾见蹈而死者矣,未
见蹈仁而死者也。"

译文

孔子说:"民众对于仁爱的依赖,比对水
火的依赖更为迫切。可是我曾经见到有死
于水火之中的情况,却没有见过因履行仁爱
而死亡的现象。"

【原文】

子曰:"当¹仁,不让于师。"

【译文】

孔子说:"面对仁德,〔就该去践行,〕这时即使是老师,也不必同他谦让。"

【注释】 1 当:面对,面临。

【原文】

子曰:"君子贞¹而不谅²。"

【译文】

孔子说:"君子坚守正道而不必拘守小信。"

【注释】 1 贞:正,正道。 2 谅:这里是指守小信。《淮南子·泛论训》:"夫三军矫命,过之大者也。秦穆公兴兵袭郑,过周而东。郑贾人弦高将西贩牛,道遇秦师于周、郑之间,乃矫郑伯之命犒以十二牛,宾秦师而却之,以存郑国。故事有所至,信反为过,诞反为功。"

【原文】

子曰:"事君,敬其事而后其食。"

【译文】

孔子说:"侍奉君主,应该认真办事而把享受俸禄的事放在后面。"

【原文】

子曰:"有教无类。"

【译文】

孔子说:"让人人都受教育而不加区分或限制。"

【原文】

子曰:"道不同,不相为谋。"

【译文】

孔子说:"志向和主张不同,就不相互商议其事。"

原文

子曰:"辞达而已矣[1]。"

译文

孔子说:"言辞只要能表达意思就行了。"

注释 1 辞达而已矣:言语质朴,只求能表述意思就行。《仪礼·聘礼记》:"辞无常,孙而说。辞多则史,少则不达。辞苟足以达,义之至也。"朱熹《集注》:"辞取达意而止,不以富丽为工。"

原文

师冕[1]见,及阶。子曰:"阶也。"及席,子曰:"席也。"皆坐,子告之曰:"某在斯[2],某在斯。"师冕出,子张问曰:"与师言之道与?"子曰:"然,固相[3]师之道也。"

译文

师冕来见孔子,走到台阶边,孔子提醒他说:"这里是台阶啦。"走到座席旁,孔子说:"这里就是座席了。"大家都入座后,孔子就一一告诉他:"某某人在这里,某某人在这里。"师冕告辞离去后,子张问道:"这是同乐师说话的方式吗?"孔子回答说:"是的,这本来就是帮助乐师的方式啊。"

注释 1 师冕:名字为冕的乐师,古代乐师一般为盲人。 2 某在斯:某某人在这里。 3 相:帮助、关照的意思。

季氏第十六

导读

　　本篇共十四章，其中有两个重点值得把握。第一，是孔子的政治观，即主张大一统，提倡"礼乐征伐自天子出"，反对政自"诸侯出""自大夫出"以及"陪臣执国命"，并从历史发展的视野对这一问题进行了系统的论证和价值的判断，同时还强调了"不患贫而患不均，不患寡而患不安"对于稳固统治秩序的意义。第二，是孔子对君子理想人格的揭示，即君子必须具备"三戒""三畏""九思"等德行操守，励志勉节，从而成为普通人的楷模。政治观与君子人格，这两者似乎不相交集，但若从深层次思考，它们之间还是有其内在的联系的：一定的政治立场总是建立在一定的德行操守基础之上；而一定的德行操守也能帮助一个人在动荡复杂的社会环境之中，正确选择合理的立场和适宜的对策。

　　孔子的政治观，其核心内容是提倡建立合理和谐的社会政治秩序与政治伦理。在他那个时代，他所能认同的建立和谐社会政治秩序的根本途径，就是尊卑有序、上下有等、内外有分、男女有别的"礼治"秩序。然而，他所处的社会政治现实，乃是大动荡、大变革的岁月，"礼崩乐坏"，诸侯争霸，大国兼并，学术下移，原来的"礼治"秩序正在迅速瓦解之中，在这种情况下，如何坚守自己的政治立场，怎样践履自己的政治原则，就成为了任何一位思想家无可回避的现实挑战。

　　从《季氏》篇所反映的孔子政治立场来看，孔子是坚持自己所遵信的既有"礼乐"秩序的基本立场的。对这种"礼乐"秩序的执着，实际上体现了孔子思想意识深处的"大一统"情结。在孔子看来,"大一统"的政治格局,是最好的政治统治模式,是天下"有道"的具体象征:"天下有道,则礼乐征伐自天子出。""天下有道,则政不在大夫;天下有道,则庶人不议。"可现实中,这种"大一统"政治格局业已遭到摧毁,天下由此而进入了"无道"的状态,而且是每况愈下、愈演愈烈,这加剧了政治的混乱、社会的动荡,"天下无道,则礼乐征伐自诸侯出。自诸侯出,盖十世希不失矣;自大夫出,五世希不失矣;陪臣执国命,三世希不失矣"。

现实既然如此,形势确比人强,这时候能拒绝随波逐流,坚守正确的政治立场,就尤其显得难能可贵。孔子对此高度重视,并借用周任的言辞来表达士人在"无道""无序"政治状态下应有的态度,"陈力就列,不能者止",其含义即《卫灵公》篇所说的,"邦有道,则仕;邦无道,则可卷而怀之"。

在此基础上,孔子进而提出了治国安邦的一些重要原则。第一,政治的清明与否,取决于财富分配上能否做到公平合理。按孔子的认知,即国家的安定,不在于财富的多寡,而在于人们能否共同享有经济发展带来的利益;不在于人口递增多少,而在于人们能否有安全感、归属感,否则,财富再多,也仅仅是满足少数权力寡头、利益集团的欲求;不仅如此,这势必会导致贫富分化的加剧、社会矛盾的激化、社会冲突的蔓延,有弊无利,等于是饮鸩止渴,自取败亡:"有国有家者,不患贫而患不均,不患寡而患不安。盖均无贫,和无寡,安无倾。"应该说,孔子这一观点与老子的"天之道,损有余而补不足;人之道则不然,损不足以奉有余"的政治理念是基本一致的。不能"雪中送炭",反而变本加厉,剥夺弱势群体最后一点可怜的生存条件,那只能造成贫者愈贫,富者愈富,贫富悬殊日益严重,阶级对立日益紧张,到头来社会陷入动乱与崩溃,各色人等玉石俱焚,同归于尽。

第二,政治施行要推重文德而尽可能戒除武力。孔子主张"德治","德治"的要义是行"王道"而去"霸道",提倡"德化天下",反对依赖武力去征服对手。尽管孔子本人对军事有相当高的造诣,深谙"射""御"等基本军事技能,也主张合理的军事防卫,即所谓"执干戈以卫社稷",但是,从本质上说,他的立场是"反战""非攻"的,正是由于这个缘故,他不愿在人前炫耀自己的军事素养,甚至有意加以掩饰。《卫灵公》篇记载:"俎豆之事,则尝闻之矣;军旅之事,未之学也。"就是其有关军事思想的明证。这种基本立场,在本篇中同样有鲜明的反映,他主张"修文德"以服远人,反对"谋动干戈于邦内",就是他"为政"之道的一个重要原则:"故远人不服,则修文德以来之。既来之,则安之。"

第三,政治的重点是内政。搞好内政,确保内部的团结与和谐,清明政治,改善管理,化解内部的矛盾,争取民心的归附,这才是应对与解决外患的根本保证,"吾恐季孙之忧,不在颛臾,而在萧墙之内也"。反之,如果企图通过挑起对外的冲突,来转移国内民众的视线,祸水外引,操纵民意,或许也可以收到暂时的效果,延缓国内矛盾总爆发的时间,苟延残喘,但终究不是"治本"的方法,无助于问题的真正解决。

此外,本篇中孔子对君子人格的修习也发表了大量的意见。主要精神与《雍也》《公冶长》《卫灵公》诸篇所述基本相一致,但具体的提法则有独到新颖之处。如"益者三友,损者三友"的君子交友之道;需要注意避免的"三愆"过失;"君子有三戒"的"修己"要领,以"三畏"为主旨的君子敬畏之心;观察事物、考虑问题时所秉持的"九思"方法,"见善如不及"的学习态度等,均是条理清晰、切中肯綮的德性培养之具体门径。概括起来,这些"修己""进德"的门径,大致不外乎以下几层意思:

一是交友要慎。要善于从他人身上学习长处,以弥补自身的不足,这符合"近朱者赤,近墨者黑"的道理,也是孔子之所以提倡"毋友不如己"之原因所在:"友直,友谅,友多闻,益矣。友便辟,友善柔,友便佞,损矣。"

二是行事要敏。要善于观察,多动脑筋,说合适的话,做恰当的事,见机而作,灵活圆通:"侍于君子有三愆:言未及之而言谓之躁,言及之而不言谓之隐,未见颜色而言谓之瞽";"视思明,听思聪,色思温,貌思恭,言思忠,事思敬,疑思问,忿思难,见得思义"。

三是处世要敬。要恭敬谨慎,态度严肃,怀有敬畏之心,拥有感恩之心,以"战战兢兢,如履薄冰"的态度去面对事物,解决问题,"君子有三畏,畏天命,畏大人,畏圣人之言","见善如不及,见不善如探汤"。特别是要有所戒惧,知所进退:"少之时,血气未定,戒之在色;及其壮也,血气方刚,戒之在斗;及其老也,血气既衰,戒之在得。"

原文

季氏¹将伐颛臾²。冉有、季路见于孔子,曰:"季氏将有事³于颛臾。"孔子曰:"求!无乃尔是过⁴与?夫颛臾,昔者先王以为东蒙⁵主,且在邦域之中矣,是社稷之臣也。何以伐为?"

冉有曰:"夫子⁶欲之,吾二臣者皆不欲也。"

孔子曰:"求!周任⁷有言曰:'陈力就列,不能者止。'危而不持,颠而不扶,则将焉用彼相矣?且尔言过矣,虎兕出于柙⁸,龟玉毁于椟中⁹。是谁之过与?"冉有曰:"今夫颛

译文

季氏将要攻打颛臾。冉有、子路去谒见孔子,说道:"季氏准备对颛臾采取军事行动了。"孔子说:"冉求!这恐怕得要责备你吧?那颛臾,以前的君王曾授权让它主持东蒙山的祭祀典礼,而且它已经在鲁国的版图之内了,乃是我们鲁国的属臣藩邦。为什么还要出兵攻打呢?"

冉有回答说:"季孙氏要这么做,我们两人本来都不想如此去干。"

孔子说:"冉求!周任说过:'能尽自己力量的,就担任这个职务;做不到这点,那就该辞职。'眼见那人有危险而不去帮助他,看他摔倒了也不去把他扶起来,那么又何必需要助手呢?况且你的话本身就不对,老虎、犀牛从笼子里跑出来,龟甲、美玉在匣子里遭到毁坏,

臾，固[10]而近于费[11]。今不取，后世必为子孙忧。"孔子曰："求！君子疾夫舍曰欲之而必为之辞[12]。丘也闻，有国有家[13]者，不患（寡）〔贫〕而患不均，不患（贫）〔寡〕而患不安。盖均无贫[14]，和无寡[15]，安无倾[16]。夫如是，故远人不服，则修文德以来[17]之，既来之，则安之。今由与求也，相[18]夫子，远人不服，而不能来也；邦分崩离析[19]，而不能守也；而谋动干戈[20]于邦内。吾恐季孙之忧，不在颛臾，而在萧墙之内[21]也。"

这又是谁的过失呢？"冉有解释道："如今颛臾国城郭坚固，而且邻近季氏封邑费地，当下不占领它，日后一定会成为季氏子孙的后患。"孔子说："冉求！君子讨厌那种嘴上不说要而心里实际想要，千方百计为自己贪欲寻找托辞的人！我听说，大大小小的统治者，不担心贫穷而担心财富不平均，不担心民众少而担心政治不安定。因为财富分配平均，就不会有贫穷的现象；上下和睦团结，就不会有人口短缺的现象；民众安居乐业，就不会有社稷倾覆的危险。像这样，如果远方的人们还不归服，那就再修礼乐仁德使他们前来归附。一旦他们归附了，就要设法使他们安定下来。如今仲由和冉求你们两个人，辅佐季氏施政，远方的人们不归服，却不能招致他们归附；国家四分五裂，却不能加以保全，反而谋求在国内动用武力。我担心季孙氏的祸患，并不在颛臾那边，而恰恰在鲁君的宫廷内部呢！"

注释 1 季氏：此处指季康子，名肥，当时鲁国政局的实际主持者。 2 颛臾(zhuānyú)：小国名，时为鲁之附庸属国，故城在今山东费县西北。《左传·僖公二十一年》："任、宿、须句、颛臾，风姓也，实司大皞与有济之祀以服事诸夏。" 3 有事：指用兵。《左传·成公十三年》："国之大事，在祀与戎。" 4 无乃尔是过：恐怕要责备你。无乃，当是、恐怕要的意思。 5 东蒙：即蒙山，在今山东蒙阴县南。 6 夫子：指季康子。 7 周任：古代史官名。　8 虎兕(sì)出于柙(xiá)：兕，独角犀牛，此处泛指猛兽。柙，关猛兽的笼子。　9 椟：木制的匣子。　10 固：指城郭坚固，难以攻取。11 费：季氏的采邑，在今山东费县西南。　12 疾夫舍曰欲之而必为之辞：疾，痛恨，厌憎。夫，代词，那种。舍曰，撇开不谈，托辞，说辞。舍，撇开。13 有国有家：意谓有统治权力的人。　14 均无贫：谓财富分配公平合理，则不会出现贫穷的情况。　15 和无寡：意谓上下和睦，民众乐于归附，则不会有缺少人口的现象。　16 安无倾：意谓民众安居乐业，则国家不会有倾覆的危险。《春秋繁露·度制》："故有所积重，则有所空虚矣。大富则骄，大贫则忧；忧则为盗，骄则为暴，此众人之情也。圣者则于众人之情见乱之所从生，故其制人道而差上下也，使富者足以示贵而不至于骄，贫者足以养生而不至于忧，以此为度而调均之。"　17 来：使动用法，使……来(归附)，招徕。　18 相：辅佐，辅助。　19 分崩离析：四分五裂，国家处于危机之中。　20 干戈：喻指战争活动。干，盾牌。戈，古代常用的长柄兵器，用勾啄的方式击杀敌人。　21 萧墙之内：指朝廷之内。萧墙，鲁国国君在官门内所设立的屏风。

原文	译文
孔子曰："天下有道，则礼乐征伐自天子出；天下无道，则礼乐征伐自诸侯出。自诸侯出，盖十世希[1]不失[2]矣；自大夫出，五世希不失矣；陪臣[3]执国命[4]，三世希不失矣。天下有道，则政不在大夫；天下有道，则庶人不议。"	孔子说："天下清明太平，那么制礼作乐以及出兵征伐都由天子来决定；天下混乱不太平，那么制礼作乐以及出兵征伐都由诸侯来决定。由诸侯决定，大概传到十代，很少有不垮台失败的；由大夫决定，传到五代，很少有不垮台失败的；由卿大夫的家臣主持国家政务，传到三代，很少有不垮台失败的。天下清明太平，政权就不会掌握在卿大夫的手中；天下清明太平，老百姓就不会随便议论。"

[注释] 1希:少有,罕见。 2不失:不丧失权柄,指政权继续传授下去。杨树达《论语疏证》:"齐自桓公称霸,历孝、昭、懿、惠、顷、灵、庄、景、悼、简十公而陈氏专国,简公被弒。晋自文公称霸,历襄、灵、成、景、厉、悼、平、昭、顷九公而公室为六卿所灭。" 3陪臣:卿大夫的家臣。 4执国命:主持朝政,掌握国家的政权。

[原文]

孔子曰:"禄¹之去公室²五世矣,政逮³于大夫四世矣,故夫三桓⁴之子孙微⁵矣。"

[译文]

孔子说:"国家政权从鲁国国君手中丧失,已经有五代了;政权落入三家大夫的手中,也已经有四代了。所以桓公的三房子孙现在也开始衰落了。"

[注释] 1禄:爵禄,这里喻指国家政权。 2公室:诸侯国的政权,此处指鲁国国君。 3逮:到,及。 4三桓:指鲁国的三家大夫孟孙氏、叔孙氏、季孙氏,他们都是鲁桓公的后代,故称。《史记·鲁周公世家》:"文公卒……襄仲杀子恶及视而立俀,是为宣公。……鲁由此公室卑,三桓强。" 5微:衰微,没落。

[原文]

孔子曰:"益者三友,损者三友。友直,友谅¹,友多闻,益矣。友便辟²,友善柔³,友便佞⁴,损矣。"

[译文]

孔子说:"有益的朋友有三种,有害的朋友也有三种。跟正直的人交朋友,跟诚信的人交朋友,跟见多识广的人交朋友,这必然有益处。跟阿谀奉承之徒交朋友,跟百依百顺之辈交朋友,跟花言巧语之辈交朋友,这必然有害处。"

[注释] 1谅:诚实,守信。 2便辟:谄媚逢迎,卖弄讨好。 3善柔:百

依百顺,善于奉承。 4便佞:花言巧语,阿谀逢迎。《说苑·杂言》:"与善人居,如入兰芷之室,久而不闻其香,则与之化矣。与恶人居,如入鲍鱼之肆,久而不闻其臭,亦与之化矣。"

原文

孔子曰:"益者三乐,损者三乐。乐节礼乐[1],乐道人之善,乐多贤友,益矣。乐骄乐,乐佚[2]游,乐宴乐,损矣。"

译文

孔子说:"有益的快乐有三种,有害的快乐有三种。以礼乐节制自己为乐,以表扬别人的长处为乐,以多交贤良的朋友为乐,这是有益的快乐。以骄傲自大为快乐,以四处闲游为快乐,以宴饮无度为快乐,这是有害的快乐。"

注释 1乐(lè)节礼乐(yuè):以礼乐节制自己的思想行为为乐。乐,意动用法,以……为乐。《汉书》:"禹奏言:……今大夫僭诸侯,诸侯僭天子,天子过天道,其日久矣。承衰救乱,矫复古化,在于陛下。臣愚以为:尽如太古,难,宜少放古以自节焉。" 2佚:同"逸",安逸,放荡不羁。《尚书·益稷》:"无若丹朱傲,惟慢游是好。"

原文

孔子曰:"侍于君子有三愆[1]:言未及之而言谓之躁,言及之而不言谓之隐,未见颜色而言谓之瞽[2]。"

译文

孔子说:"侍奉君子容易犯三种过失:君子没说到时而你先说了,这是急躁;君子说到了可你还不说,这是隐瞒;不看君子的脸色就贸然说话,这是瞎了眼。"

注释 1愆(qiān):过失,过错。 2瞽(gǔ):盲人。意为不懂得察言观色,鲁莽灭裂。

原文

孔子曰:"君子有三戒:少之时,血气未定,戒之在色[1];及其壮也,血气方刚[2],戒之在斗;及其老也,血气既衰,戒之在得。"

译文

孔子说:"君子有三件事需要警惕戒备:年轻的时候,血气没有稳定,要警惕贪恋女色;到了壮年的时候,血气正旺盛,要警惕争强好斗;到了老年的时候,血气已经衰弱,要警惕贪得无厌。"

注释 1 色:女色,贪恋美色。 2 刚:刚强,此处是旺盛、充沛的意思。《荀子·臣道》:"恭敬,礼也;调和,乐也;谨慎,利也;斗怒,害也。故君子安礼乐,利谨慎,而无斗怒,是以百举而不过也。小人反是。"

原文

孔子曰:"君子有三畏:畏天命,畏大人[1],畏圣人之言。小人不知天命而不畏也,狎[2]大人,侮圣人之言。"

译文

孔子说:"君子所畏惧的有三件事:畏惧天命所在,畏惧王公大人,畏惧圣贤们的言论。小人不懂得天命,所以肆无忌惮,不尊重王公大人,侮慢对待圣贤们的言论。"

注释 1 大人:指有地位、权势的王公贵族。《汉书·艺文志》:"《春秋》所贬损大人当世君臣,有威权势力,其事实皆形于传,是以隐其书而不宣,所以免时难也。" 2 狎(xiá):轻侮,亲昵,随便,不够严肃庄重。

原文

孔子曰:"生而知之者,上也;学而知之者,次也;困而学之[1],又其

译文

孔子说:"一生下来就知道的,是最上等的;学了以后才知道的,要次一等;遇到困难后再去学习的,要再次一等;遇到

次也；困而不学，民斯为
下矣。"

困难仍不学习，老百姓就属于这种最下
等的了。"

[注释]　1困而学之：遇到困难、遭受挫折之后方才去学习、弥补。

[原文]

孔子曰："君子
有九思：视思明，
听思聪[1]，色思温，
貌思恭，言思忠，
事思敬，疑思问，
忿思难[2]，见得思
义。"

[译文]

孔子说："君子有九种思虑：看的时候思虑
是否看清楚，听的时候思虑是否听明白，对于
脸色要想着是否温和，对于神态要想着是否恭
敬，说话时要想着是否做到忠诚，办事时要想
着是否做到认真，遇到疑惑时要思虑怎样向他
人请教，忿懑发怒时要思虑是否会有后患，见
到好处时要想到是否适宜去得到。"

[注释]　1聪：耳朵听力好。《尚书·洪范》："五事：一曰貌，二曰言，三曰
视，四曰听，五曰思。貌曰恭，言曰从，视曰明，听曰聪，思曰睿。恭作肃，
从作乂，明作哲，聪作谋，睿作圣。"　2难：难处，这里是后患的意思。

[原文]

孔子曰："见善如
不及，见不善如探
汤[1]，吾见其人矣，
吾闻其语矣。隐居
以求其志，行义以
达其道，吾闻其语
矣，未见其人也。"

[译文]

孔子说："见到好的事情就像赶不及那
样追赶〔唯恐落后〕，见到不好的事情就像把
手伸进沸水似的〔唯恐避之不及〕，我看见
过这种人，也听见过这种话。避世隐居以求
保全自己的志向，实行仁义以实现自己的理
想，我听见过这样的话，但没有看见过这样
的人。"

注释 1 探汤:将手伸进沸水之中,喻指唯恐避之不及。汤,开水。《大戴礼记·曾子立事》:"见善,恐不得与焉;见不善,恐其及己也。是故君子疑以终身。"

原文

齐景公有马千驷[1],死之日,民无德而称焉。伯夷、叔齐饿于首阳[2]之下,民到于今称之。其斯之谓与?"

译文

齐景公拥有四千匹马,但到他死的时候,老百姓没有人感恩戴德而称颂他。伯夷、叔齐饿死在首阳山下,可老百姓直到今天仍在称颂他们。大概就是这个意思吧?

注释 1 千驷:古代一般用四匹马驾一辆车,故一驷即四匹马,千驷,四千匹马,指齐景公财富多得惊人。 2 首阳:山名,在今山西运城西,传说伯夷、叔齐"不食周粟",饿死于此山之上。《史记·伯夷列传》:"武王已平殷乱,天下宗周,而伯夷、叔齐耻之,义不食周粟,隐于首阳山,采薇而食之……遂饿死于首阳山。"

原文

陈亢[1]问于伯鱼[2]曰:"子亦有异闻乎?"对曰:"未也。尝独立,鲤趋[3]而过庭,曰:'学诗乎?'对曰:'未也。''不学诗,无以言。'鲤退而学诗。他日,又独立,鲤趋而过庭,

译文

陈亢向伯鱼询问道:"您在老师那里听到特别的教导吗?"伯鱼回答说:"没有呀。有一次他一个人站着,我恭敬地小步快走经过庭院,他发问说:'学诗了没有?'我说:'没有。'他便说:'不学诗,就不能优雅地表达意思。'我就回去学诗。又有一天,他一个人站着,我恭敬地小步快走经过庭院,他发问说:'学礼了没有?'我说:'没有。'

曰:'学礼乎?'对曰:'未也。''不学礼,无以立。'鲤退而学礼。闻斯二者。"陈亢退而喜曰:"问一得三,闻诗,闻礼,又闻君子之远⁴其子也。"

他便说:'不学礼,就不能在世上安身立命。'我就回去学礼。我就听到过这两次教导。"陈亢回去后高兴地说:"我问一件事,却有三个收获:知道了学诗的意义,知道了学礼的意义,又知道了君子不偏爱自己儿子的风度。"

[注释] 1 陈亢:陈人,名亢,字子禽,又字子亢,孔子的弟子。 2 伯鱼:名鲤,字伯鱼,孔子之子。 3 趋:快步急走。 4 远:远离,此处指君子公平待人接物,无所偏爱。《白虎通义·五行》:"君子远子近孙,何法?法木远火近土也。"

[原文]

邦君¹之妻,君称之曰夫人,夫人自称曰小童;邦人称之曰君夫人,称诸异邦曰寡小君;异邦人称之,亦曰君夫人。

[译文]

国君的妻子,国君称她为夫人,夫人自称为小童;国内的人称呼她为君夫人,但对外国人则称她为寡小君,外国人称呼她也叫作君夫人。

[注释] 1 邦君:国君,诸侯国的统治者。《公羊传·隐公二年》:"女,在其国称女,在涂称妇,入国称夫人。"

阳货第十七

导读

本篇共计二十六章,主要内容也是记述孔子的理想追求与价值取向。概括而言,孔子在本篇中的思想大致有以下几个方面:

第一,从"人性论"的角度,提出了后天重视学习,修己养性的必要性。

在中国思想史上,孔子是第一位关注"人性"问题的思想家。他的基本观点就是"性相近也,习相远也"。这就是说,作为生物性的人,其人性有共性,"性相近",并无本质的区别。但是,作为社会性的人,其人性则又有差异,"习相远",存在着贤不肖、善恶、智愚的差别,这种差别乃是后天造成的,并非与生俱来。崇尚礼乐,热爱学习,行善积德,则为贤者、智者、善者;反之,则堕落为不肖者、愚者、恶者,所谓"君子学道则爱人,小人学道则易使"。从这个意义上说,孔子认为学习是改善道德、为善去恶的必由之路,是改造人品、升华境界的不二法门,是引导人性走向光明、实现飞跃的根本保证。即使是"弈棋"这样的小道,也比终日无所事事,饱食终日,行尸走肉要来得有意义,"饱食终日,无所用心,难矣哉?不有博弈者乎?为之,犹贤乎已"。

至于学习的内容,一是纲常伦理,礼乐精神,"君子义以为上,君子有勇而无义为乱,小人有勇而无义为盗";"礼云礼云,玉帛云乎哉?乐云乐云,钟鼓云乎哉?"二是文献经典,"小子何莫学夫诗?诗,可以兴,可以观,可以群,可以怨;迩之事父,远之事君;多识于鸟兽草木之名"。在孔子看来,一个人拒绝经典,拒绝传统,等于是自绝于天地,寸步难行,"人而不为《周南》《召南》，其犹正墙面而立也与！"

第二，强调明辨是非，提倡言行一致，爱憎分明，敢于亮出自己真实的观点，不掩饰自己真正的抱负。

孔子是杰出的思想大师，同时也是让人倍感亲切的性情中人。他十分厌恶那些口是心非、巧舌如簧的伪君子，认为他们比明火执仗、蛮横霸道的真小人更为可恶，指斥他们"巧言令色，鲜矣仁！"明确表达了自己与他们彻底决绝的立场，"恶紫之夺朱也，恶郑声之乱雅乐也，恶利口之覆邦家者"。在他看来，真正的"仁"者是坚持原则，立场坚定，旗帜鲜明的。那些不讲求原则，光知道讨好他人，光知道卖弄姿态、左右逢源、上下其手的人，绝对不是君子，而是造成社会风气败坏、虚伪现象流行的道德败类，"乡原，德之贼也！"

"礼崩乐坏"，元会运世，让孔子感到悲哀的，是"朝无材官""泽无大盗""市无良偷"，不但出不了贤能才士，甚至连做坏人的水平都直线下降，做坏事的能力也急剧萎缩，"色厉而内荏譬诸小人，其犹穿窬之盗也与！""黄鼠狼下耗子，一窝不如一窝"了，"古者民有三疾，今也或是之亡也。古之狂也肆，今之狂也荡；古之矜也廉，今之矜也忿戾；古之愚也直，今之愚也诈而已矣"。这样的社会自然很难说还有什么希望。

孔子有真性情，做事光明磊落，心口一致。所以他毫不忸怩作态，来有意掩饰自己汲汲于用世为政的强烈愿望，"如有用我者，吾其为东周乎！"甚至不排斥策略性的与那些声名狼藉的"乱臣贼子"进行暂时的合作。这其实是孔子对自己德操品行有充分信心的表现，因为在孔子自己看来，真正杰出的人士不管在什么样的情况下都是能守住底线、坚持原则的，并不会因此而随波逐流、认贼作父，"不曰坚乎，磨而不磷？不曰白乎，涅而不缁？"应该说，孔子的认识是卓越而高明的，政治在很大程度上是一门妥协的艺术，面对自己所厌恶的人与事，切不可唯恐避之不及。孤芳自赏、洁身自好在许多情况下往往于事无补。正确的态度是，勇于和对手相周旋，"知彼知己"方能"百战不殆"，要敢于入局，而不要故作高雅在一旁作壁上观,用台湾证严法师的话说,就是要做到"面对它,接受它,放下它,忘掉它"。

第三,辩证看待问题,逆向进行思考,于正常中发现不正常,于合理中发现不合理。从而更好地把握住为人处世的"度",牢牢立于不败之地。

孔子有崇高的理想追求,有坚定的价值取向。然而,孔子的思维方式又是辩证理性的,他善于一分为二观察事物的性质,认为任何事物都是具有双重性质的,都存在着矛盾的对立统一,利中有害,害中有利,对中有错,错中有对。即使是最美好的品德,也存在着欠缺,也有其中的软肋。总之,得与失,善与恶,对与错,均是如影随形。按照孔子的观点,正确的态度与做法是,把事物作为一个对立统一体来加以对待,见利而思害,见害而思利,切忌偏激固执,切忌一厢情愿。

我们知道,孔子最为推重的政治道德伦理范畴非"仁"莫属。但是,即使是"仁""知""信""直""勇""刚"等这些人们普遍认同的美德,孔子也指出如果只是静止片面地进行理解,也同样存在着相当的危险,这就是所谓"好仁不好学,其蔽也愚;好知不好学,其蔽也荡;好信不好学,其蔽也贼;好直不好学,其蔽也绞;好勇不好学,其蔽也乱;好刚不好学,其蔽也狂"。这种辩证思维的掌握与运用,使得孔子能够抓住事物的本质,观察问题能够做到不偏颇固执,解决问题不至于进退失据,真正做到从容淡定,举重若轻,不走极端,不会任性。很显然,这是政治上的大智慧,是方法上的真艺术。

[原文]

阳货¹欲见²孔子,孔子不见,归³孔子豚⁴。孔子时其亡⁵也,而往

[译文]

阳货想让孔子去拜见他,但孔子不去见,阳货就送一头蒸熟的小猪给孔子〔,想使孔子不得不前来拜见〕。孔子则探

拜之。遇诸涂[6]。谓孔子曰："来！予与尔言。"曰[7]："怀其宝而迷其邦，可谓仁乎？"曰："不可。""好从事而亟失时，可谓知乎？"曰："不可。""日月逝矣，岁不我与[8]。"孔子曰："诺，吾将仕矣。"

听到他不在家的时候，前去拜谢。结果双方在路上遇上了。阳货对孔子说："过来，我跟你说说话。"阳货说："一个人身怀卓越本领却听任国家混乱不堪，这可以算作仁爱吗？"〔孔子没吭声，〕阳货自己接茬道："不可以。"阳货又说："喜欢从事政治事业却屡次错过机会，这可以算是智慧吗？"〔孔子仍没吭声，〕阳货自己接茬说："不可以呀。"阳货继续讲："日子一天天过去了，岁月可不等人啊！"孔子说："好吧，我打算当官了。"

注释 1 阳货：即阳虎，季氏家臣，当时在政治上大权在握，所谓"陪臣执国命"。 2 见：使动用法，使……来拜见。 3 归：通"馈"，赠送，赠与。 4 豚(tún)：小猪。此处指蒸熟的小猪。 5 时其亡：时，通"伺"，窥探。亡，离开时，不在家。6 涂：同"途"，道上。 7 曰：此处的"曰"与下文的两个"曰"均为阳货自问自答之辞。 8 与：给予、等待的意思。《法言·五百》："或问：'圣人有诎乎？'曰：'有。''焉诎乎？'曰：'仲尼于南子，所不欲见也；阳虎，所不欲敬也。见所不见，敬所不敬，不诎如何？'"

原文

　　子曰："性[1]相近也，习[2]相远也。"

译文

　　孔子说："人的本性是相近的，但后天的熏陶习染使人之间有了差距。"

注释 1 性：人的禀性、本性。 2 习：后天的环境影响，习染。《淮南子·齐俗训》："夫素之质白，染之以涅则黑；缣之性黄，染之以丹则赤。人之性无邪，久湛于俗则易；易而忘本，合于若性。故日月欲明，浮云盖之；河水欲清,沙石濊之;人性欲平,嗜欲害之。惟圣人能遗物而反己。"

原文

子曰:"唯上知与下愚不移。"

译文

孔子说:"唯有上等人的智慧聪明与下等人的愚笨无知不会发生改变。"

原文

子之¹武城,闻弦歌之声。夫子莞尔²而笑,曰:"割鸡焉用牛刀?"子游³对曰:"昔者偃也闻诸夫子曰:'君子学道则爱人,小人学道则易使也。'"子曰:"二三子!偃之言是也。前言戏之耳。"

译文

孔子到了武城,听到城内弹琴唱歌的声音。孔子情不自禁微微一笑,说道:"杀鸡哪里用得着宰牛之刀?"子游回答说:"以前言偃我曾听老师您说过:'君子学习礼乐就会懂得爱人,小人学习礼乐就会容易听使唤。'"孔子说:"各位同学,言偃的话说得对,我刚才的话不过是开句玩笑而已。"

注释 1 之:到,抵达。 2 莞(wǎn)尔:微笑的样子,此处有不以为然的意思。 3 子游:孔子弟子言偃,时为武城行政长官。

原文

公山弗扰¹以费畔²,召,子欲往。子路不说,曰:"末之也已³,何必公山氏之之也?"子曰:"夫召我者,而岂徒⁴哉?如有用我者,

译文

公山弗扰以费邑为据点进行叛乱,叫孔子去辅佐自己,孔子打算前往。子路很不高兴,说道:"没有地方去也就算了,又何必要到公山氏那里去呢?"孔子说:"那个叫我去的人,难道是白白召我吗?假如有人起用我,我将把鲁国建设成为一个东方

吾其为东周⁵乎!" ‖ 的周王朝!"

注释 1 公山弗扰:一名公山不狃,季氏家臣,前502年,他伙同阳虎等人在费城反叛季氏。 2 畔:通"叛",叛乱,反叛。 3 末之也已:没有去处就算了。之,去,往。 4 徒:徒然,白白地。 5 为东周:建设一个东方的周王朝,即在东方复兴周代的礼乐文明。

原文

　　子张问仁于孔子。孔子曰:"能行五者于天下,为¹仁矣。""请问之?"曰:"恭,宽,信,敏,惠。恭则不侮²,宽则得众,信则人任焉,敏则有功,惠则足以使人。"

译文

　　子张向孔子请教什么是仁。孔子说:"能够处处践行五种好品德,便可成就仁了。"子张又说:"请问是哪五种?"孔子回答说:"谦恭,宽厚,诚实,勤敏,慈惠。谦恭就不会自取其辱,宽厚就会赢得大众拥护,诚实就会得到别人的任用,勤敏则办事能够成功,慈惠就能够充分驱使别人为自己效力。"

注释 1 为:意谓成就、成全。 2 侮:侮辱,此处是自讨没趣、自取其辱的意思。

原文

　　佛肸¹召,子欲往。子路曰:"昔者由也闻诸夫子曰:'亲于其身为不善者,君子不入也。'佛肸以中牟²畔,

译文

　　佛肸叫孔子去辅佐自己,孔子准备前往。子路说:"从前我曾听老师您这么说:'亲身做过坏事的人那里,君子是不会去的。'佛肸现在以中牟为据点进行叛乱,您却要前往,这又怎么说呢?"孔子说:"是的,

子之往也,如之何?"子曰:
"然,有是言也。不曰坚乎,
磨而不磷³?不曰白乎,涅
而不缁⁴?吾岂匏瓜⁵也
哉?岂能系⁶而不食?"

我说过这个话。但不是说坚硬的东西磨也磨不坏吗?不是说洁白的东西染也染不黑吗?我难道是只匏瓜吗?怎么能悬挂在那里而不让人家吃呢?"

[注释] 1佛肸(bìxī):晋国大夫赵氏(一说范氏)之家臣,时为中牟地方的行政长官。 2中牟:晋国邑名,故址在今河北邢台与邯郸之间。 3磷(lín):磨损,损伤。 4涅而不缁(zī):涅,矿物名,可作黑色染料,此处用作功词,意为染黑。缁,黑颜色。 5匏(páo)瓜:葫芦的一种,味苦不能食。 6系:悬挂。

[原文]

子曰:"由也,女闻六言六蔽¹矣乎?"对曰:"未也。""居²,吾语³女。好仁不好学,其蔽也愚;好知不好学,其蔽也荡⁴;好信不好学,其蔽也贼⁵;好直不好学,其蔽也绞⁶;好勇不好学,其蔽也乱;好刚不好学,其蔽也狂。"

[译文]

孔子说:"仲由呀,你听说过六种品德伴随着六种弊端吗?"子路回答:"没有。"孔子说:"你坐下,让我来告诉你。喜爱仁德却不爱好学习,它的弊害是容易受人愚弄;喜爱智慧却不爱好学习,它的弊害是容易变得放荡不羁;喜爱诚实却不爱好学习,它的弊害是容易上当,结果伤害自己;喜爱率直却不爱好学习,它的弊害是说话容易尖刻伤人;喜爱勇武却不爱好学习,它的弊害是容易闯祸捣乱;喜爱刚强却不爱好学习,它的弊害是容易胆大妄为。"

[注释] 1蔽:弊病,弊端。 2居:坐,坐下来。 3语:告诉。 4荡:放

荡不羁,不受约束。孔安国云:"荡,无所适守也。" 5 贼:害,伤害。 6 绞:说话尖刻。

[原文]

　　子曰:"小子[1]何莫学夫诗? 诗,可以兴[2],可以观,可以群,可以怨[3];迩[4]之事父,远之事君;多识于鸟兽草木之名。"

[译文]

　　孔子说:"同学们为什么不好好学诗呢? 读诗,可以启发联想,可以培养观察力,可以使人合群,可以学习讽谏方法;就近处说,可以侍奉父母;就远处说,可以侍奉君主;并且可以多多认识鸟兽草木的名称。"

[注释] 1 小子:指弟子们。 2 兴:联想、想象的意思。 3 怨:抒发哀怨,这里指讽谏规劝。《诗经·关雎·序》:"故正得失,动天地,感鬼神,莫近于《诗》。先王以是经夫妇,成孝敬,厚人伦,美教化,移风俗。故《诗》有六义焉:一曰风……上以风化下,下以风刺上。主文而谲谏,言之者无罪,闻之者足以戒。故曰风。" 4 迩:近。

[原文]

　　子谓伯鱼曰:"女为《周南》《召南》[1]矣乎? 人而[2]不为《周南》《召南》,其犹正墙面而立[3]也与!"

[译文]

　　孔子对伯鱼说:"你学习《周南》《召南》了吗? 一个人如果不学习《周南》和《召南》,那么就好像是面朝着墙壁站着〔而无法前进了〕。"

[注释] 1《周南》《召南》:《诗经·国风》中的开头两部分。周南召南是两个地域名称,周南为汉水流域东部,召南为汉水流域西部,《周南》《召南》系采自这两个地区的民歌。《诗经·关雎·序》:"然则《关雎》《麟趾》

之化,王者之风,故系之周公。南,言化自北而南也。《鹊巢》《驺虞》之德,诸侯之风也,先王之所以教,故系之召公。《周南》《召南》,正始之道,王化之基。" **2** 而:如果,假若。 **3** 正墙面而立:面对墙壁站立,意谓无法向前走。

[原文]

子曰:"礼云礼云,玉帛[1]云乎哉? 乐云乐云,钟鼓云乎哉?"

[译文]

孔子说:"礼呀礼呀,难道仅仅是指表面上的玉帛等礼器吗? 乐呀乐呀,难道仅仅是指表面上的钟鼓等乐器吗?"

[注释] 1 玉帛:指举行典礼时使用的玉器、丝帛等礼器。《春秋繁露·玉杯》:"礼之所重者在其志,志敬而节具,则君子予之知礼;志和而音雅,则君子予之知乐;志哀而居约,则君子予之知丧。……志为质,物为文,文著于质。质不居文,文安施质,质文两备,然后其礼成。……俱不能备而偏行之,宁有质而无文。"

[原文]

子曰:"色厉而内荏[1],譬诸小人,其犹穿窬[2]之盗也与!"

[译文]

孔子说:"外表严厉但内心怯弱的人,若用小人作比喻,大概就像钻洞翻墙的小偷罢了。"

[注释] 1 荏(rěn):胆怯,软弱。 2 穿窬(yú):钻洞翻墙。穿,穿洞。窬,通"逾",越墙,翻墙。

[原文]

子曰:"乡原[1],德之贼也!"

[译文]

孔子说:"不分是非的好好先生,是道德的败坏者!"

注释 1 乡原:为本乡人称许的忠厚老实者,意谓不分是非的好好先生。原,通"愿",忠厚老实。《孟子·尽心下》:"同乎流俗,合乎污世。居之似忠信,行之似廉洁,众皆悦之,自以为是,而不可与入尧、舜之道。故曰德之贼也。"

原文

子曰:"道听而涂说,德之弃也。"

译文

孔子说:"在路上听到什么就四处传播,这是背弃道德的行径。"

原文

子曰:"鄙夫[1]可与事君也与哉?其未得之也,患得之[2]。既得之,患失之。苟患失之,无所不至[3]矣。"

译文

孔子说:"品德低下的小人,难道可以同他一起侍奉君主吗?当他没有得到职位的时候,只担心得不到。一旦得到了,又担心失去它。假若担心失去它,那么就什么事情都会做得出来。"

注释 1 鄙夫:指品德卑劣的小人。 2 患得之:应作"患不得之"。"不"字疑系古人抄写时所脱漏。 3 无所不至:无所不为,什么坏事都敢做的意思。

原文

子曰:"古者民有三疾,今也或[1]是之亡也。古之狂也肆,今之狂也荡;古之矜[2]也廉[3],今之矜也忿戾[4];古之愚也直,今之愚也诈而已矣。"

译文

孔子说:"古时候的民众有三种毛病,如今也许都没有了。古代的狂妄者仅仅是有些放肆,而今天的狂妄者却是放荡不羁了;古代的傲慢者还有些方正威严,而今天的傲慢者却是凶恶蛮横;古代的愚笨者还有些直率,而今天的愚笨者却是一味欺诈。"

注释 1 或:也许。　2 矜:傲慢,自高自大。　3 廉:棱角,锋利,喻指为人方正威严。　4 忿戾:乖戾蛮横。

原文

子曰:"巧言令色,鲜矣仁。"[1]

译文

孔子说:"花言巧语,外表伪善的人,很少有仁德。"

注释 1 此条重出,见《学而第一》。

原文

子曰:"恶紫之夺朱[1]也,恶郑声之乱雅乐[2]也,恶利口之覆邦家[3]者。"

译文

孔子说:"我憎恨紫红的杂色取代大红的正色,憎恨郑国的靡靡之音扰乱典雅的乐曲,憎恨那些用花言巧语颠覆国家的小人。"

注释 1 恶紫之夺朱:恶,憎恨,厌恶。紫,红、蓝二色混合而成的深红颜色,这是杂色。朱,大红色,古人认为是正色。　2 雅乐:周代用于郊庙朝会的纯正音乐。　3 利口之覆邦家:以花言巧语颠覆政权。

原文

子曰:"予欲无言。"子贡曰:"子如不言,则小子何述焉?"子曰:"天何言哉?四时[1]行焉,百物生焉,天何言哉?"

译文

孔子说:"我准备不讲什么话了。"子贡说:"您如果不讲话,那我们这班弟子传述什么呢?"孔子说:"上天说了什么呢?可一年四季照样运行,天下万物照样生长,上天又说了什么呢?"

[注释] 1 四时:指春、夏、秋、冬四时季节。《荀子·天论》:"列星随旋,日月递照,四时代御,阴阳大化,风雨博施,万物各得其和以生,各得其养以成,不见其事而见其功,夫是之谓神。皆知其所以成,莫知其无形,夫是之谓天功。"

[原文]

嬬悲[1]欲见孔子,孔子辞以疾。将命者[2]出户,取瑟而歌,使之闻之。

[译文]

嬬悲想拜见孔子,孔子以生病为由加以推辞。传话的人走出房门,孔子就取过琴瑟边弹奏边歌唱,为的是让嬬悲听到。

[注释] 1 嬬悲:鲁国人,鲁哀公曾派遣他向孔子学习士丧礼。《礼记·杂记下》:"恤由之丧,哀公使嬬悲之孔子学士丧礼,《士丧礼》于是乎书。" 2 将命者:传话的人。

[原文]

宰我问:"三年之丧,期已久矣。君子三年不为礼,礼必坏;三年不为乐,乐必崩。旧谷既没,新谷既升[1],钻燧改火[2],期[3]可已矣。"子曰:"食夫稻,衣夫锦,于女安乎?"曰:"安。""女安,则为之!夫君子之居丧,

[译文]

宰我说:"三年的服丧之礼,为期也太久了。君子三年不习礼仪,礼仪必定会荒废;三年不奏音乐,音乐一定会失传。旧谷已经吃完,新谷已经上场,钻火用的木头被改换过了一个轮回,守丧一年也就可以了。"孔子说:"〔父母死后不满三年〕你就吃稻米饭,穿锦缎衣,这对于你来说,心里安稳吗?"宰我回答:"安稳。"孔子说:"你心里安稳,那就这么做吧!君子服丧期间,吃美味佳肴不觉得香甜,听音乐不感到快乐,住

食旨⁴不甘,闻乐不乐,居处⁵不安,故不为也。今女安,则为之!"宰我出,子曰:"予⁶之不仁也!子生三年,然后免于父母之怀。夫三年之丧,天下之通丧也。予也有三年之爱于其父母乎!"

在家中不能心安,所以他们不那样做。如今你心里安稳,那就这么去做吧!"宰我离开之后,孔子大发感慨:"宰予这人真不仁啊!子女出生之后三年,方能离开父母的怀抱。那三年的守丧之礼,是普天之下的守丧之礼啊,宰予他难道就没有从他父母那里得到过三年的关怀爱护吗!"

[注释] 1升:登,此指新谷登场。 2钻燧改火:古代用燧石钻木取火,所用的木头四时不同,一年改换一周。共四种:春,榆柳木;夏,枣杏木;秋,柞楢木;冬,槐檀木。 3期(jī):周(一年、月),此指一周年。 4旨:味美,此指味美的食物。 5居处:住在平时所居的房子,而不入住居丧的草棚。 6予:指宰予,下文"予"同。

[原文]
子曰:"饱食终日,无所用心,难矣哉?不有博弈¹者乎?为之,犹贤乎已²。"

[译文]
孔子说:"整天吃饱了饭,不用心思无所事事,这样的人难有出息!不是有下棋的游戏吗?干这个,也要胜于整天无所事事。"

[注释] 1博弈:下棋,比赛棋艺。《孟子·告子上》:"今夫弈之为数,小数也。不专心致志,则不得也。" 2犹贤乎已:犹,还,也。贤,胜过。已,止,指什么也不干。

原文

子路曰:"君子尚¹勇乎?"子曰:"君子义以为上,君子有勇而无义为乱,小人有勇而无义为盗。"

译文

子路问道:"君子崇尚勇武吗?"孔子回答说:"君子以义为最好的品德,君子有勇无义便会犯上作乱,小人有勇无义便会犯法做盗贼。"

注释 1 尚:此处作动词,崇尚、推崇的意思。

原文

子贡曰:"君子亦有恶乎?"子曰:"有恶。恶称¹人之恶者,恶居下流²而讪³上者,恶勇而无礼者,恶果敢而窒⁴者。"曰:"赐也亦有恶乎?""恶徼⁵以为知者,恶不孙以为勇者,恶讦⁶以为直者。"

译文

子贡问:"君子也有憎恶的事吗?"孔子答道:"有憎恶的事。憎恶宣扬别人短处的行为,憎恶地位低下却诋毁地位高的人的行为,憎恶有勇力却不懂礼节的行为,憎恶决断有魄力却固执己见、不知变通的行为。"孔子又反问:"端木赐,你也有憎恶的事吗?"子贡回答:"我憎恶窃取别人成绩来冒充自己聪明的行为,憎恶毫不谦逊却自以为勇敢的行为,憎恶揭发别人的短处却自以为是直率的行为。"

注释 1 称:称道,此处是四处张扬的意思。 2 流:唐前《论语》本子无"流"字,似是衍文。 3 讪:诋毁,诽谤。《孟子·离娄下》:"言人之不善,当如后患何?" 4 窒:阻塞,不通畅,此处喻指冥顽不化之人。 5 徼(jiāo):抄袭。 6 讦(jié):攻击、揭发他人的短处。

原文

子曰："唯女子与小人为难养[1]也，近之则不孙[2]，远之则怨。"

译文

孔子说："只有女子和小人是很难相处伺候的啊。和他们亲近了，他们便会放肆无礼；和他们疏远了，他们又会恼怒怨恨。"

注释 1 养：伺候，对付。 2 孙：通"逊"，恭顺，谦逊，彬彬有礼。

原文

子曰："年四十而见恶[1]焉，其终也已。"

译文

孔子说："年纪活到了四十岁还被人讨厌，他的这一生也就算是完了。"

注释 1 见恶：为人所厌恶。见，被，为。

微子第十八

⟦导读⟧

本篇共十一章。主要记录孔子及其弟子与其他人物言辞交流、思想观念碰撞的生动史实，以及孔子和弟子在此过程中有关一些历史人物的评价。这些评价既多少反映了孔子所处时代的风貌与特点，更鲜明体现了孔子自己的价值观、仕隐观。此外，本篇还掺杂记录了一些历史事件与人物，稍作统计，可发现，本篇短短十一章中，所涉及的古今人物竟多达三十余人。由此可见，本篇既是儒学基本原则的载体，也是历史重要信息的荟萃。

众所周知，孔子原为殷商的后裔，他从历史发展的角度，理性地认同西周礼乐文明的价值与意义，但同时，他在情感的层面上，感性地对于遥远的殷商文化怀有一种自然的亲切与温情，本能地怀有皈依感。这就是他称道"先进于礼乐，野人也……如用之，则吾从先进"的谜底。缘是之故，《微子》篇开宗明义就是列举殷商末期三位杰出贤者的事迹，为全篇主旨定下基调，并给予最高的评价，许之为"仁"，"殷有三仁"。这样，孔子的精神追求也就昭然于世了，所谓"志士仁人，有杀身以成仁，而无求生以害仁"的思想境界与行为准则因而得到了历史的解读！

春秋时期的社会大变革，严重冲击着人们的思想观念，也改变了不少人的生存方式。一些人在这种剧烈的变革面前被边缘化，由此他们深感迷惘，产生了深深的失落感。于是，就选择隐逸的方式，与变动中的社会保持距离，以期求得内心的宁静与精神的超越。《诗经》中的《考槃》诗，就是这种隐逸文化的一个缩影："考槃在涧，硕人之宽；独寐寤言，永矢弗谖。"这种现象,在当时大国(如齐、楚、晋)争霸之间的夹缝缓冲地带——陈、蔡、宋(今河南中南部、安徽北部)尤为显著,那里出现了许多隐士。这些人生活大抵困苦潦倒,但思维相当活跃,人格相当独立,不汲汲于功名利禄,不迷恋文明礼乐,按照自己的意愿生存,自由挥洒,告别俗务,反映出别具一格的人生态度与立场。

孔子周游列国,曾到过陈、蔡等地,自然有机会与这些隐逸之士相遇。有遭遇就有可能交流,有交流则有可能产生诘难。双方的价值观、隐逸观的对立矛盾和辩诘冲突或许很难避免。《微子》篇就是这方面的第一手资料,它生动形象而又具体入微地记录了"入世"与"隐逸"两种生存方式的对立与冲突,凸显了"兼济天下"与"独善其身"两种不同价值取向的差异。

在接舆、桀溺、长沮、丈人的眼里,当时的现实社会混乱不堪,黑白混淆,是非颠倒,价值错乱,已是病入膏肓,无可救药。既然拯救社会已不可能,那么就先拯救自己吧,与其同流合污,不如洁身自好。"举世皆浊而我独清",于是就自然而然选择了隐逸的归宿,在出世中摆脱羁绊,在隐逸中求得宁静。他们完全无法理解孔子风尘仆仆汲汲于恢复礼乐、再建秩序的努力,认为这是纯粹的"可怜无补费精神"式的折腾,认为"孔席不暇暖,而墨突不得黔"是愚不可及,因为时光无法倒流,礼乐不能复兴,乃是历史的必然,更是现实的无奈。因此,他们或是告诫孔子应识时务,放弃虚幻的理想追求,抛开对世俗的眷恋,"滔滔者天下皆是也。而谁以易之?""凤兮,凤兮,何德之衰? 往者不可谏,来者犹可追";或是对孔子冷嘲热讽,揶揄挖苦,以此来帮助孔子从梦境中醒来,"四体不勤,五谷不分,孰为夫子!"

孔子何尝不知这些人本质上的善意,又何尝不知自己的"克己复礼"事业前途坎坷、希望渺茫,如同子路所指出的"道之不行,已知之矣"。但是,孔子与这些隐逸之士最大的不同是,他怀有一份沉甸甸的社会责任感,一种至高无上的道德使命感。他虽也主张"邦无道,则可卷而怀之",

但其主要的理念,还是忧国忧民的入世精神与"化成天下"的人文关怀。所以,他对接舆等人的选择固然能予以"同情之理解",但是,他自己并不愿放弃自己的理想,解除自己的使命,"鸟兽不可与同群,吾非斯人之徒与而谁与?天下有道,丘不与易也!"尽管希望十分渺茫,前景非常黯淡,但只要自己一息尚存,就永远不轻言放弃,"知其不可而为之!"

其实,孔子对"隐逸"并不采取完全排斥的态度。这从他称道隐逸不出的微子为"殷之三仁"之一可以得到证明。但是从根本上说,他更为肯定"谏而死"的比干,因为这更合乎"杀身以成仁"的期许。尤为可贵的是,孔子拥有博大的胸怀,认为为人处世、成就仁德可以有多种选择,"不降其志,不辱其身"的伯夷、叔齐固然是"仁者",但"降志辱身""言中伦,行中虑"的柳下惠等人,"隐居放言,身中清,废中权"的虞仲等人同样也十分优秀。"天下同归而殊途,一致而百虑",践行"大道",并非出于一孔。人们可以根据自身的不同情况,形势的不同状态,而自由选择适宜的做法,既各司其职,又"分兵合击",共同致力于人格的完善、政治的健全、社会的改造。当然至于他自己,"则异于是,无可无不可",不走极端,践履中道,"与时推移,应物变化",坚守立场,积极有为,为高标理想,弘扬道义而不遗余力。这也是孔子倡导的"中庸"观念在其"入世"与"隐逸"关系处理上的生动体现。

原文	译文
微子[1]去之[2],箕子[3]为之奴,比干[4]谏而死。孔子曰:"殷有三仁焉。"	微子离商纣王而去,箕子成了商纣王的奴隶,比干因为极言进谏而被杀死。孔子说:"殷朝有三位仁人啊!"

[注释] 1 微子:名启,商纣王之庶兄,纣王暴虐,他数度劝谏,不听,遂出走。周公东征后,受封于宋,传续殷商的血脉。 2 去之:去,离开。之,代词,指纣王。 3 箕子:名胥余,纣王之叔,官太师,数谏纣王,不听,遂

披发佯狂,被纣王降为奴隶,周武王灭商后得以释放,相传他日后抵达朝鲜,成为当地文明的始祖。 4比干:纣王之叔,相传因屡次劝谏纣王,惹怒纣王,终被剖心而死。

原文

柳下惠为士师[1],三黜[2]。人曰:"子未可以去乎?"曰:"直道而事人,焉往而不三黜?枉道[3]而事人,何必去父母之邦[4]?"

译文

柳下惠担任法官,多次被免职。有人问:"您难道不可以离开这个国家吗?"柳下惠回答说:"用正直的态度去侍奉君主,到哪里能不被多次罢免?用歪门邪道去侍奉君主,又何必一定要离开自己的祖国呢?"

注释 1士师:主掌刑狱的官吏。《周礼·秋官司寇》:"士师之职,掌国之五禁之法以左右刑罚……以五戒先后刑罚……掌官中之政令,察狱讼之辞,以诏司寇断狱弊讼,致邦令。" 2三黜:多次遭罢免。三,表示多次。黜,免官。 3枉道:曲道,不正派的方式。 4父母之邦:指本国。

原文

齐景公待孔子曰:"若季氏,则吾不能;以季、孟[1]之间待之。"曰:"吾老矣,不能用也。"孔子行。

译文

齐景公谈到对待孔子的打算时说:"要像鲁国国君对待季氏那样,我做不到;我要用次于季氏而高于孟氏的待遇来对待他。"不久他又说:"我已经老了,不能任用他了。"孔子便离开了齐国。

注释 1季、孟:季,季孙氏,鲁国大夫,位在上卿。孟,孟孙氏,鲁国大夫,位在下卿。

原文

齐人归女乐，季桓子¹受之，三日不朝，孔子行。

译文

齐国人送来歌女乐师，季桓子接受了，多日不上朝听政，孔子便辞职离开了鲁国。

注释 1季桓子：即季孙氏，鲁国上卿，季康子之父，当时鲁国的实际执政者。

原文

楚狂接舆¹歌而过孔子²曰："凤³兮，凤兮，何德之衰？往者不可谏⁴，来者犹可追⁵。已而⁶，已而，今之从政者殆⁷而！"孔子下，欲与之言。趋⁸而辟之，不得与之言。

译文

楚国的狂人接舆一边唱歌，一边走过孔子的车子："凤凰啊！凤凰啊！为什么德行这样衰微啊！过去的已经无法再挽回，未来的倒还来得及重新开始。算了吧，算了吧！现在的执政者已是危机四伏〔，不必跟他们同归于尽〕。"孔子下车，想跟他交谈，他赶紧走开躲避，孔子最终没能同他讲上话。

注释 1接舆：当时楚国的一位隐士。 2歌而过孔子：一边唱歌，一边走过孔子的旁边。李白《古风》："我本楚狂人，凤歌笑孔丘。" 3凤：凤凰，传说中的一种神鸟，只有在有道之世才出现，此处是以凤凰比喻孔子。 4谏：谏止，这里是挽回的意思。 5来者犹可追：未来之事还来得及，暗指孔子现在隐退还来得及。 6已而：算了吧。而，语气词，表示强调。 7殆：危险。接舆认为当时统治者腐败不堪，无可救药。《庄子·人间世》："天下有道，圣人成焉；天下无道，圣人生焉。方今之时，仅免刑焉。福轻乎羽，莫之知载；祸重乎地，莫之知避。已乎已乎，临人以德；殆乎殆乎,画地而趋。……人皆知有用之用,而莫知无用之用也。" 8趋:快步走。

原文

长沮、桀溺[1]耦而耕[2],孔子过之,使子路问津[3]焉。长沮曰:"夫执舆[4]者为谁?"子路曰:"为孔丘。"曰:"是鲁孔丘与?"曰:"是也。"曰:"是知津矣。"问于桀溺。桀溺曰:"子为谁?"曰:"为仲由。"曰:"是鲁孔丘之徒与?"对曰:"然。"曰:"滔滔者天下皆是也,而谁以易之[5]?且而与其从辟人之士[6]也,岂若从辟世之士哉!"耰而不辍[7]。子路行以告[8]。夫子怃然[9]曰:"鸟兽不可与同群[10],吾非斯人之徒[11]与而谁与? 天下有道,丘不与易[12]也。"

译文

长沮、桀溺在一起耕地,孔子经过那里,叫子路前去打听渡口在何处。长沮问:"那位驾御车辆的人是谁?"子路答:"是孔丘。"长沮又问:"是鲁国的那位孔丘吗?"子路说:"是的。"长沮便说:"他呀,该早知道渡口在哪里了。"子路于是去问桀溺。桀溺问:"你是谁?"子路答道:"我是仲由。"桀溺又问:"那你是鲁国孔丘的弟子吗?"子路说:"是的。"桀溺便说道:"整个天下都像滔滔洪水一样浑浊不堪,你跟谁一起去改变它呢? 再说你与其跟随那个躲避坏人的人,还不如跟随我们这些躲避乱世的人!"一边说,一边不停地干着用土覆盖种子的农活。子路回到孔子身边,将两位隐士的话转达给孔子听,孔子听后怅然若失地说:"我们不能和鸟兽在一起生活。我不跟世上大众在一起又能跟谁在一起呢? 如果天下政治清明,我也就不会参与改革社会了。"

注释 1长沮、桀溺:是当时两位隐士。 2耦而耕:耦耕,古代耕地的一种方式,即两人各执一耜,同耕一尺宽的土地,此处指两人在一起并肩耕作。 3津:渡口。 4执舆:即执辔,拉马的缰绳,驾御车辆。 5而谁以易之:你和谁去改变它呢。而,你们。以,与。易,改变。　6且而与其从辟人之士:且,况且,再说。而,通"尔",跟从,跟随。辟人之士,指躲避坏人的孔子。辟,通"避"。　7耰而不辍;耰,农具名,用来捣碎土块,平整土地。此处用作动词,指用耰平土,覆盖播下的种子。辍,停止。8以告:指子路把长沮、桀溺的话告诉了孔子。　9怃然:怅然若失的样子。　10鸟兽不可与同群:不能跟鸟兽一起相处,意谓不能隐居山林,而必须在社会中生活。　11斯人之徒:即世上的人群。　12与易:与,参与,投入。易,更改,改革。

[原文]

子路从而后,遇丈人[1],以杖荷蓧[2]。子路问曰:"子见夫子乎?"丈人曰:"四体不勤,五谷不分,孰为夫子?"植[3]其杖而芸[4]。子路拱而立。止[5]子路宿,杀鸡为黍[6]而食之[7],见[8]其二子焉。明日,子路行以告。子曰:"隐者也。"使子路反[9]见之。至,则行矣。子路曰:"不仕无义。长幼之节,不可废也;君臣之义,如之何其废之?欲洁其身而乱大伦。

[译文]

子路跟随孔子,却掉队落在后面,他遇见一位老人,那老人用拐杖挑着锄草用的工具。子路上前问道:"您见过我的老师吗?"老人回答:"你这个人,四体不勤快,五谷分不清,谁知道你的老师是什么人?"就把拐杖插在地上,耘起田来。子路拱着手毕恭毕敬在一旁站着。于是老人便留子路在自己家中过夜,杀了鸡、煮了黄米饭让子路吃,并让自己两个儿子出来与子路相见。第二天,子路赶上了孔子,报告了这件事。孔子说:"那是一位隐士呀。"便让子路返回去拜见老人。子路到了那里,那老人已离开了。子路说:"不做官是不对的。长幼之间的礼节是不能废弃的,君臣之间的礼仪关系,又怎么能废弃呢?怎么可以为了洁身自好而破坏伦理大君子之仕也,行其义也。道之不行,已知之矣。"

纲！君子出来做官,是为了履行他的义务。至于我们的主张无法实行,那是早就知道的事情。"

[注释] 1 丈人:老人。 2 以杖荷蓧(diào):用拐杖挑着工具。荷,肩扛。蓧,古代锄草用的工具。 3 植:将农具插入土中。 4 芸:通"耘",除去田中杂草。 5 止:留,收留。 6 为黍:煮黄米饭。为,做。黍,黄米,比一般小米(稷)为贵重。 7 食之:使动用法,使……(子路)食用。 8 见:使……见。 9 反:同"返"。

[原文]

逸民[1]:伯夷、叔齐、虞仲、夷逸、朱张、柳下惠、少连。子曰:"不降其志,不辱其身,伯夷、叔齐与！"谓柳下惠、少连:"降志辱身矣,言中[2]伦,行中虑,其斯而已矣。"谓虞仲、夷逸:"隐居放言[3],身中清,废中权[4]。""我则异于是,无可无不可。"

[译文]

隐居而避世的高人有:伯夷、叔齐、虞仲、夷逸、朱张、柳下惠、少连。孔子说:"不降低自己的志向,不辱没自己的身份,这大概是伯夷、叔齐吧！"又评论柳下惠、少连说:"降低自己志向,辱没自己身份,但是讲的话合乎伦理,做的事合乎事先的考虑,就是这样罢了。"还评论虞仲、夷逸说:"隐居山林,不谈论世事,自身保持清白,弃职合于权宜。"又说:"我跟他们不一样,没有什么一定可以,也没有什么一定不可以。"

[注释] 1 逸民:隐居避世的高人。 2 中:合乎,合于。 3 放言:放弃言论,意谓不议论世事、臧否人物。 4 废中权:辞官隐居合乎时机。废,废置不仕。权,权宜,合宜。

[原文]

大师挚¹适齐,亚饭²干适楚,三饭缭适蔡,四饭缺适秦,鼓方叔³入于河,播鼗⁴武入于汉,少师阳、击磬襄入于海。

[译文]

太师挚到了齐国,二饭乐师干到了楚国,三饭乐师缭到了蔡国,四饭乐师缺到了秦国,打鼓乐师方叔到了黄河一带,敲鼗鼓的乐师武去了汉水流域,少师阳、敲磬的乐师襄去了海边。

[注释] 1 大师挚:大,即"太",或曰大师挚即《泰伯》篇中的师挚。《周礼·春官·大师》:"大师掌六律、六同以合阴阳之声……皆文之以五声……播之以八音。" 2 亚饭:第二次进餐时奏乐的乐师。按,古代天子诸侯以音乐佐食,故有亚饭、三饭、四饭等乐师。 3 鼓方叔:击鼓的乐师,名方叔。 4 鼗(táo):两旁系有小槌的鼓。

[原文]

周公谓鲁公¹曰:"君子不施²其亲,不使大臣怨乎不以³。故旧无大故⁴则不弃也。无求备于一人。"

[译文]

周公旦告诉鲁公伯禽说:"君子不慢待他的亲族,不让大臣抱怨没有被任用,老臣旧友不犯大过错就不要废弃不用。不要对某一人求全责备。"

[注释] 1 周公谓鲁公:周公,周公旦。鲁公,周公旦之子伯禽。 2 施:同"弛",放松,此处是怠慢、忽略的意思。《礼记·缁衣》:"子曰:'大臣不亲,百姓不宁,则忠敬不足而富贵已过也;大臣不治而迩臣比矣。故大臣不可不敬也,是民之表也。'" 3 以:用,任用。 4 故:事故,此指过失、过错。

【原文】

周有八士[1]:伯达、伯适、仲突、仲忽、叔夜、叔夏、季随、季骡。

【译文】

周朝有八位贤士,他们是:伯达、伯适、仲突、仲忽、叔夜、叔夏、季随、季骡。

【注释】 1 八士:八位高士。按,此八人生平事迹均已不详。

子张第十九

导读

　　本篇共二十五章。集中记载了孔子的主要弟子——子张、子游、子夏、曾子、子贡等人的言辞,其中辑录子张的言辞三章,子夏的言辞十章,子游的言辞二章(另有一段评议子夏弟子的言辞与子夏的言辞在同一章),曾子的言辞四章,子贡的言辞六章。全篇中只有曾子以"子"尊称之,其他均以字相称,故后世学者大多认为此篇的编撰者当为曾子的弟子。

　　在子女的身上,可以看到父母生命的延续;在学生的身上,则可以看到老师生命的延续。"薪尽火传",孔子的思想之所以在身后能代有相传,日益发扬光大,这是与其弟子的继承与传授分不开的。这些弟子从不同的侧面、不同的层次领悟孔子思想的精髓与要义,并加以体认和传播,从而使孔子学说的基本精神与主要主张得以经受时间的洗礼,融入在历史的长河之中,亘古而常新。这是思想文化史上的一个奇迹,而缔造这一奇迹的发轫者,就是这些孔门弟子。从这个意义上讲,子夏、曾子、子贡等人无疑是孔门的杰出传人,儒学的不朽功臣!

　　这些弟子对孔子学说的继承发扬,究竟反映在哪些具体方面? 概括地说,大致有以下几点。

　　第一,对孔子的伟大贡献作出评价,维护老师的形象,肯定老师的地位。这方面,子贡所付出的努力最多,发挥的作用最大,影响也最为深远持久。他强调孔子学说博大精深,仰之弥高,用之不竭,是一座美不胜收、异彩纷呈的思想宝库:"夫子之墙数仞,不得其门而入,不见宗庙之美,百官之富,得其门者或寡矣。"强调孔子作为"圣人",犹如日月,犹如苍天,是高耸入云的不朽丰碑,是永远无法逾越的:"他人之贤者,丘陵也,犹可逾也;仲尼,日月也,无得而逾焉","夫子之不可及也,犹天之不可阶而升也"。指出孔子才是真正的"生的伟大,死的光荣"的人类文化思想奇迹,"其生也荣,其死也哀"。

第二,提倡专心学习,把学习视为自己的生命,通过学习,积累知识,涵养义理,塑造人格,提升境界,"学而时习之",这是孔子立德为仁,明礼治政的起点。他一生都在学习,因而最终能成就其伟大。孔子的学习理念与实际努力,作为楷模,始终在影响着其弟子们的价值取向。身为其弟子,他们在潜移默化之中,早已认同了老师的理念与方法。因此,在他们看来,要传承与弘扬孔子的学说,重要的环节就是注重学习,打好基础。这就是子夏所总结的"日知其所亡,月无忘其所能,可谓好学也已矣","博学而笃志,切问而近思,仁在其中矣","百工居肆以成其事,君子学以致其道"。

第三,主张谦虚谨慎,做到虚怀若谷,见贤思齐,从善弃恶,脚踏实地从小事做起,不好高骛远,忌志得意满。孔子对理想君子人格的追求,已成为其生命的有机组成部分。这种君子人格,从大处说是礼、义、仁、智、信无所不包,从小处说,则是要从严于律己做起,注重细节,取得成绩时谦逊低调,犯有过错时不惮悔改,"苟日新,日日新,又日新"。孔门弟子深谙夫子所倡导"立德为仁"先要做人的道理,在践行孔子思想的过程中逐一加以落实,为此,他们提倡随时改进不足,修正错误,"君子之过也,如日月之食焉。过也,人皆见之;更也,人皆仰之";主张把君子之道落到细微之处,力求从细微之处见精神,"君子之道,孰先传焉? 孰后倦焉? 譬诸草木,区以别矣"。强调持之以恒,锲而不舍:"执德不弘,信道不笃,焉能为有? 焉能为亡?"在此基础上成就理想君子人格:"士见危致命,见得思义,祭思敬,丧思哀。"与此同时,他们还倡导立身处世要做到"守经用权"，使原则性与灵活性得到有机的统一："大德不逾闲，小德出入可也。"尤为难能可贵的是，他们还秉承孔子"学而不思则罔"的主张，强调独立思考，自出机杼，切忌人云亦云、没有主见。子贡对商纣王的评价，就集中体现了这种优秀的自觉意识："纣之不善，不如是之甚也。是以君子恶居下流，天下之恶皆归焉。"

值得注意的是，本篇中孔门弟子虽在尊奉孔子地位、践行孔子思想、弘扬儒学精神等基本问题上高度一致，但是作为具体的个体，他们的秉性气质、境界器局、行为方法、思维模式以及关注问题的侧重点却是各具特点，有所差异。在篇中，我们今天所能看到的，是子张的自信张扬，子夏的平易低调，曾子的笃行寡言，子贡的敏捷雄辩。他们的鲜明个性，栩栩如生；他们的音容笑貌，跃然纸上。他们各得孔子之道的一部分精髓要义，境界或许有高下之分，所悟或许有多寡之别，但合在一起，则铸就了孔子思想学说新的完整体系，这也许就是子贡所理解的"文武之道"的传承规律："文武之道，未坠于地，在人。贤者识其大者，不贤者识其小者，莫不有文武之道焉！"

孔子之于学生，名为师生，谊属朋友；学生之于孔子，名为师生，情同父子。孔子生前，毫无保留以道义仁德培养学生，以造就君子为人生最大意义之所在；孔子身后，学生则超越功利以事父之道弘扬师德，以传承文化为事业最大价值之所在。这不仅仅是中国教育史上的一段佳话，更是人类文明发展史上的一座丰碑。孔子的弟子是幸运的，因为他们拥有一位伟大的老师；孔子本人同样是幸运的，因为他拥有一群卓越的弟子！

【原文】

子张曰："士见危致[1]命，见得思[2]义，祭思敬，丧思哀，其可已矣。"

【译文】

子张说："读书知礼的人面临危难要能奉献生命，遇有利益可得时要反省是否该得，祭祀时要想到是否恭敬，服丧时要想到是否哀痛，做到这一切，大概也就可以了。"

[注释] 1 致:尽,极,这里是奉献的意思。《礼记·曲礼上》:"临财毋苟得,临难毋苟免。" 2 思:反思,反省。

[原文]

子张曰:"执德不弘[1],信道不笃[2],焉能为有? 焉能为亡?"

[译文]

子张说:"持有仁德而不加以弘扬,信奉善道而不能做到坚定,这类人,有了他不为多,缺了他不为少。"

[注释] 1 弘:弘扬,扩大。一说,弘当作"强"解。 2 笃:坚定。所谓"笃信好学,守死善道"。

[原文]

子夏之门人问交[1]于子张。子张曰:"子夏云何?"对曰:"子夏曰:'可者与之,其不可者拒[2]之。'"子张曰:"异乎吾所闻:君子尊贤而容众,嘉善而矜不能。我之大贤与,于人何所不容? 我之不贤与,人将拒我,如之何其拒人也?"

[译文]

子夏的弟子向子张请教结交朋友之道。子张说:"子夏是怎么说的?"子夏的弟子回答道:"子夏说:'可以交往的就结交他,不可以交往的就不跟他来往。'"子张说:"我所听到的与此不同:君子尊重贤人,但也接纳普通大众;赞扬好人,但也怜悯无能的人。我如果是大贤人,又有什么人不能够容纳呢? 我如果是不贤的人,别人就会排斥我,怎么还轮得着我去排斥别人呢?"

[注释] 1 交:交往,交友之道。 2 拒:拒绝、排斥的意思。《吕氏春秋·观世》:"不如吾者,吾不与处,累我者也;与我齐者,吾不与处,无益我者也。惟贤者必与贤于己者处。"

原文

子夏曰："虽小道[1]，必有可观者焉，致远恐泥[2]，是以君子不为也。"

译文

子夏说："即使是小技艺，也一定有可取的地方，但恐怕它会妨碍从事远大的事业，因此君子不做这类事情。"

注释 1 小道：一般技能和技巧。《大戴礼记·小辨》："夫小辨破言，小言破义，小义破道。道小不通，通道必简。" 2 泥(nì)：拘泥、拘执的意思。

原文

子夏曰："日知其所亡[1]，月无忘其所能[2]，可谓好学也已矣。"

译文

子夏说："每天能学到自己所不了解的新知识，每月能不忘记自己已掌握的知识，这可以算是好学上进了。"

注释 1 亡：无，这里指自己尚未掌握的知识。 2 能：有，这里指自己已经了解的知识。

原文

子夏曰："博学而笃志，切问[1]而近思[2]，仁在其中矣。"

译文

子夏说："广泛地学习，坚守自己的志向，恳切地向他人请教，考虑当前所面临的问题，那么仁德也就在其中了。"

注释 1 切问：态度诚恳地向别人请教。 2 近思：思考眼前的问题。

原文

子夏曰："百工[1]居

译文

子夏说："各行各业的工匠在作坊里

肆²以成其事,君子 | 完成他们的工作,君子则通过学习来实现自
学以致³其道。" | 己的理想。"

注释 1百工:指各门各类的手工业工匠。《盐铁论·通有》:"大夫曰:'故工商梓匠,邦国之用,器械之备也。'" 2肆:手工作坊。 3致:达到、实现的意思。

原文 | **译文**

　子夏曰:"小人之过 | 　子夏说:"小人有了过错,一定会找
也,必文¹。" | 借口掩饰推脱。"

注释 1文:文饰,掩饰,成语有"文过饰非"。《孟子·公孙丑下》:"且古之君子,过则改之;今之君子,过则顺之。……岂徒顺之,又从为之辞。"

原文 | **译文**

　子夏曰:"君子有三 | 　子夏说:"君子有三个特点:远远地
变¹:望之俨然²,即之也 | 望着,显得庄严可畏;接近他之后,感到他
温,听其言也厉。" | 温和可亲;听他讲话,又觉得严厉不苟。"

注释 1变:变化,这里可以理解为特点、特色。 2俨然:庄重,不苟言笑,能够让别人肃然起敬。

原文 | **译文**

　子夏曰:"君子 | 　子夏说:"君子在受到人民的信任之后才
信而后劳其民;未 | 去役使人民,如果未得到信任〔就去役使〕,那
信,则以为厉¹己也; | 么人民会以为你是在折磨他们;君子在获得
信而后谏,未信,则 | 君主信任之后才去进谏,如果未得到信任〔就

以为谤²已也。" ‖ 去进谏〕,君主会以为你是在毁谤他。"

注释 1厉:磨砺,这里是折磨、危害的意思。 2谤:毁谤、攻讦的意思。《韩非子·说难》:"夫旷日离久而周泽既渥,深计而不疑,引争而不罪,则明割利害以致其功,直指是非以饰其身,以此相持,此说之成也。"

原文

子夏曰:"大德不逾闲¹,小德出入可也。"

译文

子夏说:"在大的节操上不能逾越界限,在小的枝节上有所放松是可以的。"

注释 1逾闲:逾,越过,超过。闲,栅栏,此处喻指界限。《春秋繁露·玉英》:"故诸侯在不可以然之域者,谓之大德,大德无逾闲者,谓正经;诸侯在可以然之域者,谓之小德,小德出入可也,权谲也。"

原文

子游曰:"子夏之门人小子,当洒扫应对进退,则可矣,抑末¹也。本²之则无,如之何?"子夏闻之,曰:"噫!言游过³矣!君子之道,孰先传焉?孰后倦⁴焉?譬诸草木,区以别矣。君子之道,焉可诬也?有始有卒者,其惟⁵圣人乎!"

译文

子游说:"子夏的那些学生们,让他们去打扫卫生、接待客人、掌管礼仪是可以的,不过这些都是些细枝末节,至于学问的根本却是没有的,这怎么行呢?"子夏听到这话,表示:"唉!言游的话错了!君子的道德文章,哪一项先传授?哪一项后讲述?用花草树木作譬喻,要根据门类来加以区别。君子的道德文章,怎么可以妄加曲解呢?〔在教育上〕做到有始有终的,大概只有圣人吧!"

注释 1 抑末:抑,但是,不过。末,细枝末节。 2 本:树木的根,此指根本。《大戴礼记·曾子事父母》:"夫礼,大之由也,不与小之自也。……趋翔周旋,俯仰从命,不见于颜色,未成于弟也。" 3 过:过分,有错。4 倦:当为"传"字之误。 5 其惟:其,语气词,表示揣测。惟,只有。

原文

子夏曰:"仕而优¹则学,学而优则仕。"

译文

子夏说:"做官后,如还有余力就去学习;学习了,如还有余力便去当官。"

注释 1 优:优裕,有余力。

原文

子游曰:"丧¹致²乎哀而止。"

译文

子游说:"办丧事,能充分表达哀痛也就可以了。"

注释 1 丧:服丧,举办丧事。 2 致:表达、竭尽的意思。《说苑·建本》:"孔子曰……处丧有礼矣,而哀为本。"

原文

子游曰:"吾友张也,为难能¹也,然而未仁。"

译文

子游说:"我的朋友子张,也算是难能可贵的了,然而还没有达到仁的标准。"

注释 1 难能:难得,难能可贵。

原文

曾子曰:"堂堂¹乎张也,难与并²为仁矣。"

译文

曾子说:"子张他仪表堂堂、风度不凡,但是难以与他一起达到仁的境界。"

注释 1 堂堂:外表很有派头,风度极佳。 2 并:共同,一起。

原文

曾子曰:"吾闻诸夫子[1]:人未有自致[2]者也,必也亲丧[3]乎!"

译文

曾子说:"我听老师他说过:人在平时没有充分流露自我情感的,如果有,一定是当父母去世的时候。"

注释 1 夫子:老师,指孔子。 2 自致:指自我的感情尽情流露。3 亲丧:指父母死亡。

原文

曾子曰:"吾闻诸夫子:孟庄子[1]之孝也,其他可能也,其不改父之臣与父之政,是[2]难能也。"

译文

曾子说:"我听老师说起过:孟庄子的孝行,其他的都可以做到,但他不改换父亲的旧臣僚,不改变父亲的施政方针,这是难以做到的。"

注释 1 孟庄子:鲁国大夫,名速,孟献子的儿子。 2 是:这,这个。

原文

孟氏使阳肤[1]为士师。问于曾子,曾子曰:"上失其道,民散久矣。如得其情[2],则哀矜[3]而勿喜。"

译文

孟氏委任阳肤做法官。阳肤向曾子请教,曾子说:"统治者迷失了正确的治国方向,民众早就跟他们离心离德了。如果你办案时审出犯罪的实情,就应该同情罪犯,而不要自鸣得意。"

注释 1 阳肤:旧注称他为曾子的弟子。 2 情:真实的情况,此处指犯

罪的实情。　3矜:哀怜,同情。《尚书·吕刑》:"哀敬折狱。"又,《尚书大传》:
子曰:"听讼者虽得其情,必哀矜之。死者不可复生,绝者不可复续也。"

【原文】

　　子贡曰:"纣¹之不
善,不如是之甚²也。
是以君子恶居下流³,天
下之恶皆归焉。"

【译文】

　　子贡说:"商纣王的恶劣,不像现在传
说的那样厉害。所以君子憎恶处于不仁
不义的境地,〔因为一旦如此,〕天下所有
的坏名声就都会落到他的头上来了。"

【注释】　1纣:商朝末代君主,暴虐无道,周武王起兵反抗,他兵败牧野,
遂登鹿台自焚身亡。　2甚:厉害,严重。　3下流:河的下游。此处喻
指品行卑劣,为众恶所归之处。《列子·杨朱》:"天下之美,归之舜、禹、周、
孔……天下之恶,归之桀、纣。"《淮南子·缪称训》:"三代之称,千岁之
积誉也;桀、纣之谤,千岁之积毁也。"

【原文】

　　子贡曰:"君子之过也,
如日月之食¹焉。过也,人
皆见之;更²也,人皆仰³之。"

【译文】

　　子贡说:"君子的过错,就好比日
月发生食蚀的现象。有了过错,人人
都会看到;一旦改正,人人都会尊敬。"

【注释】　1日月之食:日食与月食。　2更:改变,改正。　3仰:尊敬、爱
戴的意思。

【原文】

　　卫公孙朝¹问于子
贡曰:"仲尼焉学?"子贡
曰:"文武²之道,未坠于

【译文】

　　卫国的公孙朝向子贡询问说:"仲
尼是从哪里学到学问的?"子贡回答说:
"周文王、周武王的政治传统,并没有中

地³,在人。贤者识其大者,不贤者识其小者,莫不有文武之道焉。夫子焉不学? 而亦何常师之有?"

绝失传,而是流传于人间。贤能的人能够抓住它的大端,不贤能的人只能抓住枝末。到处都有文王武王的王道。我老师他何处不能学呢? 而且又有什么固定不变的老师呢?"

注释 1 公孙朝:卫国的大夫。 2 文武:指周文王、周武王,他们是古代圣明之君的象征。 3 坠于地:意谓失传中绝。

原文

叔孙武叔¹语大夫²于朝曰:"子贡贤于仲尼。"子服景伯³以告子贡。子贡曰:"譬之宫墙,赐之墙也及肩,窥见室家之好。夫子之墙数仞⁴,不得其门而入,不见宗庙之美、百官⁵之富,得其门者或寡矣。夫子⁶之云,不亦宜乎?"

译文

叔孙武叔在朝廷里对诸位同僚说:"子贡要比仲尼贤能。"子服景伯把这话告诉了子贡。子贡说:"就拿房屋的围墙作比喻吧:我端木赐家的围墙只有肩膀那样高,人家都可以探望到房屋的美好。而我老师家的围墙有数仞之高,找不到大门走进去,就看不到宗庙的雄伟、房舍的多种多样,而能够找到大门的人也许很少吧。所以,叔孙武叔那么说话,不也是很自然的吗?"

注释 1 叔孙武叔:名州仇,鲁国大夫。 2 大夫:众官员,即叔孙武叔的同僚。 3 子服景伯:名何,鲁国大夫。 4 仞:古代长度单位,七尺(一说八尺)为一仞。 5 官:房舍,此为"官"字的本义。 6 夫子:指叔孙武叔。

原文

叔孙武叔毁仲尼。子贡曰:"无以为也! 仲尼不可毁也。他人之贤者,丘陵也,犹可逾也;仲尼,日月也,无得而逾焉。人虽欲自绝,其何伤于日月乎? 多¹见其不知量²也。"

译文

叔孙武叔诋毁仲尼。子贡说:"不要这样做! 仲尼他是诋毁不了的! 其他人的贤能,好比是山丘,还可以超越过去;仲尼,他是太阳和月亮,是无法超越的。有的人虽然企图自绝于太阳和月亮,那对于太阳和月亮又有什么伤害呢,只是反映出他不自量力罢了!"

注释 1多:程度副词,只,仅仅。 2不知量:不自量力,妄自尊大,所谓:"李杜文章在,光焰万丈长。不知群儿愚,那用故谤伤。蚍蜉撼大树,可笑不自量。"(韩愈《调张籍》)

原文

陈子禽谓子贡曰:"子为恭¹也,仲尼岂贤于子乎?"子贡曰:"君子一言以为知,一言以为不知,言不可不慎也。夫子之不可及也,犹天之不可阶而升²也。夫子之得邦家者³,所谓立之斯立,道⁴之斯行,绥⁵之斯来,动之斯和。其生也荣,其死也哀。如之何其可及也!"

译文

陈子禽对子贡说:"您大概仅是出于谦恭吧,仲尼难道真的比您贤能吗?"子贡说:"君子往往由一句话表现出他的有知,也往往由一句话表现出他的无知,所以讲话不可不谨慎啊! 老师他是不可追及的,就好比青天是不能沿阶梯攀登上去的。老师他若能成为诸侯或当上卿大夫,那么他要百姓安家立业,他们就会安家立业;引导他们,他们就会跟着前进;安抚他们,他们就会前来归附;动用他们,他们就会齐心响应。他老人家生得光荣,死得让人哀伤。我怎么能够赶得上呢!"

注释 1 恭:谦恭,谦逊。 2 升:登。 3 得邦家者:指当上诸侯或卿大夫。 4 道:引导,指导。 5 绥:安抚。《汉书·董仲舒传》:"故尧、舜行德,则民仁寿;桀、纣行暴,则民鄙夭。夫上之化下,下之从上,犹泥之在钧,唯甄者之所为;犹金之在镕,唯冶者之所铸。'绥之斯来,动之斯和。'此之谓也。"

尧曰第二十

导读

《尧曰》篇作为整部《论语》的终结篇,共计三章,文字篇幅不大,但主题稍嫌散漫。有关全篇的核心宗旨,黄克剑教授的解读提示有较好的参考价值。他认为:"(首)章当是《论语》全书的后序","从尧舜禹到汤文武,以至于周公、孔子,《论语》编者第一次为儒家教化理出了某种脉理相贯的道统,这曾为孔子所默示的不无历史感的统绪把孔子置于继往开来的枢纽地位上";至于次章、三章,"或为《论语》成书若干年后由汉儒依据轶策所补缀"。(黄克剑《〈论语〉解读》)

细细玩味《尧曰》全部文字的蕴绪,可知黄克剑教授的说法不无道理。儒家始终注重"道统"的建构,孟子、韩愈在这方面所作的努力最为显著,他们的共同旨趣是确立"道统",为儒学的思想统治地位寻找最大的合法性,在此基础上,再试图将"道统"置于"政统"与"君统"之上。这是儒家的理想,也反映了儒家的气象。

现在看来,孟子、韩愈的说法并非空穴来风,无中生有,而是有所依本的。这个"本",就是《尧曰》篇的首章,换言之,早在孔子那里,"道统"建构的雏形已依稀存在,这实在是了解、掌握儒学所憧憬的理想政治与文化传承的很好的切入点。

班固《汉书·艺文志》有云:"儒家者流,盖出于司徒之官,助人君顺阴阳明教化者也,游文于六经之中,留意于仁义之际。祖述尧舜,宪章文武,宗师仲尼,以重其言,于道最为高。"孔子及其后学倡导"修身""正己",注重道德仁义的润泽,强调君子人格的养成,但这并非其理想的终极目的,而是为其"齐家、治国、平天下"创造条件,奠定基础。换言之,"内圣"只是基础,而"外王"才是目的,所谓"祖述尧舜,宪章文武",由"小康"而"大同"其实都是其孜孜以求的"外王"理想境界。

正是因为这个缘故,《尧曰》篇首章的"道统"建构上的主要内容,乃是如何"治国、平天下"的要旨与方法。这包括:君主要对政治得失成败担当最大责任,必须承受后果:"朕躬有罪,无以万方;万方有罪,罪在朕躬","虽有周亲,不如仁人。百姓有过,在予一人"。君主施政必须重视制度建设,做到有章可依,有律可循,"谨权量,审法度,修废官,四方之政行焉"。君主胸襟应该博大宽广,做到重传统,遵行旧俗,兼容并包,化解消极因素,造就政治和谐的局面,赢得天下民心:"兴灭国,继绝世,举逸民,天下之民归心焉。"君主施政应该抓住重点,突出关键,"所重:民、食、丧、祭";同时努力体现宽厚、诚信、机敏、公正等原则,推行"德政","以德化民","以仁为本","宽则得众,信则民任焉,敏则有功,公则说"。君主处理事务,应该把握分寸,中庸有度,不走极端,防止偏颇,"允执其中",凡此等等,皆为"外王"的极致,皆属"道统"在施政上的具体呈现。

至于二、三两章,当是《论语》的最后编定者认为内容比较吻合首章所揭示的"道统"主旨而在编纂过程中将其附属于首章之后,以对首章的"外王"旨趣作补充性的说明。在这里,孔子就"为政"的要义作了进一步的概括与揭示,将"善政"与"恶政"分别归纳为"五美"与"四恶",告诫统治者应该做到"尊五美,屏四恶"。在此基础上,孔子进而提出了"为政"者所应该具有的政治智慧;要乐观达命,不企图去做力所不及的事情;要用"礼义"来规范自己的行为,从而立足于天地,成就自己的事业;要善于察言观色,不为虚幻的假象所迷惑,对他人的真实想法与各种言行做出正确的分析判断。

值得注意的是,在具体列举"五美""四恶"之时,孔子依然是用"允执其中"的中庸思想方法论来加以指导的。在孔子看来,君子"为政"的高明,是给民众以好处,且不必由自己去付出;是让民众出力效劳,可并不因此而招致民怨;君子可以有自己的私欲,(追求仁义,建功立业,同样也是"私欲",无非是看上去比较"高尚"而已。)可又能巧妙到不被人们看作是贪婪;君子可以是泰然自若,悠哉游哉,可又能让人们感觉不到有任何骄傲得意的成分在内;君子可以是威风凛凛,仪态庄严,可又能不给人们留下任何凶狠蛮横的印象。这样的政治领导艺术,无疑是出神入化、炉火纯青的,这种张弛有度、恰到好处的大局观、分寸感,是高度成熟的政治智慧,它可以用来确保"尧舜禹"以降的"道统"建构,能立足于坚实的基础之上,而不至于成为空中楼阁、海市蜃楼、大而无当。

应该说,孔子实不愧为"圣之时者"。他的精神境界,他的使命意识,他的为政思路,他的方法艺术,均已臻于一流,出类拔萃,绝非敏于言而拙于行的寻常理论家、思想家。由此可见,他所说的"苟有用我者,期月而已可也,三年有成"云云,并非大言不惭、自我膨胀,而是建立在充分"为政"能力的基础之上的,是信心,也是实力。然而,历史并没有给孔子这样的机遇,使他只能以伟大的思想家而非成功的政治家定格在历史的天幕上。

由"内圣"而"外王",这是孔子的崇高理想追求。《论语》的编纂者不愧为孔子的真正知音,让全书肇始于讲求"内圣"方法的《学而》篇,而终结于阐释"外王"之道的《尧曰》篇,可谓独具慧眼,善于卓裁。

如此去理解《尧曰》篇在全书中的地位与意义,寻绎《论语》全书的内在逻辑与微旨脉络,或许不失为一种可以尝试的方法,用《大学》自己的话说,即"虽不中,不远矣"。

[原文]	[译文]
尧曰:"咨¹!尔舜!天之历数²在尔躬³,允执	唐尧说:"光荣啊!你这位舜!上天所赋予的神圣统治使命,现在要落到

其中[4]，四海困穷，天禄[5]永终。"

舜亦以命禹。

曰："予小子履[6]敢用玄牡[7]，敢昭告于皇皇后帝[8]：有罪不敢赦。帝臣不蔽[9]，简[10]在帝心。朕[11]躬有罪，无以万方[12]；万方有罪，罪在朕躬。"

周有大赉[13]，善人是富。"虽有周[14]亲，不如仁人。百姓[15]有过，在予一人。"

谨权量[16]，审法度[17]，修废官[18]，四方之政行焉。兴灭国，继绝世[19]，举逸民，天下之民归心焉。

所重：民、食、丧、祭。

宽则得众，信则民任焉，敏则有功，公则说。

你的身上了，你要忠实地把握正确的方向，如果普天下的民众都贫苦困穷，上天授给你的禄位也就会永远终止了。"

虞舜也用同样的话告诫禹。

〔商汤〕说："我本人斗胆地用黑色的公牛作为祭品，光明正大地向神圣而伟大的天帝禀告：对于有罪的人我绝不敢赦免。您的臣仆的善恶我也不掩盖隐瞒，这是天帝您早已明察于心的。我个人有罪，请不要牵连到天下的民众；天下民众有罪，请归罪到我一个人的身上。"

周朝大封诸侯，使善良之人都得到富贵。〔周武王说：〕"我虽有骨肉至亲，却不如拥有仁德之人，百姓犯有过错，就由我一个人来承担。"

谨慎严格地检验并审定度量衡制度，恢复废弃了的职官机构，天下四方的政令也就行得通了。复兴已遭灭亡的国家，接续已经断绝的世族，选拔隐逸散亡的人才，普天之下的民众就会诚心归服了。

应该重视的是：民众向背，粮食生产，丧葬仪式，祭祀典礼。

宽厚就能获得大众的拥护，诚信就能得到人们的任用，勤勉敏捷就能办事成功，正直公平就能使大家满意高兴。

【注释】1咨:感叹词,表示赞美。 2天之历数:上天的运行规律,此处可理解为天命所归。 3尔躬:你身上。尔,你。躬,自身。 4允执其中:允,真诚,虔诚。执,把握,掌握。中,中正,适中。《中庸》:"子曰:'舜其大知也与!……执其两端,用其中于民,其斯以为舜乎!'" 5天禄:上天赐予的禄位。 6履:商汤的名字。 7玄牡:黑色的公牛,用于祭祀等庄重场合。 8皇皇后帝:皇皇,堂堂、盛大之貌。后帝,天帝。 9蔽:隐藏,隐瞒。 10简:阅,检查、察看,此处是知晓的意思。 11朕:我。自秦始皇起,专用为皇帝自称。 12万方:指天下各地百姓。 13赉(lài):赏赐。 14周:至,最。 15百姓:金文一般作"百生",指贵族成员。 16谨权量:谨,谨慎,这里引申为严格。权,秤具。量,量器。 17审法度:审,审核,这里引申为统一。法度,指衡量长度的标准。《汉书·律历志》:"乃同律度量衡,所以齐远近,立民信也。自伏羲画八卦,由数起,至黄帝、尧、舜而大备。三代稽古,法度章焉。周衰官失。" 18修废官:修,整顿,恢复。废官,指已遭废置的官职。 19兴灭国,继绝世:复兴已被灭亡的国家,延续已断绝世系的贵族。

【原文】

子张问于孔子曰:"何如斯可以从政矣?"

子曰:"尊五美,屏[1]四恶,斯可以从政矣。"

子张曰:"何谓五美?"

子曰:"君子惠而不费,劳而不怨,欲而不贪,泰[2]而不骄,威而不猛。"

子张曰:"何谓惠而不

【译文】

子张请问孔子说:"要怎么样才能治理政务呢?"

孔子答道:"推崇五种美德,摒弃四种恶政,这样就可以治理政务了。"

子张问:"五种美德是什么?"

孔子答道:"君子给民众以好处,而自己却不必破费;让民众出劳力,而民众却不怨恨;想追求仁义,而不被看作是贪婪;态度泰然自若而不骄傲;仪费？"

子曰："因民之所利而利之，斯不亦惠而不费乎？择可劳而劳之，又谁怨？欲仁而得仁，又焉贪？君子无众寡，无小大，无敢慢，斯不亦泰而不骄乎？君子正其衣冠，尊[3]其瞻视，俨然人望而畏之，斯不亦威而不猛乎？"

子张曰："何谓四恶？"

子曰："不教而杀谓之虐，不戒视成[4]谓之暴，慢令[5]致期[6]谓之贼，犹之与人[7]也；出纳[8]之吝谓之有司[9]。"

表威严堂皇而不凶猛。"

子张问："什么叫给人好处，而自己却不必破费？"

孔子答道："利用民众能得利的事情而让他们得到，这不也是给民众以好处而自己却不必破费吗？选择那些民众可以做的事而让他们去做，又有谁会怨恨呢？想要仁德而又得到了仁德，哪还有什么可贪求的呢？君子不论人多人少，也不论势力大小，都不敢有所怠慢，这不也是态度泰然自若而不骄傲吗？君子穿戴整齐的衣服帽子，目不斜视看着前方，严肃庄重让人望而生畏，这也不是仪表威严堂皇而不凶猛吗？"

子张问："四种恶政是什么？"

孔子答道："不加教育就妄开杀戒的叫作残虐，不加告诫就要求取得成功的叫作暴戾，玩忽政令却要求人家限期完成的叫作贼害；同样是给人东西，但出手吝啬小气的，这叫作器局狭小没有出息。"

[注释] 1 屏：摒弃，杜绝。 2 泰：安泰，舒适。《中论·法象》："夫容貌者，人之符表也。符表正，故情性治；情性治，故仁义存；仁义存，故盛德著；盛德著，故可以为法象，斯谓之君子矣。君子者，无尺寸之封而万民尊之，无刑罚之威而万民畏之，无羽籥之乐而万民乐之，无爵禄之赏而万民怀之。其所以致之者一也。" 3 尊：郑重其事，端庄严肃。 4 视成：看到

成绩,取得成果。　5 慢令:玩忽政令。　6 致期:限期,刻期。　7 犹之与人:同样是给人以财物。犹之,一样,均同。与,给。　8 出纳:出,拿出。纳,收进。此为偏正结构,意为出手。　9 有司:古代设官分职,事各有所司,称之有司。常指掌管各种具体事务的官吏,由于这类官吏位卑职微,故此处借喻为器度狭小。

〔原文〕

孔子曰:"不知命,无以为君子也;不知礼,无以立¹也;不知言²,无以知人也。"

〔译文〕

孔子说:"不懂得命运,便不能成为君子;不懂得礼义,便不能立足社会;不懂得分辨别人的言语,便不能了解别人。"

〔注释〕 1 立:安身立命,有所作为。　2 知言:指善于辨析别人言语的是非对错。

附录

孔夫子的人格魅力

一门学说，由于风云际会，被统治者青睐有加，尊之为国家政治生活中的指导思想——尽管往往是做表面文章而已，那么，可以想见它的创立者自然时来运转，身价陡增，俨然成了大伙儿的精神导师，备受推崇，风光无限。儒家的祖师爷孔老夫子就是这样的人物。这位生前郁郁不得其志，既无权又无势，颠沛流离，甚至时不时陷入断粮绝炊的思想大师，做梦也不曾想到，自己身后居然能拥有如此令人目眩神迷的哀荣："大成至圣先师""文宣王"之类的头衔纷至沓来，进入各地"文庙"享用众人的冷猪头肉供献，甚至要被指定为对苍生苦乐、国运盛衰、民族沉浮负有责任。不过，这样一来，孔子身上的人性色彩消失了，留给人们的印象是高高在上、一脸严肃拘谨貌，是神非人，可敬而不可亲，这里我们不能不感叹中国传统文化的力量，它的"尊古崇圣"情结，总是能让历史人物蜕尽人性而铸就神性，让后人顶礼膜拜或大加鞭挞的情感诉求寻找到合适的对象！

所幸的是，有大量相对比较原始的文献传世，可以帮助我们透过神化的迷雾窥见历史的本相，了解和欣赏历史人物固有的人性风采。孔子的情况亦复如斯。一部《论语》使孔子作为一位平凡随和而又伟大高明的人物跃然纸上，呼之欲出。换句话说，《论语》有关孔子言行的记载，给我们留下最深刻的印象，是孔子属于典型的性情中人，时常流露真情而不加任何掩饰，正是这一点，让我们倍感亲切和自然，愿意穿越时空的隧道，去同他神游于思想的乐园，聆听他睿智的教诲。

《世说新语·伤逝》载王戎之言："圣人忘情，最下不及情；情之所钟，正在我辈。"孔子不是那种"不食人间烟火"的"圣人"，而是有血有肉，喜怒哀乐皆形于色的普通人。作为"情之所钟"的寻常人物，他的举手投足、一言一行都充满着"凡夫俗子"式的自然流露的情感，真可谓"清水出芙蓉，天然去雕饰"。

你看他多么自负，多么不安于位，热衷于表现自己，于是有时不免会说些大话，夸下海口："如有用我者，吾其为东周乎。"甚至可以连三年都不必要，一年就足够："苟有用我者，期月而已可也。"他凭什么有这样的底气，有这样的自信？理由很简单，是他自认为乃"天纵之圣"，是古代文化的唯一承继者，理所当然担当着"治国平天下"的义务，且具备着这方面的杰出才能："文王既没，文不在兹乎？"可惜的是，当时的统治者个个有眼无珠，没有发现他这位人才，害得他东奔西走，四处碰壁，"累累如丧家之犬"。天道不公，命运不济，莫甚于此，每念及此，孔子的心理就无法平衡，郁闷得很，无怪乎他要时不时地发牢骚、讲怪话了：我难道是只挂在墙壁上的葫芦，中看不中吃吗！越想越不是滋味，越没有情绪，气恼懊丧之下，甚至萌生出远走高飞，到荒凉偏僻地方另开局面的奇怪念头，就像当年泰伯、虞仲奔赴南方吴地，断发文身做蛮夷人的头领一样："子欲居九夷"，"道不行，乘桴浮于海"。这种天真率性的言行，实在不像是一位"圣人"应该有的风度，只能给人留下大言不惭，想当官用世几近"猴急"的印象。然而这恰恰让我们看到了孔子富有人情味的一面，真诚爽直，口无遮拦，绝没有后世那些假道学口是心非、巧言令色的半点气息。为人贵在真诚，孔子身上的真诚，理应得到我们的理解和尊重。

孔子自己说过"四十而不惑""五十而知天命""六十而耳顺"，这些话有说的对的，也有不尽合乎事实的。作为一个常人，孔子"耳顺"是事实，但"不惑"似乎一直不曾做到，至于"知天命"则更谈不上了。他像普通人一样，总喜欢有人顺从自己，听自己的话，耳朵根特别的软，听得进表扬,难以接受批评,即使这种批评是正确的,是出于对孔子本人的信任与爱护。我们看看他对自己学生的态度就知道"忠言逆耳"就孔子而言同样是一个难以逾越的障碍。孔子所喜欢、欣赏的学生,是颜渊,是曾参,是闵子骞。这些人其实并无突出的才能,也未见他们在弘扬儒家学说方面作过多大的贡献(曾参的情况稍好一些),他们之所以为孔子所器重,好学不倦、恪守孝道、为人善良厚道等,仅仅是表面上的理由,其真正最主要的原因是他们善于揣摩老师的心思,总是拣老师乐意听的话朝孔子的耳朵里灌,在他们的身上,独立的精神、鲜明的个性是不存在的,自由的思想、出格的言行更是不见踪影,用孔子自己的话说,便是"于吾言无所不说"。正因为他们甘于当老师的应声虫,循规蹈矩,亦步亦趋,低眉顺眼,依葫芦画瓢,孔子才打心眼里喜欢他们。相反,像子贡、冉求、子路这类学生,他们比较有自己的个性,一举一动不那么中规合矩,有时甚至敢于对老师的做法大胆进行质疑,孔子心里自然不爽,脸上自然挂不住,动辄要斥责、"修理"一番:"野哉,由也!""(求)非吾徒也。小子鸣鼓而攻之可也!"一副"妇姑勃豀"的样子,半点儿也没有"尊长"者的气量。

一部《论语》中,孔子喜怒哀乐溢于言表,兴之所至开口骂人的现象可谓比比皆是。樊迟诚诚恳恳、恭恭敬敬地向孔子请教怎样耕田、如何种菜,结果让孔子大动肝火,臭骂一顿:"小人哉,樊须也!"孔子授课或许不够精彩,宰予提不起精神听讲,大白天在课堂上昏昏沉沉打瞌睡,孔子不反省检讨自己授课方面的问题,反而大光其火,声色俱厉斥责宰予是"朽木",是"粪土之墙":"朽木不可雕也,粪土之墙不可杇也!"这类感情冲动,反映了孔子和普通人相同,也存在着"人性的弱点"。但是正因为孔子不排斥这种"人性的弱点",孔子才不是道貌岸然的"圣人",才有最大的亲和力,才教他的学生对其产生休戚与共、"与子偕行"的深厚感情。

"温而厉,威而不猛,恭而安",这是孔子风格个性的写照。喜怒哀乐皆形于色是孔子的言行的特色,然而孔子的伟大在于,他不因为感情的冲动而迷失,以致对人对事做出不正确的判断,他的理智始终是清醒的,所以他尽管对冉求、子路、子贡等弟子有所不满,但依然为他们创造条件去做官,去做事,依然肯定他们各自的能力与特长,称道冉有长于"千室之邑,百乘之家,可使为之宰";赞扬子路长于"千乘之国,可使治其赋";依然怀有深厚的感情,为他们的遭遇所揪心,对子路惨死的悼念,就体现了这种至情。当子路在卫国的政治动乱中不幸殒命,被暴徒砍成肉酱的噩耗传来时,孔子的第一反应是,吩咐门人倒掉厨房里所有的肉食,整天不吃不喝,整个人如同傻了似的。不乏理智而又富于感情,有人性的弱点而又不干扰理想的追求,正是孔子的平凡之处,也是孔子的伟大之处。从这个意义上说,孔子真不愧为"圣之时者"。

孔门造神运动

"人事有代谢,往来成古今",自然规律总是无法抗拒的,一生为"克己复礼""天下归仁"而颠簸奋斗,汲汲于恢复文武周公之道的孔夫子,终于灯油熬尽,在发出"甚矣,吾衰也! 久矣,吾不复梦见周公"的声声悲叹中,挥手作别人世间的一切,走向生命的归宿,真正天人合一,物我两忘了。这无论如何是中国文化史上的一个重大损失,"哲人其萎",令人惋惜。尽管按照古代人寿夭标准来衡量,"人生七十古来稀",孔子活上七十多岁,已算是享有高寿、寿终正寝了。

"死去元知万事空",死亡对于普通人而言,一死百了,至多是像在平静的湖面上投入一块石头,激起小小的涟漪,但很快就趋于平静,所谓"亲戚或余悲,他人亦已歌,死去何所道,托体同山阿"(陶渊明《拟挽歌辞二首》)。然而,对于孔子这样的文化伟人来说,他的死必定会与社会生活发生重大的联系,他生前的是是非非、恩恩怨怨,一定会成为公共领域的话题,对他功过得失的评价也自然会成为人们关心的话题。做人难,做名人更难,这是孔子身后遭遇的必有之义。

对思想大师生命价值的认识和理解,莫过于曾沾濡其恩泽,与其朝夕相处,受业问道的学生,从这方面来讲,孔子实在是非常幸运的,他"有教无类"的教育原则,"诲人不倦""不愤不启"的教学态度,造就了一大批忠实而上进的弟子,史称孔门弟子三千,贤人七十,可见孔子作为教育家的巨大成功。这些弟子之中,除了短命的颜渊、殇于恶疾的冉耕、亡于战乱的子路等个别人外,绝大多数都成了孔子学说的继承人。他们对自己的老师充满敬重爱戴的深情,并把这份感情化作实际的行动,对过世的老师百般讴歌,一片颂扬,从而在邹鲁大地上掀起一场声势浩大的孔子造神运动。

对于社会上任何批评或质疑孔子的言论,他们都义形于色,痛加贬斥。当时有一名鲁国大夫,名叫叔孙武叔,似乎曾与孔子有什么过节,对孔子的成就与地位颇不以为然,曾数次诋毁孔子,并居心叵测地声称"子贡贤于仲尼"。子贡知道后,不禁怒火中烧,义正词严表示:"不要做这种愚蠢的事情! 仲尼他是诋毁不了的! 其他人的贤能,好比是山丘,还可以超越过去;而仲尼他是天上高悬的太阳和月亮,是永远无法超越的。有的人虽然企图自绝于太阳和月亮,可那对于太阳和月亮又有什么伤害呢? 只是反映他狂妄无知、不自量力罢了!"旗帜鲜明地维护孔子的地位,不容他人说一个"不"字。你可以指责这些孔门弟子的偏执,但是不能不佩服他们尊师的热忱。

在他们看来,孔子不是凡人,而是圣人,作为华夏文化和士人的巨大"图腾",他高大神圣,永远不可企及:"夫子之不可及也,犹天之不可阶而升也。夫子……其生也荣,其死也哀。如之何其可及也。"他是走兽之中的麒麟,飞鸟之中的凤凰,所有人对他只有叩头跪拜、亦步亦趋的份儿,而绝对没有标新立异、自以为是的资格:"麒麟之于走兽,凤凰之于飞鸟,泰山之于丘垤,河海之于行潦,类也。圣人之于民,亦类也。出于其类,拔乎其萃,自生民以来,未有盛于孔子也!"话虽说得太满,甚至近乎肉麻,但是就子贡、有若等弟子的初衷而言,却是出于对自己老师的一片真诚。

即便是那些曾遭孔子严厉呵责,不被看好的门人弟子,他们对老师的热爱之情也丝毫没有削减,一样全力以赴投身于这场造神运动,用最美妙、最动听的言辞歌颂自己的先师。宰我就是这方面的典型,这位曾经因大白天听课时打瞌睡而被孔子贬斥为"朽木不可雕也"的弟子,如今在这场造神运动中也不甘于落人之后,调门比谁都来得高,人家把孔子比于周公,他呢,干脆就将孔子与尧、舜相提并论,而且进而判定孔子胜于尧、舜:"以予观于夫子,贤于尧、舜远矣!"这样的比较实在大胆又奇特,可见孔门弟子为了抬高老师的地位,已经百无禁忌、一意孤行了。

就是在这样的一片颂扬声中,孔门弟子完成了他们初步的造神运动,使得孔老夫子从平凡而有学问、随和而有道德的文化人升格成为道貌岸然、一脸死相的大"圣人",为日后供奉他作"素王""大成至圣先师"做了扎实的铺垫。

从深处讲,这场孔门弟子发起的孔子造神运动,透露了多层文化信息:孔子与其弟子相交,是仁义之交,是道德之交,属于真正融洽的师生感情。"道之所存,师之所存"(韩愈《师说》),因此义存而交不绝,不会出现"人走茶凉"的窘境。其弟子的歌颂赞誉,乃是发自内心的真情流露,而不受任何外界的强力驱使或控制。这或许就是儒家学说生生不息、代有传承的内在原因之所在。这一点是法家韩非子之流所永远无法企及甚至不能理解的。因为按法家的观点,人与人之间都是勾心斗角、彼此利用的势利关系,这一点,连父母与子女的关系也不例外:"且父母之于子也,产男则相贺,产女则杀之。此俱出父母之怀衽,然男子受贺,女子杀之者,虑其后便,计长之利也。"(《韩非子·六反》)有血缘骨肉之亲的父母子女关系尚且如此,那就更不必说没有血缘骨肉之亲的常人(包括师生)关系了。既然人性的本质都是邪恶的,都是丑陋的,人人都有"自为心",也即"计算之心",人与人之间没有任何温情的成分,有的只是赤裸裸的利害关系,那么,师生之间也必定是以势利相交,而以势利相交,必定是利尽而交随之中绝。然而恰恰是这种"算计之心""自为之心"预设前提的存在,使得法家内部师生反目,同门相残,韩非子死于同窗李斯之手,便是最好的证明,其结果是造成法家在后世学统不彰,声势消沉。

孔门弟子对先师进行美化歌颂,其实多少也包含着现实功利因素的考虑。"一为文人,便无足观",他们既已入了孔子之门,就意味着变成了靠笔杆子混饭吃的"文化人","四体不勤,五谷不分"的尴尬局面是避免不了的。为了生计,只能把儒家学问这块蛋糕尽量做大做好,而其前提,则是首先要使自己的老师神圣英明化。因为只有当老师的伟人资格被确认时,老师的学问才能被证明是正确的,而自己继续老师的事业,弘扬老师的学说也就势所必然、理有固宜了! 换句话说,歌颂老师便是拯救自己,老师是圣人,那么作学生的,再不济也可弄个贤人的头衔,甚至于登上"亚圣""复圣""宗圣"的宝座。这叫作"一人得道,鸡犬升天"。儒家师生处于一个共同的利益圈中,利益与损害对大家来说是休戚与共的事情,"一荣俱荣,一损俱损"。可见孔门弟子其实并不愚蠢,小算盘打得很精明。

孔门弟子的造神运动,在历史上开创了一个很坏的先例,这就是"歌功颂德"之风的蔓延沿袭,溜须拍马者大行其道。孔门弟子文化素质普遍较高,因此歌功颂德、鼓吹表彰总能搞得有声有色、轰轰烈烈,具有更大的蛊惑性和煽动性,而不必忧虑"言之无文,行之不远"的局限。这一传统沿袭下来,便造成所谓的"歌功颂德"文化,阿谀奉承之风愈演愈烈,溜须拍马之徒层出不穷,士气堕落,官场黑暗。老大的专制帝国就是在不断的造神运动中一步步走向末路,最终在西方近代文明的冲击下陷于崩溃。

其实平心而论，孔子本人还是具备接受歌颂的资格的。他"自卫反鲁，然后乐正，《雅》《颂》各得其所"的文化贡献；他"默而识之，学而不厌，诲人不倦"的治学品格；他"己所不欲，勿施于人""己欲立而立人，己欲达而达人"的忠恕之道；他"见贤思齐，见不贤而内省"的道德修养；他"有教无类"的博大胸怀；他"躬自厚而薄责于人"的自律原则，等等，又岂是寻常人所能轻易做到的。既然有这么多的优秀品质，那么孔子受到弟子的赞誉推崇也就不算是出格的事情，只是把他称颂为太阳、月亮，以及高不可及的苍天，稍稍显得有些夸张过火而已！而后世那些以政权机器强制胁迫大家歌颂的对象，又有几个是真正值得讴歌赞美的？所以，孔门的造神，至多让人感到可笑；后世的歌功颂德，却实在让人觉得恶心。

可亲可爱的子路

孔子门下弟子号称三千人，在人口两千来万的春秋战国时期，这个数目大得可以吓人一跳。其实，这三千人当中，绝大部分是几年也见不到孔子本人一面的外围人员，慕孔子之名到"孔家店"当个记名弟子，好比是当今社会上常见的"追星族"一样，真正有造诣、可以登堂入室，"受业身通者七十有七人"而已。在这些数得上的大弟子中，让人感到最为亲切、最为可爱的是名列"政事"之科、孔武有力的子路。

子路在孔门弟子中属于年龄较长者，只比孔子年轻九岁。据此一条，子路与孔子的关系似乎应处于亦师亦友之间，然而通观《论语》《孔子家语》《史记·仲尼弟子列传》等文献，我们可以发现，子路像是一个总也长不大的顽童，心直口快，了无城府，天真直率，血气方刚，是一位个性鲜明、有棱有角的人物。《论语》中关于子路言行的记载多达二十余则，其音容笑貌生动可爱,呼之欲出。

子路能当上孔门大弟子,并深得孔子信任,自然有其独到可取的长处。子路的长处就在于他具备干练的办事能力,尤其是军事管理方面的专长。孔子曾说:"由(仲由,即子路)也,千乘之国,可使治其赋也。"又说:"由也果,于从政乎何有","片言可以折狱者,其由也与!"可见,尽管孔子有时对子路有所不满,认为子路鲁莽冲动,动不动要敲打敲打这个老顽童式的弟子,来树立自己的"师道尊严",但对子路的从政才干还是颇为欣赏、充分肯定的。

当然,子路让人觉得亲切可爱,并不在于他的工作能力,而是因为其纯朴质直个性特征所散发出来的人格魅力。套句老掉牙的俗语,就是子路的为人,于平凡中见伟大;子路的个性,于率直中见真情。作为典型的性情中人,子路才是严格意义上的"儒之大者""儒之纯者"。

子路对自己的老师孔夫子尊重而不迷信。在孔门诸多弟子之中,敢于对孔子所作所为直言不讳表示不同意见甚至尖锐批评质疑的,唯有子路一人而已。孔子想当官想得昏了头,不顾自己身份走女人路线,去和那位口碑不怎么样的南子夫人套近乎,子路不满之色溢于言表,逼得孔子连连向天发誓,"予所否者,天厌之!天厌之!"公山弗扰、佛肸等人搞叛乱,想借重孔子的名望造声势,提人气,遂一遍又一遍征召孔子前去帮忙,整天希望"为东周""治国平天下"的孔子心动了,准备应召。子路听到风声后,便"以子之矛,攻子之盾",用孔子经常挂在嘴边的礼义大防之道责备孔子,逼得孔子连声替自己洗刷和辩白,最终也不敢去与"乱臣贼子"为伍。孔子津津乐道什么"必也正名乎",子路听得耳朵起了老茧,大不耐烦,认为这简直是"迂远而阔于事情",直截了当地批评孔子不合时宜:"有是哉,子之迂也!奚其正?"弄得孔子颜面上十分难堪,下不了台,急火攻心,就气急败坏地斥责子路:"野哉,由也!"与那位一天到晚对孔子唯唯诺诺、毕恭毕敬的"优秀"弟子颜渊相比,子路实在有点"头上长角,身上长刺"的味道。

从表面上看,子路锋芒毕露,快人快语,不大给孔子面子,老是让导师处于尴尬的地步,似乎不够尊重所谓的"师道"。但实际上,子路把老师看作人而不是神,乃是对老师真正的尊重,是真情实感的天然流露,没有半点虚伪矫饰,从而在真正意义上践行了孔子的道德原则:"当仁不让于师。"相反,像颜渊那样对老师亦步亦趋,并不是真正的从师之道,起不到任何教学相长的作用,这一点连孔子自己都承认:"回(颜回,即颜渊)也,非助我者也,于吾言无所不说。"可见孔子其实头脑很清醒。但是人性的弱点,决定了孔子跟常人一样喜欢人家顺从自己,所以明明知道颜渊除了听话和死读书之外,别无所长,孔子还是最喜欢他,把他当自己的亲儿子看待。

子路的质朴天真,还表现为勇于在公开场合表达自己的真正看法,从不虚与委蛇,欲说还休。有件事典型地反映了子路这一性格特点:他委派子羔去做费邑这个地方的行政长官,孔子认为这一任命不明智,说重了,简直是误人子弟,"贼夫人之子"。子路却觉得老师的批评没有道理,没有调查便没有发言权,虽说是老师也不应该有例外,于是他不客气地向孔子表示:"有民人焉,有社稷焉,何必读书,然后为学?"孔子听了自然很不高兴,指责子路是强辞夺理、逞舌狡辩。这件事本身的对错我们姑且不论,但子路能够光明磊落说出自己的意见,就是其为人正直、言行一致的形象写照,那种"逢人且说三分话,未可全抛一片心"的圆滑之态在他的身上找不到半点影子。这样的品德实在是难能可贵。

子路的可爱,还表现为他毫无机心,喜怒哀乐全形于色。《论语》和《史记》等典籍中所描述的子路是一个易动感情,且多少有点自我表现欲的寻常男子。孔子"在陈绝粮",跟随的弟子们都饿得两眼发昏,躺在地上爬不起身,但是碍于情面,不敢在老师跟前发牢骚,流露不满情绪。这时唯有子路敢于径直跑到孔子跟前发泄不满,诉说怪话,"子路愠见曰:

'君子亦有穷乎？'"一个"愠"字，非常传神地写出子路的真切情感。又如，孔子悲叹自己生不逢时，政治理想无法实现，萌生"道不行，乘桴浮于海"的念头，且以为届时只有子路一人能够陪伴自己出行，"从我者，其由与！"子路听后，不禁沾沾自喜，得意起来。"子路闻之喜"，一个"喜"字，十分生动地体现了当时子路喜不自禁的神态。"唯大英雄能本色，是真名士自风流。"子路不失赤子本色，称得上是大英雄与真名士。

许慎《说文解字》云："儒者，柔也。"令人遗憾的是，子路的本色精神在后世儒者的身上并没有继承下来，更遑论发扬光大了。历史上的儒者大多不是巧言令色、道貌岸然、口是心非、言行不一的伪君子，就是拘泥教条、迂阔无能、尸位素餐、唯唯诺诺的酸夫子，使得儒家学说的真正生机遭到严重的窒息。

图书在版编目(CIP)数据

论语/黄朴民导读注译. —长沙:岳麓书社,2023.7(2024.1 重印)

ISBN 978-7-5538-1803-0

Ⅰ.①论… Ⅱ.①黄… Ⅲ.①儒家②《论语》—注释③《论语》—译文 Ⅳ.①B222.2

中国国家版本馆 CIP 数据核字(2023)第 021520 号

LUNYU

论语

导读注译:黄朴民

责任编辑:刘书乔

责任校对:舒 舍

封面设计:罗志义

岳麓书社出版发行

地址:湖南省长沙市爱民路 47 号

直销电话:0731-88804152   0731-88885616

邮编:410006

版次:2023 年 7 月第 1 版

印次:2024 年 1 月第 4 次印刷

开本:890mm×1240mm   1/32

印张:9.5

字数:252 千字

ISBN 978-7-5538-1803-0

定价:38.00 元

承印:长沙超峰印刷有限公司

如有印装质量问题,请与本社印务部联系

电话:0731-88884129